취미의 탄생

백화점이 만든 테이스트

지은이 진노 유키(神野由紀)는 1964년 도쿄에서 태어났다. 쓰쿠바대학 대학원에서 디자인학으로 박사학위를 받고, 현재는 간토학원대학(關東學院大學) 인간환경디자인학과 교수로 재임중이다. 일본 근대도시생활의 문화사를 연구하고 있으며, 특히 디자인을 통한 근대문화 연구에 관심이 많다. 공저로『백화점의 문화사』(世界思想社, 1999), 『미술공예운동과 일본アーツ・アンド・クラフツと日本』(思文閣出版, 2004) 등이 있다. 주요 논문으로「근대일본과 유행」, 「근대 일본의 상품디자인 전개」등이 있다.

옮긴이 문경연(文京連, Moon Kyoung Yeon)은 2008년 경희대 대학원에서『한국 근대초기 공연문화와 취미(趣味)담론 연구』로 박사학위를 받았다. 국문학 전공자이며, 식민지 시기 한국 근대 대중의 형성과 공연문화 전반에 대한 지속적인 관심을 가지고 있다. 최근에는『삼천리』『국민문학』등 매체세미나를 통해 1930~40년대 한국의 문화 지형도를 그려내는 작업을 하고 있다.
공저로『신여성−매체로 본 근대 여성 풍속사』(2006),『여성문화의 새로운 시각』(2008)이 있다. 역서로『포스트콜로니얼 드라마Post-Colonial Drama : Theory, Practice, Politics』(Helen Gilbert & Joanne Tomkins, 소명출판, 2006, 2007년 학술원 우수도서 선정)와 공역으로『연기(演技)된 근대』(兵藤裕己, 2007, 2008년 학술원 우수도서 선정)가 있다. 주요논문으로는「1920년대 초반 현철의 연극론과 근대적 기획」, 「1930년대 대중문화와 신여성」,「한국 근대 대중연극계의 기억과 침묵 읽기−남성필자의 회고록과 자서전을 중심으로」, 「1910년대 근대적 '취미(趣味)'개념과 연극담론의 상관성 고찰」등이 있다. 2005년도 한국연극학회 신진우수논문상을 수상하였다.

취미의 탄생 백화점이 만든 테이스트

2008년 8월 25일 1판 1쇄 인쇄
2008년 8월 30일 1판 1쇄 발행

지은이 _ 진노 유키
옮긴이 _ 문경연
펴낸이 _ 박성모
펴낸곳 _ 소명출판
등록 _ 제13-522호
주소 _ 137-878 서울시 서초구 서초동 1621-18 (란빌딩 1층)
대표전화 _ (02) 585-7840
팩시밀리 _ (02) 585-7848

somyong@korea.com | www.somyong.co.kr
ⓒ 2008, 소명출판
값 16,000원
ISBN 978-89-5626-317-5 93910

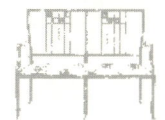

Taste Produced by the Department Store

{ 취미의 탄생 }

백화점이 만든 테이스트

진노 유키 지음 | 문경연 옮김

소명출판

엇비슷한 삶의 조건들이 지구 곳곳에서 살아가고 있는 인간의 삶을 틀지우고 있다. 누구나 먹고 자고 놀고 교제를 하면서도 최소한의 노동을 해야 한다는 등의 공통점이 있는 것이다. 그 안에는 반복적인 일상을 거역하고 싶은 인간의 충동이 늘 잠재되어 있다. 그래서인지 구구한 일상, 무의미한 시대에 '탐닉'이나 '몰입'이라는 단어만큼 매력적인 것도 없는 것 같다. 자기만의 탐닉의 대상, 몰입의 그 무엇을 찾았다는 것은 마음과 정신, 의지와 의식이 일치하는 충만한 느낌과 만날 기회를 얻었다는 것일 테다. 사람이든 일이든 혹은 사물이든 내 앞에 놓인 저 대상에 쏟아부을 수 있는 자기 열정의 포화점, 몰입의 절대적 상한선을 경험하려면, 어느 문을 두드려야 할까.

평범한 인생을 값지게 만들어주는 내적인 경험, 그것이 바로 현대인에게는 '취미'와 '여가'의 영역이 아닐까 싶다. 취미taste가 인간이 가지고 있는 미적인 감각, 어떤 아름다움을 감지할 때의 쾌감이라고 할 때, 미지의 영역으로 감각과 정신을 넓히는 데서 느끼는 희열이 바로 취미의 본질일 것이다. 보통 자연발생적 욕망을 충족시키는 문턱을 일단 넘어서게 되면, 인간은 어떤 일을 하고 어떤 느낌을 갖게 되는 것, 즉 삶의 구체적 질감을 중시하게 마련이다. 때문에 누구나 허락된 시간과 주어진 재능을 허비하지 않고 자기만의 개성을 발휘하면서 타인과는 차이나는 삶을 살고 싶어한다. 그렇다면 '취미'라는 레테르를 붙인 미의식의 편린들과 제법 구체적인 행동양식은 어느 시기에 어떤 방식으로 우리 안에 안착하게 되었을까.

이 책 『취미의 탄생』은 1900년을 전후한 일본에서 일상생활 안에 '취미趣味'라는 말이 유행하였던 문화적 현상에 착목하고, 근대 소비사회 안에서 취미가 인간과 물건의 관계를 어떻게 재편하고 있는지를 추적한 '취미의 문화사'이다. 저자의 시각을 따르면, 메이지 말기 일본에서 '취미'라는 말이 유행했던 것과 정확히 같은 시기에 '백화점'이 탄생한 것은 단순한 우연이 아니다. 번역어인 취미taste가 애초에는 문학의 장場에서 사용되기 시작했지만 그것이 일반적으로 널리 사용되면서 의미 영역이 확대된 배경에는, 이 시기 일본의 도시가 근대적 소비사회로 성숙해가고 있었다는 주목할 만한 사실이 가로 놓여 있다.

청일전쟁과 러일전쟁을 거치면서 일본은 자본주의 경제의 기반을 확립했고, 산업화는 도시의 인구유입을 가속화했다. 급격하게 근대 도시의 성격을 갖추어 나가던 도쿄는 소위 샐러리맨이라 불리는 도시의 신중간층을 형성했고, 사회는 근대적 학력사회로 이행해갔다. 대도시에는 새로운 도시생활자를 위한 도시문화가 생겨났고, 밀크홀·비어홀·카페 등은 모두 1900년대에 출현했다. 상설 활동사진관이 개관했고, 일본 최초의 서양식 극장인 제국극장帝國劇場이 준공되었으며 번화가에는 일루미네이션 광고가 널리 퍼졌다. 도시에 새로운 오락의 장이 생겨나는 가운데 백화점도 탄생하였다.

이렇게 새로운 문화가 일상에 침투하면서 사람들의 가치관, 특히 소비생활에 있어서 사람과 '물건'의 관계가 크게 변화했다. 소비사회가 도래하면서 '물건'의 범람은 절대적인 미적 가치관으로서의 취미의 효력을 쇠퇴시켰다. 이 시기에 일부 지식인들에 의해 "예술에 대한 미적 가치관"으로서의 '취미taste'의 복권이 시도되기도 했지만, 실제로는 그것과 반대로 취미의 절대성이 박탈되면서 급속하게 자본주의 경제 속으로 유입되어 갔다. 이 무렵에 탄생한 백화점이야말로 소비사회를 상징하는 것이다. 메이지 말기의 '취미'가 왜 문명개화 때와는 달리 그렇게 많은 일반인들에게 쉽게 받아들여졌는지가 궁금하지 않을 수 없다. 저자는 가장 큰 이유로 근대적인 유행mode 시스템이 이 시기 일본에서 발아하고 있었음에 주목한다. 즉 이질적인 (서양)문화를 '새로운' 혹은 '새롭지 않은'이라는 유행의 가치관으로 이용한 백화점과 같은 장, 바로 그곳에서 사람들은 저항감 없이 취미를 받아들였다는 것이다.

이렇게 '취미'는 백화점이라는 소비의 장으로 수렴되었고 경제적 활성화에 깊이 관여하였다. 새로운 중산층 계급에게 소비는 '좋은 취미good taste', 즉 문화자본을 획득하기 위한 중요한 수단이 되었다. 취미가 물건을 통해 획득할 수 있는 자질이 될 때, 사람들은 '좋은 취미'라는 만들어진 이미지 속에서 상품을 바라보게 되었을 것이다. 일반인들에게는 이렇게 사물 차원으로 표현된 취미, 바로 그것이 자신과 '취미'라는 개념이 만나는 가장 가까운 접점이었던 것이다. 이들을 주요 고객층으로 끌어안은 백화점의 입장에서 '취미'는 새로운 의미를 지니는 것이 되었다. '취미'는 사람들이 '물건'을 볼 때 눈에 끼우는 필터의 역할을 했고, 그렇게 해서 생겨난 것이 바로 '미쓰코시취미三越趣味'이다. 저자는 미쓰코시백화점을 두고 백화점 자체가 하나의 '취미'이면서, 취미를 가진 주체였고, 취미를 만들어내는 디자인 미디어였다고 평가한다.

시대의 모드mode를 반영하는 취미는 소비사회에서 커다란 힘을 가질 수밖에 없다. 도시 신중간층에게 취미는 도시에서 살아가기 위한 수단이며, 타자와의 차이화를 위한 기호였다. 그들에게 있어 취미는 보편적인 무엇이 아니라 극도로 유동적인 가치관이며, 매 시기마다 매력적으로 보이는 유행에 다름 아니었다. 어떤 취미를 가지고 있는가가 그 사람을 대변하는 표식이었기 때문에 취미는 도시에 사는 사람들 특히 상승지향이 강한 신중간층에 의해 중요한 커뮤니케이션의 수단이 되었다. 이렇게 취미taste가 일상생활 안에서 사용되자, 개인의 오락hobby이라는 의미와도 새로운 관계가 설정되었다. 진노 유키는 이 책 전체를 통해 메이지 시대에 일본에 등장한 취미taste가 다이쇼 시대를 거치면서 예술에 대한 미적 가치관, 일상생활에서 호불호好不好의 판단, 그리고 오락hobby이라는 세 가지 층위에서 지시되는 범주의 변용과 역동적인 관계성을 착실하게 추적하고 있다. "미쓰코시 진열장에 진열된 각종 의상은 도쿄 풍속의 작은 파노라마이며, 도쿄 풍속의 축소도는 미쓰코시에서 찾아볼 수 있다"고 한다면, 『취미의 탄생』은 '일본·서양·근대'가 교착하는 이 시대 일본인의 정신을 대변해주는 축소도라고 생각한다.

소설가 박태원은 일찍이 「기호품일람표」라는 글을 『동아일보』 1930년 3월 18일자와 3월 25일자에 연속 발표한 적이 있다. 그 기사의 일부를 옮겨보면 다음과 같다.

> 향연香煙 염결廉潔한 양반은 실내의 공기가 혼탁하여질 것을 염려하고 위생가 제군은 두통, 식욕부진, 시력감퇴 등의 해독을 들어 금연을 역설하오마는 그래도 우리는 요 귀여운 기호품은 결코 버릴 수가 없소. 물론 사람에 따라서 취미趣味는 다르오마는 아마도 우리 젊은이의 입에는 '피존'이나 '마코ー'가 알맞을까 보오. '수도數島'라든가 '조일朝日' 이러한 '구찌쓰게'는 섬나라 사람에게나 맞을까 하오. 프롤레타리아트는 '마코ー'를 입에 물어야만…… 하는 이야기도 그럴 듯하게 들릴 것 같소. 나는 지방으로 여행할 때 가끔 '메ー풀'의 유혹에 끌리어 그놈을 몇 갑 사가지고 집으로 돌아오는 일이 있소

이 글에서 박태원이 거론하는 담배라는 '물건'은 지극히 개인적인 기호품이지만, 당대 조선인·일본인·자본가·프롤레타리아트·청년 등 민족과 계급, 세대 집단이 공유했던 기호품이기도 하다. 박태원은 담배에 대한 자신의 애정에 대해 은근히 타인의 동의를 요구하면서, 자신과

다른 취향을 인정하지만 자기는 그것을 즐기지는 못하겠다는, 취미 본연의 논쟁불가능성을 살짝 드러냈다. 이어 '술'과 '차茶', '과실'에 대한 자기 취향을 말하면서도, 세대와 민족, 계급에 따라 구별되는 취향, 즉 사회적으로 식별가능해진 취미에 대한 언급을 하고 있다. '취미'와 '계급' 사이에는 밀접한 관계가 있고, 계급과 사회적 신분에 따라 그 사람의 인격을 드러내는 취미가 생겨날 수 있다는 근대적 인식이 이미 1930년의 조선에서도 자리잡고 있었던 것이다. 아브라함 몰Abraham Moles은 "'아름다움美'과 '추함醜'이라는 서로 양립할 수 없는 절대적 대립"을 부정한다. "다만 존재하는 것은 가치의 양量의 연속적 변화일 뿐"이라는 것이다. 결국 절대적인 가치로서의 '아름다움'이 존재하지 않는다면, 이것을 판단하는 능력으로서의 '취미趣味'의 의미도 당연히 변할 수밖에 없다. 일개인의 취미는 지극히 주관적이고 내면적인 영역이지만 시대적 흐름에 유행을 타기도 하고, 그 안에서 다시 자기만의 차별성이 중요한 표식으로 자리잡는다. 개인이 사회와 타인에게 영향을 받는 것, 혼자 있을 때조차 내면화한 타인의 견해에 영향을 받는 구조적 배치를 '코드code'라고 한다면, 코드가 일정 주기를 두고 변화하는 흐름이 바로 '모드mode'일 터이다. 인간에게 늘 계속되는 것들은 더 이상 기쁨이 될 수 없기 때문에, 코드는 변할 수밖에 없다. 자기만의 독특한 취향과 인간사회의 주기적 패턴에 대한 길항관계를 전제할 때, '끌림의 감각'은 한 시대의 공통감각으로 바라볼 수도 있을 것이다.

이 번역서가 세상에 모습을 드러낼 수 있었던 것은 연구공간 〈수유+너머〉의 '일본 근대와 젠더 세미나' 덕분이었다. 시간이 제법 흘렀지만 세미나를 함께 했던 여러 사람들의 이름과 얼굴이 또렷이 떠오른다. 그들이 그 시간을 함께 해주었고 진심으로 격려해주었기 때문에 이 책과의 인연에 미약하나마 아름다운 마침표를 찍을 수 있었다고 믿는다.

저자인 진노 유키가 『취미의 탄생』에서 펼쳐보인 연구방법론과 문화사적 시각은 내 박사논문에 큰 힘이 되어주었다. 그래서인지 번역의 과정은 고통이면서도 위안이었다. 저자의 목소리는 내 미천한 연구 시각에 대한 조언이면서 지적이었다. 그 동조의 고개 끄덕임과 질타 사이에서 겨우 균형을 잡을 수 있었던 것 같다.

일상과 연구 사이에서 걸핏하면 헛발질을 하는 나에게, 정돈되고 평안한 삶을 약속해주는 남편과 딸 은결이, 그리고 가족 모두에게 감사한다. 부지런하지 못하고 둔감하기까지 한 나를 오래토록 친구 삼아주는 연구실 모든 사람들에게도 고맙다. 지루한 작업인 교정에 함께 해주고 힘들 때마다 위로해준 소영언니에게 감사한다. 박성모 사장님과 소명출판 식구들에게도 애정과 감사를 전한다. 내게 인복이 많다고 내 입으로 말하는 순간 그 주술적인 효력이 약해질까 봐서 속으로만 흐뭇해하며 살고 있다. 그런데 오늘, 왠지 발설하고 싶어진다. 새롭게 만나고 다시 총총히 흩어지는 모든 인연이 소중하다는 것을 살면서 배운다.

2008년 가을 초입에
문경연 씀

차례

역자 서문 / 3
서(序) / 11

제1장/ 소비형 생활의 시작   19

1. 메이지 말기 도시생활의 변화   19
2. '취미'의 유행   24
1) '취미'라는 말   24
2) 잡지 『취미』에 대하여   31
3) 서양문화의 수용과 취미교육   38

제2장/ 만들어진 이미지   47

1. 백화점 미쓰코시오복점의 탄생   47
1) 백화점의 기원   47
2) 에치고야에서 미쓰코시로─다카하시 요시오의 점내개혁   54
3) 히비 오스케의 백화점 이념과 「데파트먼트스토아 선언」   61
4) 다카하시의 백화점 경영과 그의 취미관   70
2. "오늘은 제국극장, 내일은 미쓰코시"   74
1) 영업용 PR지를 통해 본 '미쓰코시'   75
2) 의장부와 도안부   87
3) 실내장식부의 전개   104
4) 미쓰코시와 광고─하마다 시로의 광고 전략   129

제3장/ '취미'의 계몽—유행회에 대해서   141

1. 유행회의 결성   141
  1) '겐로쿠붐'과 겐로쿠연구회   142
  2) 미쓰코시와 오자키 고요   149
  3) 유행회의 발회 취지와 규약   154

2. 유행회의 궤적   158
  1) '멋의 연구' 시대—제1기   158
  2) '학속협동'의 시대—제2기   160
  3) 계몽의 시대—제3기   194
  4) 유행회의 쇠퇴와 사회적 배경   216

3. 유행회에서 미쓰코시취미의 탄생으로   219
  1) 회원의 유행관·취미관   220
  2) 『취미』와 유행회   225
  3) '미쓰코시 코노미'와 미쓰코시 이미지   229

저자 후기 / 237

서(序)

    최근, 디자인에 대해 말하는 자리에서 테이스트_{taste} = 취미(원문의 '테이스트'와 'taste'는 '테이스트'로, '趣味'와 '趣向'은 각각 '취미'와 '취향'으로 번역하였다. '好み'와 '嗜好'는 '기호'로 번역하되 한자를 병기하였다—역주)의 문제를 거론하는 경우가 많다. 피터 풀러_{Peter Fuller}는 「취미—당신은 피할 수 없다_{Taste—You can't opt out}」[1]라는 글에서 다음과 같이 서술한 바 있다.

    디자이너들은 자신들의 활동에서 테이스트의 문제를 제외했었다. 본래 테이스트는 이용하고 발전시켜야 하는 것인데, 디자이너들은 사람들의 주관적인 반응과 관련한 이 자료를 제외시켜 버린 것이다. 테이스트를 배제하는 것은 비참한 결과를 수반하면서까지 유용성이라는 척도를 시장에 부여한 것에 지나지 않는다.

---

1) Peter Fuller, "Taste—You can't opt out", *Design*, March No. 423, London : The Design Counsil, 1984.

이 글에서 그는 런던의 빅토리아앤앨버트미술관Victoria and Albert Museum에서 개최된 〈테이스트전Taste展〉을 기획한 스티븐 베이리Steven Bayley를 비롯한 몇몇 사람들의 테이스트론을 언급하고 있다. 그들은 '호불호好不好'라는 개인의 감각에 의거한 가치판단이 어떻게 해서 악취미惡趣味한 것이 되거나 혹은 대다수 사람들이 바라는 것을 표현해왔는지 지적하면서, 디자인 안에서 취미의 복권을 거듭 주장하였다. 더욱이 풀러는 취미라는 가치판단이 전적으로 일개인의 문제가 아니며, 궁극적으로 사회적 통념·관습과 밀접하게 연관되면서 만들어진다는 자신의 견해를 명백히 밝혔다.

이러한 일련의 테이스트론은 모더니즘 비판 안에서 생겨난 것이었다. 1960년대 후반에 모더니즘의 막다른 상황이 표면화되었다. 70년대 이후에는 서서히 소비사회의 '상품' 공급자와 수요자 사이에 존재하는 의식의 간격이 지적되기 시작했다. 그런 가운데 80년대로 진입했고 한편에서는 사람들의 일상을 실제로 움직이고 있는 가치관으로서의 '테이스트'에 대한 관심도 고조되었다. '테이스트'는 물건의 기능이나 합리성과는 별개의 차원에서 존재하는 가치관인데, 그것이 모더니즘을 비판하는 가운데 부상浮上한 것은 당연한 일이었다. 풀러는 20세기가 시작된 이래 모더니즘의 윤리가, 주관적이고 애매하지만 인간에게 있어서 근원적인 가치라고 할 수 있는 테이스트를 계속해서 억압해왔다고 말한다. 그 결과 사람들의 감각적인 기호好み와 미의식 사이에 틈이 발생했고, 취미의 위기, 즉 키치Kitsch라 불리는 악취미의 범람을 초래했다고 주장한다. 그러나 풀러처럼 테이스트의 문제를 재인식하려는 일련의 동향들이 보여주듯이, 다수의 연구자들은 이제 '굿디자인good design'이라는 미적 가치관의 절대적인 힘을 인정하지 않는다. 역사적으로 아르데코art deco나 유선형 디자인의 대유행은 '굿디자인'의 미학과 보통 사람들의 기호 사이에 간극이 크다는 것을 보여주었고, 이것은 이제 널리 알려진 사실이 되었다. 아르데코나 유선형 디자인이 사람들에게 수용된 것은, 일부 엘리트

의 소위 '근대디자인 운동'이 전개되는 중에도 다수의 보통 사람들은 엘리트들의 미적 가치관과 무관하게 살아가고 있었음을 역사적으로 보여주는 것이다. 오늘날 이러한 테이스트론은 동시대의 예술·사상 등과 호응했던 근대 이후의 문제로 자리매김했고, 그 다수는 현대의 고도소비사회를 무대로 해서 언급되고 있다. 그렇지만 다양한 '테이스트'의 문제는 근대 소비사회가 출현하면서부터 계속 존재해왔던 것이다. 그런 점에서 보면 모더니즘 이후의 문제라고 말하기보다 오히려 근대를 재고하는 가운데 '테이스트'가 사회에 끼친 영향을 다시 한 번 재검토 해야만 한다. 때문에 디자인과 '테이스트'의 문제를 문화사적인 접근을 통해 고찰하고자 하는 것이 이 책의 취지이다.

'좋은 취미good taste'는 '나쁜 취미bad taste'가 있기에 비로소 성립한다. 나쁜 취미는 때로 키치와 동의어로도 사용된다. 근대디자인의 어두운 그늘 속에서 사람들의 눈에 잘 띠지 않았던 속악俗惡한 '물건'들의 사회적 의미를 찾으려는 움직임이 1970년대 무렵부터 사회학자들 사이에서 생겨났는데,[2] 키치에 대한 관심 역시 테이스트론의 일부에 포함시킬 수 있다. 그러나 이런 테이스트의 양극구조는 부동의 틀 안에서 생겨났으며, '좋은good' 상품이 절대적인 가치를 갖는다는 사고방식은 지극히 근대적인 발상이다. 그린버그C. Greenbag가 『아방가르드와 키치The avant-garde and kitsch』[3])에서 제시했던 것처럼, 모더니즘 시대에는 고급문화와 저급문화의 대립이 존재한다고 여겼다. 이런 점에서 모더니즘은 선별된 지적 엘리트의 사상이었다. 모더니즘 비판은 그러한 문화의 구별 자체가 애매하게 되어버린 상황에서 발생했고, 좋은 취미 / 악취미를 가르는 절대적

---

2) 예를 들면 Gillo Dorfles(ed.), *KITSCH : The World of Bad Taste*, Milan : Gabriele Mazzotta publishers, 1968(English translation; London : Studio Vista, 1969)와 같은 키치 관련 논문들이 발표되었다.

3) Clement Greenberg, *Avant-Gard and Kitsch, The Partisan Reader*, New York : Dial Press, 1946; 定村礼士 譯, 「前衛派と通俗物」, 『マスレジャー』叢書 3 수록, 紀伊國屋書店, 1963.

인 가치기준이 없다는 것을 명백히 했다. 이 둘은 항상 상대적인 관계 속에서 생겨나는 가치인 것이다. 근대 이후, 소비사회 안에서 취미가 모드유행와 항상 밀접한 관계를 맺어왔던 경위가 연구되면서 그것은 더욱 분명해졌다.

소비사회에서 '취미'는 '나다운 나'를 연출하는 유력한 수단임과 동시에 타인과의 차이를 드러내는 기호가 되어왔다. '나다운 나'라는 것은 곧, '이렇게 되고 싶은 나'를 의미한다. 소비사회는 '되고 싶은 나'를 '상품'의 소비를 통해 획득하게 해주는 장이다. 소비사회의 다양한 매체 안에는 '나다운 나'의 라이프스타일 모델들이 카탈로그처럼 전시되어 있다. 모델들은 모드Mode 체계에 의해 지배받기 때문에 시시때때로 변화하는 유동성을 띤다. 그것들을 선택하는 미의식으로서의 '테이스트' 역시 절대적인 것이 아니며 항상 이동하고 변화한다. 한 사람 안에서 다양한 취미를 동시에 발견할 수도 있다. '취미'는 상대적인 것이고 다양성을 가진 가치관이다. 따라서 취미를 영원불멸의 미의식이 아니라, 끊임없이 세상을 반영하고 있는 사회적 현상事象으로 보아야 할 것이다.

'테이스트'론을 디자인의 문제로 생각하게 된 배경에는 디자인 개념의 확장이 있었다. 다키 고지多木浩二는 『영의 수사학零の修辭學』에 실린 「디자인의 사회」라는 논문에서 이렇게 기술하고 있다.

> 예전의 디자인이라 함은, 기능을 갖춘 도구가 있고 거기에 감각적인 아름다움을 느낄 수 있는 형식을 부여하는 것이었다. 하지만 지금의 사물은 디자인이라는 미적 차원 안에서 만들어지는 것이다.[4]

다키는 이 글에서 오늘날의 디자인이 어떤 영역을 가리키는지 제시했다. 그는 20세기의 약 100년 동안 디자인이 일상생활의 세밀한 부분까지 침투했다는 사실을 통해 활동형식으로서의 '디자인사회'가 성립되었다

---

4) 多木浩二, 「デザインの社會」, 『零の修辭學―歷史の現在』, リプロポート, 1992, 290면.

고 말한다. 그리고 기능과 합리성에서 가치를 구했던 '근대디자인'이 대중소비사회에서는 일종의 엘리트주의Elitism밖에 되지 않았음을 지적하고, "근대디자인이 반드시 다수 사람들의 삶의 차원을 구성하는 데까지 이르렀던 것은 아니었다"고 보았다. 하지만 소비사회가 고도화되고 소위 '디자인사회'가 출현하면서 디자인의 개념이 변화했고, 그에 대한 새로운 시각이 요구되기에 이르렀다. 그는 디자인을 다음과 같이 정의한다.

> 디자인이라는 것은 지금 우리들이 살고 있는 사적·공적 환경, 또는 그 안에서의 라이프스타일, 성적 신체性的身體가 드러나는 방식, 우리가 이용하는 모든 사물 등에 미적 성격을 부여하는 다양한 활동의 총체이다.5)

디자인이라는 개념 틀 자체에 대한 재검토가 요구되고 있는 상황에서, 소위 근대디자인운동의 흐름 속에 있었던 일부 디자이너들 중에는 더 일찍 디자인의 문제가 논의되지 않은 것을 지적하는 사람이 많다. 디자인이 근대 이후로 소비사회를 살고 있는 우리들의 미적 가치관을 만들어내는 활동 전체를 포함하는 개념이라고 한다면, 지금까지 주목받지 못했던 다양한 사상事象이 디자인의 문제로 논의되기 시작할 것이다. 거기서는 디자이너·소비자·기업가 그 누구도 어떤 미적 가치 속에서 성립되는 '디자인사회'의 구성요소 중 하나일 뿐이다. 따라서 디자인사史의 서술에는 반드시 새로운 시각이 요구된다. 디자인의 역사는 동시대의 사회 전체와 좀 더 밀접한 관련 하에서 논의될 필요가 생겨났고 그러한 가운데 '익명anonymous의 디자인'에 대한 관심도 높아지고 있다. 디자인이 이미 소수 엘리트 집단의 궤적만으로는 말하는 것이 불가능해졌기 때문에, 근대 이후 대다수 사람들을 지배해왔던 미적 가치관이야말로 '디자인사회'를 해명할 수 있는 중요한 열쇠일 것이다.

---

5) 위의 글, 288~289면.

일본에서 사람들 사이에 취미趣味라는 단어가 일상적으로 사용된 것은 메이지 40년(1907) 전후의 일이다. 그러나 취미가 처음부터 앞에서 서술한 것과 같은 의미의 개념으로 사용된 것은 아니다. 칸트로 대표되듯이 유럽에서 '미학적 판단능력'이라는 의미로 사용하였던 테이스트, 칼라일이 말하는 "아름다운 것, 질서 있는 것, 선한 것을 감지하고 애호하는 마음의 작용"이라는 의미의 테이스트가 문학을 통해 그대로 일본에 전해졌다. 이 시기에 일본에서는 지식인을 중심으로 근대 일본의 문화, 교양의 향상을 요구하는 소리가 높아지고 있었고, 그 가운데 취미의 중요성이 지적되었다. 이러한 발상은 일본이 문명개화에 실패한 것이 개인의 내면에 서양 문화를 수용할 만한 여지가 없었기 때문이었다는 반성 안에서 나온 것이었다. 일본에 급격하게 유입된 서양 문명의 소화·흡수라는 메이지 일본의 과제를 해결하기 위한 수단으로 '취미' 교육이 부상했다. 이것은 지식인들이 주도한 지극히 계몽적인 움직임이었지만, 소비라는 회로 안에 들어가면서 사태는 새로운 국면을 보이기 시작했다. 메이지 말기 일본은 러일전쟁 후의 호경기를 구가하고 있었고, 기업이 발전하는 시기이기도 했다. 소비형 도시문화가 생겨났고 그 중심 무대가 된 것이 새롭게 탄생한 백화점이었다.

아브라함 몰Abraham Moles은 "백화점은 키치의 상징이다"라고 말한다.[6] 그는 백화점이야말로 키치 문명의 근간을 이루는 "미적인 것과 유사한" 이데아를 주장하는 가장 좋은 예라고 지적한다. 그가 정의하는 키치에서는 '초월'이라는 관념이 부정되고, "'아름다움美'과 '추함醜'이라는 서로 양립할 수 없는 절대적 대립도 부정된다. 다만 존재하는 것은 가치의 양量의 연속적 변화일 뿐"이다. 결국 절대적인 가치로서의 '아름다움'은 존재하지 않고, 이것을 판단하는 능력으로서의 '취미'의 의미도 당연히 변질된다.

---

6) Abraham Moles, *Psychologie du kitsche*, Denoël-Gonthier, 1971; 万澤正美 譯, 『キッチュの心理學』, 法政大學出版局, 1986.

일본에서 '취미'라는 말이 유행했던 것과 정확히 같은 시기에 백화점이 탄생한 것은 단순한 우연의 일치가 아니다. '취미'는 백화점이라는 소비의 장에 들어서면서 경제적 활성화에 크게 관여하였다. 새로운 중산층 계급에게 소비는 '좋은 취미', 즉 문화자본을 획득하기 위한 중요한 수단이었다. 다시 말하면 그들을 주요 고객층으로 끌어안은 백화점의 입장에서 '취미'는 그때까지와는 다른 의미를 지니는 것이 되었다. '취미'는 사람들이 '물건'을 볼 때 눈에 끼우는 필터의 역할을 했다. 그렇게 해서 생겨난 것이, 바로 이 책에서 살펴보고자 하는 '미쓰코시취미三越趣味'이다. 이 '미쓰코시취미'라는 것은 결코 하나의 방향성을 가지는 기호好み가 아니다. 모든 취미는 '미쓰코시' 안에서 소화되는 가운데 창출되는, 총체로서의 기업이미지 = 테이스트였다. 여기서 미쓰코시는 한 명의 개인처럼 취미를 갖고 있는 주체로, 혹은 취미를 만들어내는 디자인 미디어로서의 기능을 했다고 말할 수 있다. 따라서 이 책은 메이지 말기 미쓰코시오복점(三越吳服店 : 오복점은 일본옷을 만드는 옷감이나 포목·비단 등을 취급하는 상점이다. 메이지 말기가 되면 오복점의 성격이 변하면서 다양한 상품을 취급하게 된다. 이 책에서는 일본적 상황을 고려해 낯설지만 '오복점'이라는 명칭을 그대로 사용하고자 한다—역주)의 활동을 상세하게 고찰하겠지만, 결코 소위 말하는 미쓰코시[7] '사사社史'는 아니다. 또 오늘날 메세나로 불리는 기업 문화 활동의 역사를 고찰하는 것도 아니다. 메이지 말기의 일본에 어떻게 현재와 같은 의미의 '취미'가 탄생하게 되었는지를 검토하는 데 있어 가장 적합한 사례가 미쓰코시의 활동이었다고 말하는 것이다. 디자인 활동이라는 것은 경제·소비의 활동과 취미 문제가 교착하는 지점에서 발생하게 되는데, 이 점을 메이지 말기 미쓰코시오복점의 활동에서 발견할 수 있다.

---

7) 이후 특별한 경우를 제외하고는 '미쓰코시오복점'을 '미쓰코시'로 간략하게 표기한다.

제1장
소비형 생활의 시작

1. 메이지 말기 도시생활의 변화

나가이 다쓰오永井龍男는 『세키반도쿄즈에石版東京圖繪』에서, "일러전쟁에서 승리한 이후 5, 6년 동안 세상은 급격하게 변하기 시작했다"고 메이지 말기를 회상했다.[1] 여기서 말하는 세상의 변화란 정치·경제 분야뿐만 아니라 사람들의 일상생활에까지 관련되어 있는 것이었다. 또한 나가이는 "메이지 40년대에는 (…중략…) 새 것과 옛 것이 우리들의 생활 안에 참으로 기묘하게 뒤섞여 있었다"[2]고 말하고 있다.

일청전쟁과 일러전쟁을 통해 일본은 자본주의 경제의 기반을 확립했

---

[1] 永井龍男, 『石版東京圖繪』, 中央公論社, 1975, 49면.
[2] 위의 책, 59면.

다. 산업이 발전하면서 기업의 수가 증가하고 그 규모가 비약적으로 확대되었던 것도 이 시기이다.[3] 산업화는 도시의 인구유입을 가속화했고, 도쿄는 급격하게 근대 도시의 성격을 갖추어나갔다.[4] 도시에 증가한 회사원이나 공무원들은 메이지 유신 이후 사족(무사가문) 출신이 지배하던 사회를 학력사회로 이행시키는 역할을 담당했다. 그들은 봉급생활자, 소위 샐러리맨이라 불리면서 도시의 신중간층을 형성해갔다.

대도시에는 이런 변화에 따라 새로운 도시생활자를 위한 도시문화가 생겨나기 시작했다. 아사쿠사淺草·긴자銀座 등의 번화가는 도시의 오락을 제공했다. 밀크홀·비어홀·카페 등은 모두 메이지 40년대에 출현했다. 아사쿠사를 중심으로 여러 상설 활동사진관이 개관했고, 메이지 44년에는 일본 최초의 본격 서양풍 극장인 제국극장帝國劇場이 준공되었다. 석조물인 니혼바시日本橋를 개통한 것이 메이지 44년이고, 번화가에 일루미네이션 광고가 널리 퍼진 것도 이 시기였다. 사람들의 생활 변화는 이런 새로운 도시풍경에서도 엿볼 수 있다. 새로운 오락의 장이 점차 생겨나는 가운데 백화점도 탄생하였다.

메이지 시대에 산업장려정책의 일환으로 박람회가 활발하게 개최되었다. 메이지 중반이 되면 박람회에 상품을 공급하는 '권공장勸工場'이 생겨났다. 메이지 중기 도쿄 시내에 약 30개소가 있었던 권공장은, 한 건물

---

3) 회사 총 수의 추이.
　메이지 17년(1884) 1,298개(자본 총액 2,216만엔)
　메이지 23년(1890) 4,296개의 회사(자본 총액 1억 1,146만엔)
　메이지 32년(1899) 7,632개의 회사(자본 총액 6억 8,382만엔)
　메이지 42년(1909) 13,862개의 회사(자본 총액 13억 2,718만엔)
　다이쇼 3년(1914) 20,960개의 회사(자본 총액 21억 3,736만엔)
　(『日本經濟統計表』, 日本統計研究所, 1958).
4) 도쿄시부(東京市部)의 인구의 추이.
　메이지 22년(1889) 139만 명
　메이지 31년(1898) 144만 명
　메이지 38년(1905) 197만 명
　다이쇼 4년(1915) 224만 명(『江戶東京學事典』, 三省堂, 1987).

내에 다수의 작은 점포가 늘어서 있던 상업공간이었다.[5] 권공장에서 파는 상품은 대부분 조악한 것이었지만, 많은 사람들은 단지 보는 것만으로 그 공간의 분위기를 즐기는 간접소비를 체험하였다. 그것은 도시에 거주하는 사람들에게 새로운 오락거리를 제공했다. 에도 시대까지 사람들의 즐길거리는 전통연극이나 유곽 등으로 한정되어 있었고, 오락 중에서 쇼핑은 그다지 큰 위치를 차지하지 않았다.[6] 그러나 메이지 후반의 자본주의 경제 발달은 '쇼핑'을 도시 생활의 대표적인 오락 중 하나가 되게끔 했다. 이런 배경 하에 에도 시대부터 오복점이었던 '에치고야越後屋:당시 미쓰이오복점三井吳服店-역주)' '시로키야白木屋' '다카시마야高島屋' 같은 상점들이 차차 업무 규모를 확대하기 위해 구미의 백화점 스타일을 도입하기 시작했다.[7] 백화점은 다른 오락시설과 마찬가지로 사람들이 모여드는 장소가 되었고, 사람들의 눈에 도시생활의 상징으로 비춰졌다.

　도시에는 새로운 '물건'이 범람했다. 메이지 말기는 서양풍의 문화가 대량으로 유입되면서 문명개화기 이래 제2의 번영기였다고 할 수 있다. 메이지 41년(1908)에는 가정용 냉장고(1903년 권업박람회(오늘날의 산업박람회-역주)에서 최초로 소개되었다)가 발매되었고, 1911년에는 라이온 하미가키혼포(ライオン齒磨き本舖:치약제조사-역주)가 튜브형 치약을 발매했다. 다이쇼 2년(1913)에는 모리나가森永의 밀크캐러멜이 발매되었다. 레

---

5) '권공장'에 관해서는 初田享,『都市の明治 路上からの建築史』, 厚德社, 1981; 吉見俊哉,『都市のドラマトゥルギー』, 弘文堂, 1987 등에 상세하게 기술되어 있다.

6) 藤森照信,『明治の東京計畵』, 岩波書店, 1982;「Ⅰ 開化の街づくり」,『江戶東京學事典』, 三省堂, 1987;「第2章 江戶時代の趣味と娛樂」,『明治文化史 10-趣味娛樂編』, 洋々社, 1955.

7) 그 외 대표적인 오복점은 다음과 같다. 1910년에 이토 오복점松坂屋이, 1919년에 다카시마야高島屋와 시로키야白木屋가 각각 주식회사로 재조직되었다. 하지만 실제로는 그 이전부터 미쓰코시오복점이 백화점화百貨店化한 것에 자극을 받아서 이미 근대 백화점 체제를 갖추어 나가고 있었다. 시로키야에서는 1904년에 잡화부와 식당이 신설되었고, 1908년에는 기성복·기성화의 판매가 시작되었으며, 1911년 대증축에 즈음해서는 휴게실·식료품부·사진부·서적부 등이 신설되었다. 나아가 가구·귀금속·시계·악기 등이 취급품목에 추가되었다(『白木屋三百年史』, 1957).

코드·축음기·자동차·자전거 등의 보급이 이루어진 것도 이즈음이다. 일부 상류계급만을 위한 것이 아니라 중상류계급을 겨냥한 서양풍의 염가 가구가 판매된 것도 역시 이 시기이다. 이런 '물건'들이 도시의 새로운 주역이 된 신중간층 사람들의 생활을 구성해갔다.

사람들은 자신이 거주하는 도시에 대해서 의식적으로 접근하기 시작했다. 당시 도쿄에 관한 책들이 다수 출판되었던 사실이 그것을 말해준다. 이시카와 덴가이石川天崖의 『도쿄학東京學』8)처럼 새로운 도쿄에 흥미를 보이며 도쿄라는 도시에서 살아가기 위한 처세술을 소개하는 사람들이 있었다. 동시에 다른 한편에서는 나가이 가후永井荷風처럼 열악한 서양모방에 몰두하던 메이지 시대 도쿄에 대해 실망하고 사라져가는 에도의 거리 풍경에 향수를 느끼는 사람들도 있었다. 그러나 어느 쪽이든 새로운 도시 도쿄에 주목하고 있었다는 점에서는 마찬가지였다.

대역사건(1910년 사회주의자들이 천황 암살을 기도한 사건. 후에 이 사건은 사회주의자들을 탄압하기 위한 당시 가쓰라 내각의 음모로 밝혀졌다-역주)이 상징하는 것처럼, 국가 권력이 강력해진 상황에서 시행된 사상탄압은 지식인들에게 '시대폐색時代閉塞'을 예감하게 했다. 하지만 보통 사람들의 생활 안에는 분명 예전과 다른 이질적인 의식이 싹트고 새로운 가치관이 뿌리내리고 있었다. 예를 들어, 일러전쟁 후 대중을 대상으로 한 오락잡지의 창간이 줄을 지었다. 『사진의벗寫眞之友』『그림엽서세계繪葉書世界』『경마잡지競馬雜誌』『베이스볼ベースボール』등 당시 유행했던 대중오락 전문잡지가 탄생했다. 또 『가정의벗家庭之友』『부인화보婦人畵報』『부인세계婦人世界』『부인계婦人界』등 부인잡지도 다수 창간되었다. 이러한 잡지의 등장은 사람들의 생활에서 취미(=hobby)가 차지하는 비율이 커가고 있었음을 말해준다. 『도쿄학』에서도, 도쿄에서 사람들과 쉽게 친해지려면 공통의 취미를 갖는 것이 중요한 수단이라고 하면서 자주 취미를 권유했다. 이 때 말하

---

8) 石川天崖, 『東京學』, 育成會, 1909.

는 취미는 사진이나 수집·스포츠 등 오락 범주에 그치고 있지만, 가정을 대상으로 한 부인잡지 등은 그 종합적인 성격으로 인해 개별적인 오락보다는 오히려 '좋은 취미 생활'의 제창을 그 바탕에 두고 있었다. 이런 잡지 미디어의 대중화는 사람들의 생활 가운데 타인과 차별화하려는 의식이 높아졌음을 반영하는 것이었다.

나가이 다쓰오永井龍男는 신구 세계가 교차하는 가운데, "구舊세계에 던져진 새로운 사건과 사물에 대한 사고방식에서부터 실생활에 이르는 광범위한 세계에서 그것들은 절반도 소화되지 않은 채 다이쇼 시대로 이어졌다"고 말한다.9) 또한 『신귀조자일기新歸朝者日記』에서 나가이 가후永井荷風는 다음과 같이 서술한 바 있다.

> 메이지 시대는 언제쯤에나 독특한 문명을 발휘하게 될런지. 벌써 절망하는 것은 너무 이를지도 모른다. 그러나 메이지 시대는 이미 반 세기에 가까운 시간을 보냈다. 그럼에도 불구하고 유럽 문명의 완전한 모방조차 이루어내지 못했다. 메이지 시대는 정치·교육·미술(예술—역주) 모든 방면에서 유럽 문명의 외형만을 지극히 조악하게 국민에게 소개했을 뿐이다.10)

지식인들은 급격한 서양문화 유입이 초래한 문화적 혼란이 일본 문화의 취미를 쇠퇴시켰다는 위기감을 갖고 있었다. 그래서 이제부터 다루게 될 '취미' 교육이 급선무로 내세워졌다. 한편 새로운 문화가 일상에 침투하면서 사람들의 가치관, 특히 소비생활에 있어서 사람과 '물건'의 관계가 크게 변화하고 있었다.

---

9) 永井龍男, 앞의 책, 49면.
10) 永井荷風, 『新歸朝者日記』(荷風全集 第4卷 수록), 岩波書店, 1964, 208면.

2. '취미'의 유행

일본에 차츰 자본주의 경제가 정착하고 도시형 소비문화가 등장했던 메이지 40년대에, 사람들의 일상 대화 속에 갑자기 '취미趣味'라는 용어가 빈번하게 사용되었다. 이 '취미'라는 말의 수용 과정에서 메이지 말기 문화 상황에 대한 아주 유효한 단서를 발견할 수 있을 것이다. 현재도 아주 애매한 말인 '취미'가, 왜 이 시기에 보급되었는지 그리고 그것이 의미하는 바가 무엇인지에 대해 고찰해보고자 한다.11)

1) '취미'라는 말

현재 '취미'라는 말은 다음과 같은 의미로 사용되고 있다.

> ①사물이 가진 흥미, 맛, 오모무키おもむき, 趣, 풍취風趣
> ②사물의 맛을 느끼는 능력 또는 그에 따른 기호好み
> ③전문적인 것이 아니라 즐기기 위해 애호하는 것
> ──『日本國語大事典』, 小學館, 1974 초판, 1985

①에서는 일본의 전통 표현인 '오모무키おもむき'와 같은 뜻으로 사용되었다. ②는 영어의 taste를 번역한 외래의 개념이다. 그리고 ③은 보다 구체적인 오락으로서의 hobby를 가리키는 것이라고 생각한다. 이러한 용법은 이미 다이쇼 시대에 확립되어 있었다. 다이쇼기 사전의 '취미'

---

11) 취미에 대한 연구는 고미야 도요타카小宮豊隆가 엮은, 『明治文化史 10-趣味娛樂編』, 洋々社, 1955가 있다. 여기에 취미라는 말의 유래가 상세하게 고찰되어 있다. 그러나 이 책은 취미를 오락과 같은 뜻으로 파악했고, 내가 강조하고자 하는 taste, 즉 메이지 말기 특유의 새로운 개념이라는 의미부여는 하지 않았다.

항목을 찾아보면 다음과 같다.

① 인간의 감흥을 야기할 수 있는 것, 흥미, 오모무키おもむき
② '영어 taste', 미美를 감상하는 능력
③ 어떤 물건에 대해 흥미를 느끼는 것

—『言泉』, 1921 초판, 1928

그런데 메이지 시대에 발행된 사전에는 '趣(おもむき, 오모무키)'라는 항목은 있지만, '취미'라는 항목은 전혀 눈에 띄지 않는다. 메이지 40년 무렵의 사전에는 전과 다름없이 '趣' 항목만 실려있다.

〈오모무키おもむき〉
① 오모무키趣가 있는 것
② 마음, 의미, 취의趣意, 의취意趣
③ 그 사물 안에 있는 좋은 상태, 멋, 아치雅致

—『言海』, 1904 초판, 1907

'취미'라는 말이 일반적으로 널리 사용된 것은, 메이지 40년 전후의 일이다. 취미라는 말은 사전 외에 몇몇 문헌에도 기록되어 있다. 이시이 겐도石井研堂의 『메이지사물기원明治事物起原』(1908 초판)에는, 「취미라는 숙어趣味の熟字」라는 항목이 실려있다.

〈취미라는 숙어〉
취미라는 말은 메이지 40년경부터 왕성하게 좌담이나 일상대화平話에서 사용되었고, 취미, 취미의 벗, 낚시취미 등으로 월간잡지의 제목에도 다양하게 사용되었다.

미쓰쿠리 린쇼箕作麟祥가 묶어서 번역한 1873년 간행의 『권선훈몽勸善訓蒙』 속편 제8장에 취미라는 항목이 있다.

본심本心이 옳고 그름正邪을 구별하는 이치有理의 감感인 것과 같이, 취미趣味는 아름다움과 추함美醜을 분별하는 감感이다. 하지만 취미력趣味力은 독자적으로 행위의 미추美醜만을 관장하는 것이 아니라, 평상시 자연상의 사물에서부터 사람의 지혜심 또는 선한 마음에서 발현하는 각각의 일에 이르기까지 셀 수 없이 많은 것에 관여한다. (…중략…)

취미력이 본심과 마찬가지로 우리의 마음을 발동시킨다 하더라도, 그 발동시키는 방법은 기존의 것과는 다르다. 본심은 우리의 마음을 발동시키고 그것으로서 아름다움을 사랑하게 하고, 우리들에게 그 의무를 생각하며 행동하게 한다. 반면 취미력은 우리에게 오호! 아름답구나! 하고 감탄하게 한다. 그런고로 본심의 주안점은 진리를 행함에 있다고 하면, 취미력의 주안점은 아름다움을 즐기도록 하는 데 있다. (…후략…)

또 1889년 1월, 당시 영국에 머물던 오자키 유키오尾崎行雄는 「취미교육」이라는 글에서 "여학교에서 시가화락詩歌畵樂의 형식을 가르치는 것보다 오히려 그 취미趣味를 이해하고 체득시키는 데 진력을 다하는 것이 필요하다. 그 취미만 해득한다면 시사화정詩思畵情이 풍부해져서 시가를 짓거나 그림을 그리는 능력은 저절로 가능하다"고 주장했다.

같은 해 5월 『여학잡지女學雜誌』 제169호에 실린 「일본인의 취미」라는 글에 "시골뜨기가 빨간 것을 좋아하고 도시 사람이 수수한 옷을 좋아하는 것도 취미의 상이함(달리 말하면 취미의 젊고 늙음老幼) 때문이다"라는 문장도 있다. 또 취미의 단어를 규명한 옛날 사람들도 말했듯이 원래 이 말은 중국에서 오래전부터 사용되어온 한자어熟字로, 『수심제발水心題跋』에 "怪偉伏 二 平易之中 一 趣味在 二 言語之外 一"에 쓰였던 것 같이 흥취興趣의 의미로 사용된 말이었다. 이때 취미는 아름다운 것을 사랑하는 것에 한정하고 있지 않기 때문에, 오늘날 일상에서 사용하는 말俗談平話인 고서수집취미, 당구취미, 등산취미 등의 단어가 쓰이는 것이 부당한 것은 아니다.12)

---

12) 石井研堂, 『明治事物起原』, 楠南堂, 1908(초판)(여기서는 「趣味の熟字」, 『明治文化

앞서 말한 바대로, 이미 1873년에 취미라는 말이 나타났고 메이지 20년대가 되면 잡지 혹은 그 외의 경우에도 사용된 기록이 있다. 그러나 이시이가 서두에서 기술하고 있듯이, ('취미'가) 좌담에서나 일상어平話로 일반 사람들의 입에 오르내리게 된 것은 1907년경이었다. 1906년에 창간된 잡지 『취미趣味』에도 이 말의 유행에 대한 언급이 몇 군데에서 발견된다. 다음 글은 1906년, 니시모토 스이인西本翠蔭의 「취미교육趣味教育」에서 발췌한 것이다.

얼마 전까지도 취미라는 단어가 그다지 발견되지 않았으나, 최근에 이르러 신문잡지 등에 매우 많이 사용되는 듯하다. 지금까지는 취미라 하면 그저 일부의 호사가가 입에 담는 말이었다. 그러나 이제 음악취미라든가 만담취미라든가, 이 꽃은 취미가 있다든가 하는 식으로 여기저기에 착 들러붙게 된 것은, 생각해보면 모든 사람들이 취미라는 말의 가치를 알고 이를 극구 찬양한 결과이다.[13]

1909년, 우에다 빈上田敏의 「취미와 도덕과 사회趣味と道德と社會」에서도 비슷한 서술이 눈에 띤다.

취미라는 말은 예부터 있던 말이지만, 지금처럼 일반적으로 유행하면서 본지와 같이 잡지 제호題號로까지 사용되고 보통 사람의 짧은 대화 속에서도 사용된 것은 아주 최근의 일로, 본지가 탄생하기 얼마 전부터이다. 나도 서양 문학을 소개할 때, 간단하게 써먹기 좋은 말로, 옛날과 다른 의미로 사용하기도 한다. 하여간 이 말이 처음 사용된 것은 문예방면에서였는데, 그로부터 점차 세상 일반으로 확산되어간 것으로 보인다.[14]

잡지 『취미』에 대해서는 이후에 설명하겠지만, 분명한 것은 메이지

　　全集別卷－明治事物起原』, 日本評論社, 1911, 115면을 참조함).
13) 西本翠蔭, 「趣味教育」, 『趣味』 第1卷 第3號, 易風社, 1906.8, 24면.
14) 上田敏, 「趣味と道德と社會」, 『趣味』 第4卷 第2號, 易風社, 1909.2, 10~11면.

40년 전후에 돌연 '취미'라는 말이 사용된 배경에 문예의 새로운 동향이 있었다는 사실이다. 메이지 40년경이면 일본에서 자연주의 문학 운동이 두드러지는 시기이다. 일본의 자연주의는 졸라나 모파상 등 프랑스 자연주의 문학에 큰 영향을 받았고 또 그 자연과학적인 사상을 이어받았다. 그러나 그와 반대로 구니키다 돗포國木田獨步 등 오히려 낭만주의에 가까운 사람들도 자연주의라 칭해졌으니, 일본의 자연주의 문학은 유럽과는 다른 독자적인 성격을 가졌던 것이다. 구니키다 돗포의 『무사시노武藏野』에는 "그것만으로 나는 지금 무사시노에 취미를 느낀다"라는 구절이 있다.[15] 구니키다는 "영국 낭만파 시인들에게서 볼 수 있는 '자연'의 개념을 '사회'로 대치하고, 인간은 '신실함sincerity'을 목표로 살면서 우주·자연과 마주 대하고, 사회를 뛰어넘어야만 한다고 하는 일종의 도덕적 자연주의에 도달"[16]했다는 평가를 받는다. 더욱이 구니키다는 메이지 40년 『취미』에 「취미에 대하여趣味に就いて」라는 논문을 발표했다. 그 글에서 그는 "인간을 판단하는 기준으로 가장 적절한 것은 취미의 고하高下이다"[17]라면서, '취미'를 인간의 내면에 갖춰진 미의식으로 인식하고 그 중요성을 설명했다. 이렇게 원래는 영국 낭만파 시인들을 중심으로 자연의 미를 감지할 수 있는 능력이라는 의미로 사용되었던 'taste'라는 말을, 영국 문학에 영향을 받은 일본인이 '취미'라고 번역한 것이 이즈음이었던 것이다. 그러나 후타바테이 시메이二葉亭四迷의 『뜬구름浮雲』에 실린 "그러나 예스러운 멋을 바라보는 데에 또한 일종의 취미가 있다"[18]에서처럼, 미를 느끼는 인간의 능력이라기보다, 옛날부터 사용되던 방식대로 '자연 중에 존재하는 미'라는 의미로 사용된 경우도 많았다. 구니키다의 경우도 그 양자의 의미 중에서 확실하게 무

---

15) 國木田獨步, 『武藏野』, 1898(新潮社, 1949, 7면).
16) 『新潮日本文學辭典』, 新潮社, 1988, 597면.
17) 國木田獨步, 「趣味に就いて」, 『趣味』第2卷 第5號, 1907.5, 51면.
18) 二葉亭四迷, 『浮雲』, 1887~1889(新潮社, 1952, 82면).

엇이라는 자각을 가지고 있었던 것은 아닌 것 같다.

　일본의 '오모무키趣'라는 말에서, 미는 자연 안에 본래 갖추어진 것으로 인식되었고 그 말이 지시하고 있는 것은 인간이 아니라 대상물 그 자체였다. 이에 반해 '취미taste'라는 말에는 인간중심의 서양적인 사고가 들어 있다. 즉 "아름다운 대상을 아름다운 것으로 판정하기" 위한 미학적 판단력이라고 했던 칸트가 대변하듯이, 미美라는 것이 인간의 내면적 행위에 의해 갖춰지고 대상물을 아름답다고 느끼는 사람의 능력을 중심에 둔 개념이라고 할 수 있다. 한편 'hobby'는 야구 등 스포츠나 우표수집·음악감상 등 '즐길 수 있는 오락'을 의미한다. 이시이 겐도石井研堂가 말한 바와 같이 이 당시 '○○취미'라는 제목의 잡지가 다수 창간되었고, 취미hobby는 도시의 소비형 생활이 확립되어감에 따라 그 종류가 증가했다. 어떤 취미를 가지고 있는가가 그 사람을 대변하는 표식이었기 때문에 취미는 도시에 사는 사람들 특히 상승지향이 강한 신중간층에 의해 중요한 커뮤니케이션의 수단이 되었다.

　이렇게 볼 때, 1907년경에 새롭게 '취미'에 덧붙여진 'taste'라는 개념은 '오모무키おもむき'와도 'hobby'와도 다른 의미였던 것을 알 수 있다. 이들이 각각 독립된 의미를 가지고 있으면서, 하나의 개념 속에 같이 들어 있는 것이라고 간단하게 이해할 수도 있다. 하지만 '취미 = taste'가 이 시기에 새로운 차원에서 사용되기 시작했던 것에 주목할 필요가 있다. 메이지 시대에 일본에 등장한 취미taste는 예술에 대한 개인의 미적 감각이라는 고차원의 수준에서부터 일상 사물에 대한 좋고 싫음이라는 극히 표층적인 수준에까지 다양하게 사용되고 있었다. 이미 1889년의 시점에 이러한 다양한 차원의 취미taste가 문헌 중에서 발견된다. 앞서 말한 『메이지사물기원明治事物起原』에서, 오자키 유키오尾崎行雄는 1889년 영국에서 보낸 편지 중에 "여학교에서 시가화락詩歌畵樂의 형식을 가르치는 것보다 오히려 그 취미를 이해하고 체득시키는데 진력을 다할 필요가 있다. 그 취미만 해득한다면 시사화정詩思畵情이 풍부해져서 시가를

짓거나 그림을 그리는 능력은 저절로 가능하다"라고 주장했다. 여기서 취미라는 말은 고상한 예술에 대한 감각, 도덕적이라고 해도 좋을 만한 가치관에 기반한 인간의 미적 감각이라는 의미로 사용되고 있다. 한편 같은 해 5월에 『여학잡지』(제169호)에 게재된 「일본인의 취미」라는 글에 서는 "시골뜨기가 빨간 것을 좋아하고 도시인이 차분한 것을 좋아하는 것도 취미의 상이함(달리 말하면 취미의 늙고 젊음)"이라고 했는데, 거기서 는 예술을 이해하는 마음이라기보다는 오히려 일상생활에서의 세분화 된 기호·유행 등의 사회적 현상과 깊이 결부된 것으로 취미라는 말을 사용하고 있다. 이미 취미taste의 이중성이 드러나고 있었던 것이다.

애초에는 취미라는 말이 문학 방면에서 사용되기 시작했지만 그것이 일반적으로 널리 사용되면서 의미 영역이 확대된 배경에는, 이 시기 일 본의 도시가 근대적 소비사회로 성숙해가고 있었다는 주목할 만한 사 실이 가로놓여 있었다. 마침 그 무렵에 탄생한 백화점이야말로 소비사 회를 상징하는 것이었다. 백화점이라는 경제활동의 장에서 취미는 대체 로 물건을 통해 획득할 수 있는 것이었다. 사람들은 '좋은 취미'라는 만 들어진 이미지 속에서 상품을 바라보게 되었다. 이 시기의 '취미'는 자 기 내면의 미의식이 아니라 사물 안에 담겨 있는 '오모무키'에 가까운 의미였다. 많은 일반인들에게는 이렇게 사물 차원에서 표현된 취미야말 로 각자와 '취미'라는 개념이 가장 가깝게 만나는 접점이었던 것이다. 그러나 동시에 백화점은, 뒤에서 말하겠지만, 백화점 자체가 하나의 '취 미'이면서 하나의 미의식을 가진 주체로서 기능했다. 또한 이렇게 취미 taste가 일상생활 안에서 사용되자, 개인의 오락hobby이라는 의미와도 새로 운 관계가 설정되었다. 즉 취미에 포함된 세 가지의 의미는 취미가 지 시하는 범위의 변용에 의해 서로 관련을 맺으면서 역동적인 관계를 가 지게 되었다고 할 수 있다. 소비사회의 도래에 따라 이런 변화가 필연 적으로 발생했다고도 할 수 있겠지만, 이런 식의 해석은 변화된 말뜻을 인식하기 어렵게 만든다. 메이지 말기부터 다이쇼 초기에 걸쳐 인간의 소양으로서의 취미를 대중에게 교화하는 일이 과제였던 시대에, 취미가 의미하는 바를 둘러싸고 다양한 해석이 나올 수 있을 것이다.

결론적으로 '취미'라는 말의 의미는 ① 오모무키(趣, おもむき) ② taste ③ hobby로 대별할 수 있고, 이러한 의미가 모두 갖춰진 것은 서양문학을 통해 취미taste라는 개념이 들어온 이후의 일이다. 1907년 전후에 유행한 '취미'라는 말이 주로 ②의 용법이었던 것은 앞서 말한 잡지 『취미』에서도 분명하게 밝히고 있지만, 그럼에도 불구하고 여전히 ①, ②가 구분되지 않고 사용되는 경우가 많았다. 특히나 ②에 관해서는 예술 일반에 대한 미의식이라는 의미로부터 일상 수준의 호불호라는 다양한 감각까지 포함한 것으로서 이해하지 않으면 안 된다. 전자가 보다 영속적인 고차원의 가치관이라면 후자는 기본적으로 때마다 변하는 유행과 표면적으로 밀접한 관련을 맺고 있다. 물론 백화점은 상품을 통해 사람들에게 후자와 같은 감각을 심어주는 장으로 기능했지만, 이 시대의 선구적인 백화점 '미쓰코시三越'는 '유행으로서 취미'라는 틀을 넘어서 당시 '취미'라는 말이 가지고 있던 다중구조를 그대로 반영하고 있었다. 미쓰코시의 여러 활동들은 그러한 모색 안에서 행해졌던 것들이다.

2) 잡지 『취미』에 대하여

1907년경에 유행한 '취미'가 영어의 taste에 해당하는 말로 쓰였다는 점에서 새로운 가치관이 싹트고 있었음을 엿볼 수 있다. 이 가치관과 미의식은 문학의 세계에 한정되지 않고 급속하게 사람들의 일상생활로 침투하였다. 그것은 백화점 등 소비의 장에서 특히 중요한 의미를 갖게 된다. 뒤에서 말하겠지만, 백화점으로 출발할 무렵 미쓰코시는 〈유행회流行會〉라는 자문연구기관을 세우고 유행에 대한 연구를 했는데, 그것이 후에 '취미' 연구로 그리고 '취미'의 보급운동으로 변화해갔다. 왜 이 시기

『취미』, 제1권 제1호, 1906

에 그렇게까지 모든 장에서 취미향상이 문제가 되었던 것일까. 백화점이라는 하나의 미디어가 전개했던 내용으로 들어가기 전에, 당시 문예계에서 '취미' 계몽활동의 중심역할을 담당했던 잡지 『취미趣味』를 소개하고자 한다.

(1) 창간 배경

『취미』가 창간된 것은 일러전쟁 직후 메이지 39년(1906) 6월이다. 메이지 말기 '취미'의 문제에 대해서는 이미 미나미 히로시南博가 『다이쇼문화大正文化』에서 다룬 바 있다.19) 그는 「문명으로부터 문화에로」라는 글에서 우선 메이지 문명개화의 특징이 "국민전체의 정신구조에까지 변화를 초래할 만한 힘이 뒤따르지 않았던" 것에 있다고 했다. 또한 그 원인으로 ① 외국문화가 계속 들어와서 하나씩 소화할 틈이 없었다는 것과 ② 메이지 이전 문화와 메이지 이후에 들어온 외부 문화와의 상호관계를 거론했다. 그는 그것이 문명개화에 반동적인 회고취미를 초래하게 된 이유라고 했다. 이러한 흐름은 일러전쟁 후, 정치·경제·사회의 모든 면에 걸쳐 새로운 문화를 만들려던 움직임에 제동을 걸었던 것으로, 그것이 문명개화기의 물질적 유신에 반해 '정신적 유신'이라고 불리게 됨을 미나미는 지적한다. 이 정신적 유신을 민간 차원에서 행했던 사람이 쓰보우치 쇼요坪內逍遙였다. 미나미의 말을 빌리면, 쇼요의 문화개량운동의 목표는 "'고급' 문화의

---

19) 南博, 社會心理研究所 編, 『大正文化』, 勁草書房, 1965.

보급과 '저급' 문화의 향상"이었고, "그 양자의 진행에 의한 중간의 문화를 '취미'라는 말로 불렀다. 그것은 순수한 문학이나 예술보다는 통속적이면서도 민중적인 오락보다는 정도가 높은 것"이었다고 한다. 이러한 중간 문화의 창출이 고급취미를 가정 내에 보급시키려고 한 가정문화운동이라는 형태로 실현가능하다 생각하고, 가정을 대상으로 한 취미계몽 잡지와 같은 읽을거리를 만들려는 분위기가 쇼요를 중심으로 일어났다.

이렇게 해서 『와세다문학早稻田文學』의 자매지 『취미』가 창간되었다. 문예잡지 『취미』는 도중 휴간 기간을 포함해 1914년 1월까지 모두 59권을 발간했다. 『와세다문학』 1906년 5월호에는 다음과 같은 소개문이 게재된다.

> 『와세다문학』을 언니라고 하면 이것은 동생이라 할 만한 관계의 잡지로, 신일본 문명에 걸맞도록 신문예의 흥륭을 요구하면서 구문예의 보존에 힘을 다할 것을 목적으로 하고, 음악·연극·건축·원예·유행 등에 대한 고아청신한 읽을거리와 오락을 가정에 제공하며, 단편소설·신화술新話術·각본·신곡장新曲章 등을 게재하는 잡지.[20]

『취미』의 편집에는 쓰보우치 쇼요의 문하에 있던 미즈타니 후토水谷不倒·도기 뎃테키東儀鐵笛·미즈구치 비요水口薇陽 그리고 객원으로서 도이 슌쇼土肥春曙·니시모토 스이인西本翠蔭이 참가했다. 『와세다문학』보다 예능 오락기사에 힘을 쏟은 『취미』는 약간은 대중적인 문화예능잡지로 시작되었다. 창간 제1호 권두에서 다음과 같은 취지문을 볼 수 있다.

> 하나. 지금 우리나라는 바깥의 세계열강을 놀라게 하고 동양의 맹주가 되어가는 중이나 문예계의 상황을 보면 여전히 옛날 그대로이고 신일본을 대표할 만한 신문예는 아직 일어나지 않아서 일본의 문예가 이제 점차 쇠퇴하니, 우리 취미계는 지금 진흥의 위급과 보존의 위급을 같이 구해야만 하는데, 이것이 우

---

20) 『早稻田文學』 第5號, 1906.5, 21면(이 호의 표지 안쪽에 잡지 『취미』의 광고가 있다).

리가 본지를 창간해서 이 양방면에 힘을 쏟으려고 하는 이유이다. 즉 『취미』는 우선 주로 음악·연극·화술·회화·건축·정원·장식·유희·유행 등에 관한 세상의 지도자가 되어서 이상적인 읽을거리와 오락을 가정에 제공함으로써 20세기 우리 국가에 공헌할 것임을 기한다.[21]

이상에서 보듯이 『취미』를 발간한 목적은 "취미의 진흥과 보존"이었고, 일러전쟁 후 일본의 급박한 변화 속에서 전통적인 옛 일본 문화를 보존하지 않으면 안 된다는 사명과, 세계 문예를 위시한 새로운 문예의 동향에 호응하는 무언가를 일본에서 일으켜야 한다고 하는 임무를 가지고 있었던 것이다. 이를 실현하기 위해서는 잡지가 음악·연극·화술·회화·건축·정원·장식·유희·유행 등의 지도자가 되어 이상적 읽을거리와 오락을 가정에 제공하는 것이 필요하다고 생각했다. 지금까지 몇몇의 연구자들이 이 잡지를 연구해왔다. 그런데 잡지가 여러 방면의 주제를 다루었던 것이 오히려 이들로 하여금 한 쪽으로 치우친 평가를 내리게 한 이유가 되었다.

『취미』의 내용에 관해서는 이미 선행연구에 상세하게 소개되어 있으므로 여기서는 간단하게만 설명하고자 한다. 1906년 창간으로부터 1914년의 종간까지 『취미』는 발행처를 사이운카쿠彩雲閣 → 에키후샤易風社 → 슈미샤趣味社로 바꿨고 그에 따라 편집의 중심인물도 에키후샤易風社 동인 5명 → 미즈타니 후토水谷不倒 → 니시모토 하타 스이인西本波太翠蔭 → 니시모토 야스케西本彌助 → 니시모토 하타 스이인으로 변화를 겪었다. 이러한 편집체제의 변천에 따른 사람들과 잡지의 관계는 후대 연구자들의 주목대상이 되었다. 그러나 『취미』의 내부에서 체제가 어떤 식의 변화를 겪었든지를 막론하고, 1907년 이래 문학잡지화를 도모한 니시모토의 시대에도, 『취미』가 가진 본래의 성격인 "취미의 보존과 새로운 취미의 창조, 그것을 총합적으로 지도하려는 읽을거리를 일반가정에 제공한다"라

---

21) 『趣味』 第1卷 第1號, 彩雲閣, 1906.6.

는 취지는 소멸되지 않고 계속되었다. 그러나 현재 『취미』에 대한 평가는 문학적인 부분에 치우쳐 있다. 이는 쇼요의 본래 취지가 일반인들에게 널리 보급될 만큼 힘을 발휘하지 못했기 때문이라고 생각할 수 있겠다.

(2) 『취미』의 선행연구와 평가

『취미』에 대해서는 미나미 히로시 이외에도 문학 방면에서 몇 사람의 선행연구가 이루어진 바 있다. 그중에 가장 이른 것은 쇼와 30년 (1955) 『문학』 12월호에 발표된 오치 하루오越智治雄의 「『취미』」[22]로 잡지의 편집체제나 지면의 내용이 처음으로 상세하게 소개되었다. 『일본근대문학대사전』 제5권에 가쓰야마 이사오勝山功가 쓴 「취미」 항목[23]은 오치의 논문을 참고로 해서 정리한 것이라 여겨진다. 또한 쇼와 53년 (1978)에는 요네다 도시아키米田利昭가 잡지 『취미』와 이토 사치오伊藤左千夫의 관계를 중심으로 연구한 「『취미』와 사치오趣味と左千夫」[24]를 발표하였다. 이렇게 『취미』에 대한 관심이 높아진 것을 반영해 쇼와 61년 (1986)에는 『취미』 전5권의 완전 복간판이 후지출판不二出版에서 간행되기에 이른다.

위의 연구들은 『취미』에 대한 문학사적 의의와 평가를 전면에 내세우고 있다는 공통성을 지닌다. 다시 말하겠지만 『취미』는 창간 초기 편집 중심 멤버였던 미즈타니 후토가 수필적인 가벼운 글을 많이 게재한 오락적 색채가 짙은 잡지였는데, 1907년 봄 무렵 니시모토 스이인이 사실상 편집을 담당하게 되자 순수 문학잡지로 그 성격이 바뀌어간다. 오치는 자신의 논문에서 『취미』가 문학잡지로서 의미를 획득한 것에 그 잡지의 존재의의가 있다고 보고, 그 공로자라고 해야 할 니시모토를 높

---

22) 越智治雄, 「『趣味』」, 『文學』, 1955.12.
23) 勝山功, 「『趣味』」 항목, 『日本近代文學大事典』 第5卷, 講談社, 1977.11.
24) 米田利昭, 「『趣味』と左千夫」, 『宇都宮大學敎育學部紀要』 第1部 第28號, 1978.12.

이 평가했으며, "『취미』가 오늘날 순수문학잡지로서 의미를 가질 수 있다면 그 대부분은 스이인의 노력에 의해서라고 할 수 있다"고 했다. 오치의 논문은 문학잡지와 오락잡지의 중간적인 성격을 가진 초기에 주목했다기보다는 문학적 경향이 강한 니시모토 시대에 관심을 집중하고 있다. 마찬가지로 가쓰야마 이사오도 "처음에는 다분히 수구적인 문화예능잡지의 시각이 있었던" 것이 문학잡지로 변화하면서 "러시아 문학의 소개나 자연주의 작가에게 지면을 제공해 신문학 추진에 일익을 담당했다"고 썼다.

그러나 이러한 니시모토의 노력이 평가받을 만하다고 하더라도,『취미』를 완전한 문학잡지라고 할 수는 없다. 이 점은 오치와 가쓰야마도 인정했던 바이다. 오치는 논문에서 『취미』를 총괄하여 "『와세다문학』과 『문예구락부文藝俱樂部』의 중간에 위치한 것, 내용은 자연주의 시대 문단의 공기를 비교적 넓은 범위에서 섭렵하여, 생생하게 전하고 있다"라고 그 역사적 의의를 지적한다. 이는 미나미 히로시의 "순수한 문학이나 예술보다는 통속적이면서도 민중적인 오락보다는 정도가 높은 것"이라는 해석과 공통된 견해라고 할 수 있다. 이러한 성격의 잡지였기 때문에 가쓰야마가 말한 것처럼 "문학사에서 획기적인 활동을 보였던 것은 아니다"라는 평가에 봉착하거나 혹은 오치와 같이 잡지 그 자체보다 그것을 지탱했던 사람들의 교류를 중시하는 경향을 만들었던 것이다.『취미』를 문학적 측면으로만 위치 지우는 일은 요네다의 논문에 와서도 바뀌지 않는다. 요네다도 역시, 앞서 소개한 잡지 발행의 취지로 미루어 볼 때 "통속적 · 계몽적 · 오락적인 · 약간 수준을 낮춘 · 되도록 대중적인 잡지인 것을 알 수 있다"고 해석한다. 또한, 취지에 쓰인 것처럼 구체적인 취미의 내용물(문학, 음악으로부터 유행에 이르는)이 여러 방면에 걸쳐 있기 때문에 "너무 지나치게 취급 영역이 넓어서, 그것으로는 생각의 깊이를 얻을 수 없다", "거의 무한대의 확대로 인해 잡지로서는 중심이 희미하고 종잡을 수가 없다"면서 초기의 『취미』에 대해서 다소 부정적인 평가를 내리고 있다. 그리고 그 역시, 1907년 3호 이래 편집 책임자가 바뀜에 따라 잡지의 성격이 변한 것에 주목하고, 이토 사치오의 활약의 장이 되었던 니시모토 시대를 중시하고 있다. 그럼에도 불구하고 이 잡지를 동시대에 일어났던 '취미'라는 말의 확산이라는 측면에서 생각할 때, 이러한 문학사적 평가만으로는 『취미』를 바르게 평가하기에 불충분하다. '취미'라는 말이 taste의 개념 수입과 함께 문학 세계로부터 시작된 유행어였음은 앞서 말한 바 있다. 쇼요逍遙의 『취미』에 대한 고찰 방법이 그러한 배경으로부터 탄생한 것은 분명한 사실이고, 또한 그 시대의 문학 동향, 특히 자연주의 문학운동과 이 잡지를 분리해서 생각할 수 없다. 그러나 백화점을 중심으로 한 소비사회가 확립되어가고, 대중문화의 싹이 트기 시작했던 메이지 40년대라는 시대배경 안에서 이 잡지를 역사적으로 평가한다면, 그 중점을 오히려 초기에 자주 등장했던 폭넓은 분야의 취미론을 위시한 계몽적인 취미운동 부분에 두어야 하지 않을까?

메이지 말기의 취미 문제를 다룰 때, '모든 것을 망라'하고 전체적으로 파악하려는 경향에 빠지게 되는 것은 잡지 『취미』에서뿐만 아니라 뒤에 이야기 할 미쓰코시의 연구기관이었던 유행회의 경우도 마찬가지이다. 『취미』가 "너무 지나치게 연구의 범위가 넓다"거나 "너무 무한으로 확대"라는 비판을 받는 것은, 각도를 달리해서 보면, 취미라는 말에 대한 다양한 해석이 존재하던 때 혹은 총체적인 개념으로서 '취미'가 무엇인지를 알려고 하던 때의 상황이 그대로 반영되어 있기 때문이다. 다양한 취미가 혼재하고 많은 해석이 거기에 부여되었던 것 자체가 '취미'라는 말을 유통시킨 당시의 일본 문화를 보여주는 중요한 현상이다. 즉, 미쓰코시 같은 백화점과 연관된 취미의 문제를 잡지 『취미』 속에서 보려고 할 때, 이 잡지에 새로운 평가를 부여할 수 있을 것이다. 그래서 다음 절에서는 『취미』가 '취미'를 사람들에게 제공하고 계몽하려고 했던 배경으로서 당시의 지식인이 취미에 대해 어떠한 해석을 했는지와 관련하여, 잡지에 게재된 취미론을 중점적으로 살펴보고 '백화점의 취미'와 비교 검토하는 것으로 이어가보고자 한다.

3) 서양문화의 수용과 취미교육

『취미』의 자랑거리라 할 만한 부분은 신작소설이나 수필·평론 등을 포함한 '본란本欄'이었는데, 그중에서도 잡지의 특색이 가장 잘 드러나는 것은 기고자들이 쓴 취미에 관한 논설일 것이다. 창간 제1호에는 쓰보우치 쇼요坪內逍遙의 「취미」가 '본란'의 톱을 장식했다. 그는 최초로 칼라일의 말을 인용하여 취미라는 말을 설명하고 그 중요성을 다음과 같이 서술했다.

> 칼라일의 말에 따르면 "진정으로 높고 큰 것을 감지하는 것을 taste라고 한다. 어디에서 어떠한 형태로 보이는지를 묻는 것이 아니라, 아름다운 것, 질서 있는 것, 선한 것을 감지하고 사랑하고 공경하는 마음의 작용을 taste라고 한다." 이 taste라는 단어를 취미성으로도 번역하고, 기호 또는 풍상風尙으로도 번역하며, 감상력 또는 완상성翫賞性이라고도 번역한다. 일반적으로 사람이 사물의 옳고 그름을 판단하는 것이 대개 이지理智의 작용으로 보이지만, 사실은 이 취미성이 시키는 것이다. 취미성에 바탕을 두지 않은 비판은 냉정하고 형식적이며 감화력이 결핍되어 있다. 도덕·문예상의 일도 따지고 보면 모두 이 취미성으로 귀결된다. 그 같은 취미라는 것을 등한히 해서는 안 된다.[25]

쇼요는 거기에 설명을 덧붙여, 취미라는 것이 시공간적 조건에 의해 변하는 것이고, 어떤 국가나 사회에 대한 시대적인 평가는 취미의 선악, 고하에 따라 정해진다고 했다. 더욱이 그는 취미가 내포한 아속雅俗이나 농담濃淡 등 다양한 차원의 사례를 들어가며, 일본취미와 서양취미의 다

---

25) 坪內逍遙, 「趣味」, 『趣味』 第1卷 第1號, 彩雲閣, 1906.6.

른 점을 분명히 하고 있다. 그리고 유럽의 픽처레스크picturesque, 로맨틱 romantic, 뷰티beauty의 취미는 일본취미의 눈으로 보면 너무 진하고 자극적이어서 세속에 가깝고, 서양취미는 취미성이 달라서 그대로는 일본에서 받아들이기 어려운 성질의 것이라고 보았다. 이는 문명개화를 향한 급격한 서구화 정책의 실패를 의식해서 쓴 것이 분명하다. 그는 "정치 · 사회상의 개혁, 즉 물질적인 유신은 어지간히 끝나고, 이제 정신상의 유신을 향해 종교 · 도덕 · 문학 · 예술을 일괄한 풍속상의 대동요가 시작되었기 때문에 이에 한층 더 주의가 필요하다"고 주장한다. 이 말은 1907년경에 취미라는 말이 왜 유행했는지를 적확하게 설명하고 있다. 1887년 전후 서구화 정책의 실패는 일본과 서양의 취미의 차이를 고려하지 않고 실행되었기 때문이고, 일본인의 취미로서는 서양문화를 소화할 수 없었다는 결론에 쇼요는 도달했던 것이다. 일청 · 일러 전쟁을 거치고 일본이 근대국가의 일원이 되려고 했던 그 시기, 새로운 서양문화의 수용이 요구되었다. "에도취미는 설사 멸망해버리지 않는다 하더라도, 이제 바야흐로 무대 뒤로 퇴거할 수밖에 없는 운명"이었다. 서구화의 뒤에 있던 반동적인 국수주의에 한계를 느끼고, 메이지라는 근대 일본의 새로운 문화 위에 서양의 문화를 흡수한 새로운 취미를 확립해야 할 시기라고 말하는 분위기가 강했던 것이다.

> 진정한 취미계의 국체國體는 구화주의歐化主義에 한정되지 않으며, 국수보존에만 한정된 것도 아니다. 따라서 진정으로 가장 높고 큰 취미를 감지하는 힘을 기르는 일이 요즘 한층 더 중요하다. 이 잡지의 목적은 진정 이 뜻을 벗어나지 않는다고 믿는다.

이 시기에 얻으려고 원했던 것은 서양의 취미를 자신들의 독자적인 문화로 소화 · 흡수할 수 있게 해주는 taste를 국민 한 사람 한 사람이 획득하는 것이었다.

쇼요의 주장 안에 『취미』의 방향성이 명확하게 제시되고 있는데, 왜 그렇게까지 사람들에게 취미를 교육하는 일이 급선무였던 것일까? 그 이유의 하나로, 일본이 점차 근대적인 자본주의 국가 체제를 갖추기 시작하고 관동대지진 후에 본격적으로 도래한 대중사회의 기반이 형성되어가던 시기에, 일부 상층계급의 사람들뿐만 아니라 그때까지 취미와는 무관했던 사람들에게도 취미를 교육할 필요가 생겼났다고 생각해볼 수 있다. 그때 취미는 사회의 질서를 유지하기 위한 도덕적 가치관으로 기능하게 되는 것이다. 앞서 거론한 우에다 빈上田敏의 「취미와 도덕과 사회趣味と道德と社會」26)에서 우에다는 먼저 취미라는 말의 다양성을 언급하면서, 그것이 인격을 형성하는 요소로서 도덕과 마찬가지로 사람이 지녀야 할 것이라고 주장한다. 우에다는 더욱이 "지금 문예나 도덕의 측면이 조금도 바람직하지 않은 것은 일반 취미의 혼란 퇴패頹敗에 기인하는 일"이라고 한다. 에도 시대의 사람들은 안정된 사회 속에서 사회생활을 즐기고 경제활동에 종사한 결과, 조닌(町人 : 근세 사회 계층의 하나로 도시에 사는 상인 계급-역주)을 중심으로 한 풍부한 취미를 탄생시켰다. 그러나 메이지 유신에 의해 계급제도가 사라지고 동시에 서양문명이 급격하게 유입됨에 따라 취미가 혼란·쇠퇴하고 그로 인해 도덕이 저하되었다고 우에다는 지적했던 것이다. 그는 이러한 폐해의 원인을 "오늘날의 문학이나 서양물질문명의 수입 때문으로 돌리는 것은 결코 합당하지 않다"며, 급격한 서구화만이 일본인의 취미를 타락시킨 원인이라고 간주하지 않는다. 오히려 "계급제도가 근본에서부터 완전히 무너졌고, 사민평등 사상이 유입되어 혼란해진 것이 그 근본원인"이라고 생각했다. 계급구조에 따른 취미의 차별화가 없어져버린 것, 바로 그것을 취미 혼란의 원인으로 꼽은 점에서 우에다 사유의 특징을 살펴볼 수 있다. 그리고 동시에 그것은 당시 추세의 하나이기도 했다. 즉 취미와 계급은

---

26) 上田敏, 「趣味と道德と社會」, 『趣味』 第4卷 第2號, 易風社, 1909.2, 10~11면.

결코 끊을 수 없는 밀접한 관계를 갖는다는 생각이었다. 계급에 따라 그 사람의 인격을 드러내는 취미가 생겨날 수 있다는 것이었다. 우에다는 계급이 무너진 상황에서는 고귀한 자존심을 갖는 것만이 고상한 취미를 기르는 유일한 방법이고, 그것을 가정에서 실행하고 교육을 통해 고취시키는 일이 중요하다고 말하고 있다. 그의 논문에서 당시 취미의 저하低下를 한탄하고 위기감을 느끼던 지식인들의 심정을 엿볼 수 있다. 한편 그 위기가 단지 서양문명의 유입에서 기인하는 것만은 아니라고 생각했던 것은 분명하다. 그러나 계급구조 안에서만 취미를 습득할 수 있다고 한 우에다의 논리에 따르면, 취미가 계급을 초월해서 교육되었던 당시의 취미계몽활동은 모순일 수밖에 없었다.

우에다 이외에도, 당시의 사회적 상황을 이해하는 데에 귀중한 실마리가 되는 취미론을 종종 『취미』에서 발견할 수 있는데, 그 하나가 쓰카하라 주시엔塚原澁柿園의 「에도취미에서 도쿄취미로江戸趣味から東京趣味へ」[27]이다. 뒤에 나올 미쓰코시의 자문연구기관인 유행회의 주요 멤버 중 한 사람이었고 에도취미 연구가로도 잘 알려진 쓰카하라는, 에도 시대의 경우 무사武士도, 조닌町人도 일상생활에 곤란함 없이 여유가 있었기 때문에 각종 취미를 가질 수 있었다고 생각했다. 그 증거로서 "오늘날(메이지 말기) 취미인趣味人이라고 불리는 많은 사람들은 거의 대부분이 에도 사람들로 구 막부 시대의 유물과 같은 사람들이다. 그 사람들이 에도 시대 때부터 습관이 된 것을 보유하고 있는 것이다"라고 상황을 설명했다. 쓰카하라塚原도 우에다도 똑같이, 에도와 달리 도쿄에서는 취미가 사라진 사실을 지적하고 있다. 그는 메이지기에 들어 부국강병정책 아래에서 사람들의 생활에 여유가 사라졌음을, 또 사람들이 열심히 일해서 받은 돈으로 필요한 물건을 사는 자본주의 경제시스템의 순환 속에 빠져버렸음을, 그리고 돈이 전부라는 가치관이 옛날 무사나 조닌의 느긋한 생활을

---

27) 塚原澁柿園, 「江戸趣味から東京趣味へ」, 『趣味』 第6卷 第4號, 趣味社, 1912.10.

대신해버렸음을 한탄한다. 그에게 취미는 호사이고 마음의 여유로움이며 덕에 속하는 것이어야만 했다. 이러한 주장은 메이지 말기 에도취미 붐의 한 배경이기도 했다. 당시 소위 취미인이라 불렸던 사람들이 대부분 에도 시대에 태어나 에도 문화의 직접적 계승자였다면, 이 무렵에 퍼진 "에도가 사라져간다"라는 말의 배경에는 그들 중 남은 생존자가 줄어들고 있는 사실이 들어 있었던 것이다. 사라져가는 에도취미를 새로운 도시미와 대비해서 이국 정서의 감성으로 바라본 심미주의자들과 달리 그들은 에도에 향수를 느끼는 사람들이었다. 에도의 취미인들이 죽은 후에 새로운 취미인을 육성하기 위한 교육을 서두르지 않으면 안된다는 의식이 그들 사이에 강하게 존재했던 것이다.

이러한 메이지 말기 일본 취미의 위기적 상황이 취미 교육의 당위성을 강조했다. 앞서 말한 니시모토 스이인西本翠蔭의 「취미 교육」에서 니시모토는 취미와 시대, 취미와 개인과의 관계에서 교육지도의 중요성을 설명하고 있다. 그는 역사상 취미를 보면 그 시대의 사조를 알 수 있기 때문에 취미가 시대사조와 밀접한 관계가 있으며 그것이 후대에도 영향을 끼친다면서, "취미를 고상하게 지도하는 일은 한 시대를 교육하고 발달시키는 중요한 일"28)이라는 자기의 견해를 서두에 밝혀 놓았다. 그리고 개인의 취미를 보면 그 인격을 알 수 있으므로 취미가 개인과도 밀접한 관계를 가지고 있다는 내용을 이어서 서술하였다. 니시모토 역시 취미란 인격의 일부를 표현하는 것이라고 인식했으며, 교육을 통해 취미를 높이는 일이 인격을 고양시키는 것이라고 생각했다. 그러나 그는 본래 이것을 실현해야 하는 학교 교육이 지나치게 이지적 방향으로 치우쳤기 때문에 그 역할을 다하지 못한다고 비난한다. 교과서에 서양의 소설이나 각본이 실려도 그 취미를 가르칠 수 있는 인재가 교사 가운데 적기 때문에 감상이 아니라 그저 문법적인 이해에 그쳐버리는 것

---

28) 西本翠蔭, 「趣味教育」, 『趣味』 第1卷 第3號, 易風社, 1906.8, 24면.

을 예로 들며, 학교라는 장에서는 논리를 시시콜콜 가르치는 것과 마찬가지로 취미에 대해서도 그 중요성을 인식하고 적극적으로 지도해야 한다고 말한다. 또한 학교뿐만 아니라 사회일반에서도 오직 입신출세만을 바라고 물질적 풍요만을 추구할 것이 아니라, 취미 역시 인간에게 중요한 것임을 인식하고 취미교육을 주장하는 것이 필요하다고 한다. 다양한 취미가 어수선한 것으로 취급되는 현상을 탈피하고 "지금과 같은 커다란 개신改新의 시기에는, 소위 하이카라high collar의 취미나 구舊취미나 시골취미나 에도취미가 잘 융화해서 훌륭한 취미가 탄생할" 날을 기원하며, 그것을 이루기 위해 사회 전반의 사람들을 지도 · 교육하는 것이 지식인의 임무라고 생각했다. 니시모토의 이러한 취미에 대한 생각은 쓰보우치 쇼요의 영향을 받아 그대로 계승한 것으로 보인다. 이후 잡지의 중심인물이 된 니시모토에 의해 잡지의 향방이 문학적인 경향으로 흘러갔음에도 불구하고 『취미』의 기조였던 "취미 전반을 교육한다"라는 부분은 변하지 않았다. 니시모토 본인조차 그와 같은 사명감을 가지고 잡지를 만들었기 때문에 이는 당연한 일이었다.

위와 같이 취미교육의 필요성을 설명한 글들은 초기 미즈타니水谷 시대의 『취미』에 많이 보이는데, 이러한 이념에 기반해서 취미를 가정에 제공하려고 했을 때 그것은 어떠한 형태로 표현되었을까. 문학 · 연극에 관한 취미 교육이 그 중심이 되었던 것은 분명하지만 그 이외에도 일상생활 전반에 '취미'를 침투시키려 했던 잡지의 취지는 기사 가운데에서도 드러난다. 그중 한 예가 hobby로서의 각종 취미를 소개하고 있는 란이다. 잡지에는 매회 각계 저명인사의 취미를 소개하는 코너가 마련되어 있었고, 특히 1907년 6월호부터는 "여러가지 취미"라는 특집을 자주 구성했다. 거기서 소개된 것은 「성냥의 상표(성냥갑 수집취미)」(야나기타 구니오柳田國男),[29] 「주배(酒杯 : 술잔 수집취미−역주)」(다야마 가타이田山花袋),[30] 「고전(古錢

---

29) 『趣味』第2卷 第6號, 易風社, 1907.6.
30) 위와 동일.

: 옛날 화폐 수집취미-역주)」(모리타 호탄守田寶丹),31) 「여행벽旅行癖」(이치카와 사단지市川左團次)32) 등 수집취미나 오락에 관한 본인들의 이야기였다. 이상의 취미론 모두가 부르짖고 있던 바는, 취미가 그 사람의 인격 그 자체를 표현한다는 것이었다. 이 특집 기사들은 훌륭하고 세련된 취미taste에 기반한 취미활동hobby을 갖는 것 자체가 인격형성을 실현하게 하는 수단이라고 독자에게 호소하고 있다.

사람들이 지녀야 할 좋은 취미란 일본인의 감성에서 서양의 문화를 흡수·소화하고 독자적인 새로운 문화를 만들기 위한 것이라며 새로운 풍속 스타일의 조성을 의도한 글도 적지 않았다. 그 예로 다음과 같은 것을 들 수 있다.

「일본 옷의 개량日本服裝の改良」, 나카무라 후세쓰中村不折(제1권 제4호)
「장식의 취미裝飾の趣味」, 후지오카 도호藤岡東圃(제2권 제2호)
「일본의 실내장식과 서양의 실내장식日本の室內裝飾と西洋の室內裝飾」, 후지이 겐지로藤井健次郎(제2권 제11호)
「일본남녀의 복장日本男女の服裝」, 골든 부인ゴルドン婦人(제3권 제3호)
「이상적인 가옥건축我理想の家庭建築」, 사지 지쓰넨佐治實然(제3권 제4호)
「우리나라의 풍속我國の風俗」, 가지타 한코梶田半古(제4권 제3호)
「일본복장연구회日本服裝研究會」, 가라자와 베니유키唐澤紅雪(제5권 제4호)
「화양취미잡감和洋趣味雜感」, 도가와 슈코쓰戶川秋骨(제6권 제5호)

복장과 주거 개량에 관한 주제들이 눈에 띤다. 일상적인 의식주의 취미 가운데, 식食에 비해 의衣나 주住가 받아들인 양풍洋風이 문제였던 것을 보여주는 것이라고 할 수 있겠다. 주거에 관한 개량에는 미쓰코시를 비롯한 백화점의 실내장식부가 이 시기에 커다란 영향력을 가지기 시작했다. 주거에 관한 테마가 일본인의 취미문제로 등장했다는 점은 메

---

31) 『趣味』 第2卷 第7號, 易風社, 1907.7.
32) 『趣味』 第2卷 第11號, 易風社, 1907.11.

이지 초기의 서구화와 말기의 문화 사이에
존재하는 근본적인 차이를 보여준다. 도가
와　슈코쓰戶川秋骨는　화양취미和洋趣味라는
새로운 단계에 도달했던 당시를 다음과 같
이 해석했다. 그는 일본이 특히 불가사의한
문화 상태에 있다면서, 의식주에 그치지 않
고　학문·사상·회화　그리고　도덕에까지
화양 양방이 혼합되어 있다고 보았다. 그리
고 "좋은지 나쁜지는 차치하고 시대의 흐
름과 문화의 대세는 어디까지나 만족할 때
까지 서양의 것을 동화시켜서 소화하는 데
있다"[33]고 서술했다. 메이지 말기가 되면
이전처럼 국수주의 일변도로만 서양문화를
무시하는 것이 불가능하게 되었다. 그 정도

『취미』 제2권 제6호, 1907

로 서양이 사람들의 일상 속에 착실하게 흘러들어오고 있었음을 도가
와는 분명하게 자각하고 있었다. 그때 나타난 것이 화양절충和洋折衷취
미였던 것이다. 그는 과자·과일·꽃·상점 등 일상의 층위에서는 쉽게
화양절충이 진행되고 있지만, 회화나 연극 등 예술 분야에서는 그러한
절충이 훨씬 복잡하다는 것을 지적했다. 예술에 있어서는 끝까지 양풍
취미와 섞일 수 없는 일본 고유의 취미가 있다고 생각한 도가와는 그것
을 '골동적'이라 부르고, 그러한 성격의 것까지 무리하게 절충해버리는
것의 위험성을 감지했다.

　　이렇게 메이지 말기에 주장된 취미라는 것이 화양절충 스타일로 수
렴해간 정세는 백화점 등 소비의 장에서 특히 두드러진다. 이것을 메이
지 이래 현재에 이르기까지 일본에서 다양한 형태로 드러났던, 지극히

---

33) 戶川秋骨, 「和洋趣味雜感」, 『趣味』 第6卷 第4號, 趣味社, 1912.11.

표층적인 문화창출의 한 양태로 보는 것도 가능할 것이다. 그러나 나는 이러한 새로운 스타일의 창출을 향한 움직임이 사람들의 생활이 새로운 단계에 들어선 것을 보여주는 사실로서, 역사적으로도 중요한 사건이었다고 생각한다. 앞서 언급한 글에서 미나미 히로시는 『취미』의 계몽운동이 메이지 말기의 다양한 문화개량운동에 호응했던 것이라고 쓴 바 있다.34) 그는 쇼요가 추진했던 연극 개량, 제국극장 성립, 그리고 미쓰코시라는 동시대의 사건들을 포함한 모든 생활영역에서 진행된 다양한 개량운동 가운데서, 메이지 초기의 물질적 문명개화와는 선을 그은 새로운 생활양식을 창출하려는 의식이 드러났다고 보았다. 그러나 그것들이 여전히 '위로부터의 운동'이라는 점에서는 차이가 없음을 지적하고, 당시의 새로운 동향을 다이쇼 후기 모더니즘으로 가는 과도기의 일면으로 규정해버리고 만다. 하지만 메이지 말기의 '취미'가 문명개화 때와는 달리 왜 그렇게 많은 일반인들에게 받아들여졌을까를 생각해보려면, 가장 큰 이유로 근대적인 유행mode 시스템이 이 시기 일본에서 발아하고 있었음을 고려해야 한다. 즉 이질적인 문화와 '새로운/새롭지 않은'이라는 유행의 가치관을 이용한 백화점과 같은 장, 바로 그곳에서 사람들은 저항감없이 취미를 받아들였던 것이다. 많은 지식인이 취미 교육의 의의를 도덕적인 가치 추구에 두었던 것과는 다른 차원에서 취미의 보급이 실제로 진행되고 있었던 것을 앞으로 미쓰코시오복점이라는 사례를 통해 상세하게 살펴보고자 한다.

---

34) 南博, 앞의 책, 48~59면.

제2장
만들어진 이미지

1. 백화점 미쓰코시오복점의 탄생

'취미'라는 말이 유행했던 메이지 말기는 일본에 최초로 백화점이 출현한 시기이기도 했다. 19세기 유럽에서 생겨난 백화점은 어떤 공간이었을까. 오늘날 백화점에서 행해지고 있는 것, 특히 다양한 문화 활동을 중심으로 전개되는 전략 등은 결코 새로운 것이 아니며 그 대부분이 이미 19세기에 고안되었던 것이었다.

1) 백화점의 기원

백화점의 시초는 1852년 프랑스의 〈봉마르쉐Au Bon Marche〉라고 보고 있다. 백화점grand magasin이라는 대형 소매점의 출현은 19세기 후반 오스만의 파리 개조와 밀접한 관계가 있으며 새롭게 건설된 대로(大路 : boulevard)에는 그 스케일에 상응하는 새로운 상업공간이 차례로 만들어졌다. 아리스티드 부시코의 〈봉마르쉐〉, 알프래드 쇼사르의 〈루브르Lourvre〉, 쥘 쟈르조의 〈쁘랭땅Le Printemps〉 등이 그것이다. 이러한 프랑스 백화점의 다수는 양품점(洋品店 : 기성복 상점-역주)의 후신이었다. 프랑스에서 백화점이 부흥한 것은 복식산업의 공업화에 따른 발전과 불가분의 관계가 있다. 그런 점에서 식료품점에서 출발했던 런던의 〈해로즈Harrods〉 백화점 등과 달리, 오히려 오복점에서부터 시작되었던 일본의 백화점과 프랑스 백화점의 공통점을 찾으려는 사람이 많다.1)

19세기 전반 프랑스에서 산업혁명이 진행되고 기계에 의한 대량생산이 대량염가의 복식품服飾品을 생산하던 가운데, 1800년 전후부터 파리를 비

라벨르 쟈르디니에르(잡지 『월뤼스트라시옹』에서), 1869

---

1) 神野由紀, 「十九世紀百貨店空間の考察」, 『デザイン學研究』 No. 98, 1992 참조.

롯한 도시에 〈신물점新物店 magasin de nouveautés〉이라는 양품점이 생겨났다. 〈라벨르 자르디니에르La Belle Jardiniere〉, 〈오꼬앵 드 뤼Au Coin de Rue〉 등 여러 신물점은 왕정복고기 이래 7월 왕정시대에 걸쳐 대형화되어갔다. 이들 점포에서 시작된 것이 "고객의 상점 출입 자유·정찰표시·현금거래"라

파사쥬(1860년경)

는 획기적인 상법商法이었다. 이전의 상점이라면, 어두운 상점 실내에 점원이 안쪽 깊숙한 곳에 있는 상품을 꺼내오고 가격은 점원과의 협상으로 결정되는 식으로, 점원과의 직접적인 커뮤니케이션 속에서 매매가 이루어졌다. 그래서 일단 상점에 들어가면 무엇이든 사지 않고서는 나올 수 없는 것이 일반적인 방식이었다. 신물점은 그러한 구태의연한 방법을 쇄신했다. 구매여부와 관계없이 누구라도 자유롭게 상점에 들어갈 수 있고, 진열된 상품을 자유롭게 보는 것이 가능했다. 그리고 가격도 이미 정해져 있기 때문에 점원과의 가격 교섭이라는 번거로움없이 안심하고 상품을

봉마르쉐(『일뤼스트라시옹』), 1872

봉마르쉐 내부(『일뤼스트라시옹』), 1880

살 수 있게 되었다. 근대
적인 상점의 원형을 이렇
게 신물점新物店이 만들어
가고 있었던 것이다.

한편 이 시기에 파사쥬
passage 혹은 갤러리galerie라 불
렸던 아케이드가 대도시에
만들어졌다. 벤야민이 언
급한 것처럼 19세기 전반
의 도시를 상징할 만한 건
조물의 하나가 파사쥬passage
였다. 유리지붕으로 덮여
진 온실공간은 그저 목적
도 없이 여기저기를 걷는
'만보객漫步客'을 탄생시켰
고 윈도우쇼핑이라는 새로운 간접소비 스타일을 사람들에게 침투시켰다.
대부분의 파사쥬는 19세기 후반에 도시 개조가 진행되면서 헐렸는데, 이러
한 신물점, 파사쥬의 출현은 사람들 사이에 새로운 소비 형태를 만들어냈다
는 점에서 중요한 역할을 했다.

사람들은 신물점 같은 대형양품점에서 박람회와 같은 '물건'의 범람
을 체험하게 되었다. 이 시점에서 쇼윈도우와 상점 안에 진열된 상품을
구경하고 그 이미지를 소비하는 간접소비의 기회 증대는 향후 백화점의
잠재적 고객층을 개척하는 것이 되었다. 이러한 새로운 상공간商空間은
사람들의 확대된 소비생활에 호응하면서 취급 품목들을 늘려갔고, 오스
만의 도시개조계획에 편승해 19세기 후반에는 백화점으로 발전했다. 제
2제정기의 백화점에 관해서는 에밀 졸라가 『부인들의 행복을 위하여Au
Bonheur Des Dames』2)에서 방대한 자료에 근거해 상세한 묘사를 하고 있으므로

봉마르쉐, 대계단(『일뤼스트라시옹』), 1872

이를 통해 당시 백화점의 상태와 사람들의 반응 등을 구체적으로 알 수 있다. 졸라의 이 작품에 관해서는 이미 1970년에 마이클 세르가 『불, 그리고 안개 속의 신호—졸라』[3]에서 재평가한 바 있다. 또한 최근에는 레이첼 보울리의 『다만 바라볼 뿐—세기말 소비문화와 문학텍스트』[4]와 기타야마 세이이치北山晴—의 『세련됨과 권력』[5] 등이 19세기 소비문화를 논하면서 『부인들의 행복을 위하여』를 거론했다. 이 작품에 대한 이같

2) Emile Zola, *Au Bonheur des dames*, 1883(English trans. : E. A. Vizetelly, *The Ladies' Paradise*, Hutchinsin & Co., 1895).

3) Michel Serres, *Freux et Signaux de Brume Grasset et fasquelle*, 1975(ミシエル・セール, 寺田光德 譯, 『火, そして霧の中の信號—ゾラ』, 法政大學出版局, 1988).

4) Rachel Bowlby, *Just looking; Consumer Culuture in Deiser, Glassing and Zola*, London : Methuen, 1985(レイチエル・ボウルビ, 高山宏 譯, 『ちょつと見るだけ—世紀末消費文化と文學テクスト』, ありな書房, 1989).

5) 北山晴一, 『おしゃれと權力』, 三省堂, 1985.

은 관심의 고조는 19세기에 백화점이라는 공간이 그 이전과는 결정적으로 다른 특징을 가졌으며 근대 소비문화의 원점이었다는 사실이 최근에 인식되고 있음을 보여주는 것이라고 말할 수 있다.

19세기에 생겨난 백화점은 어떤 성격을 가진 장소라고 말할 수 있을까. 쉬벨부쉬는 『철도여행의 역사』[6]에서 철도나 파노라마관과 같은 19세기의 '파노라마적 지각'의 하나로 박람회와 백화점을 꼽는다. 쉬벨부시는 이 둘의 공통점으로 대상물인 '풍경' 혹은 '사물'과 사람 사이에 눈에 보이지 않는 경계선이 존재한다는 것, 즉 '보는 사람'과 '보이는 사물' 사이에 어떠한 거리가 생겨난다는 것을 말한다. 원래의 맥락에서 분리된 '사물'을 한 공간에 전시해서 하나의 세계상을 인식시키는 것이 박람회라면, 보다 철저하게 경제의 논리를 따르면서 '물건'의 세계를 훨씬 더 대중화시킨 것이 백화점이다. 양자의 홍성은 발생 시점에서부터 긴밀한 관계를 맺고 있었다.

백화점은 무엇보다도 '별천지'를 체험할 수 있는 장소여야만 했다. 봉마르쉐로 대표되듯이 오페라 극장을 모방했던 대계단大階段이 그것을 상징한다. 경제활동과 밀착된 근대 모드mode의 확립은, 유행이 끊임없이 새롭게 경신되고 사람들은 '새로움'이라는 가치관 속에서 살아가야만 한다는 것을 의미한다. 백화점의 주된 고객층인 중상류계급의 '보다 좋은 생활', '지금보다 조금 더 상위 계급'을 향한 상승지향은 이러한 근대 유행의 원동력이 되었다. 그러므로 그들의 소망을 이루어주는 백화점은 당연히 사람들의 일상에서 분리된 '별천지'여야만 했다. 이를테면 백화점에 전시된 '물건'을 어떤 이미지와 겹쳐서 보고, 그중 하나를 갖게 된다면 눈앞에 펼쳐진 이미지의 세계 그 자체를 손에 넣는 것이 가능해지는 것이다. 1970년대에 보드리야르가 지적한 소비사회의 매커니

---

6) Wolfgang Schivelbush, *The Railway journey : Trains and Travel in the 19th Century*, New York : Urizenbooks, 1979(ヴォルフガンク・シヴェルブッシュ, 加藤二郎 譯, 『鐵道旅行の歷史 －十九世紀における空間と時間の工業化』, 法政大學出版局, 1982).

즘7)은 19세기의 시점부터 변함없이 계속되고 있었던 것이다.

실제로 당시 백화점에서는 다양한 활동이 이루어졌다. 그것은 단순하게 상품을 디스플레이하는 행위에서 엘리베이터나 전기조명 등 최신의 설비를 백화점의 매력으로 도입하는 것, 폐점 후 백화점 내에서 무도회를 연다든가 음악교실이나 회화會話교실을 여는 등에 이르기까지 아주 다양한 부문에 걸쳐 있었다. 점내에는 호화로운 독서실·휴게실·회화 갤러리 등이 설치되었고, 백화점은 소비의 '궁전' 혹은 '성당'이라 불렸다.8) 또 당시의 백화점에서 사회주의적 경향이 자주 발견되는 것도 큰 특징이다. 백화점 경영자는 부모이고 점원은 모두 그 가족이라며 백화점을 하나의 공동체로 간주했고, 백화점의 이익을 사회에 공헌해야 한다는 발상 아래서 다양한 자선사업이나 공공단체로의 기부가 행해졌다.9) 물론 이런 활동이 어떤 점에서는 백화점의 선전과 관련될 수 있다는 것을 경영자도 의식하고 있었겠지만, 그들은 이런 이념을 주창함으로써 기업 이윤의 정당성을 내외적으로 제시하고자 했다.

백화점은 초창기부터 현재까지 동일한 특성을 유지하면서 빠른 속도로 구미 각국에 보급되었다.10) 미국와 유럽의 문화적 차이에도 불구하고 백화점들은 위에서 말한 크고 작은 특성을 모두 가지고 있었다. 메이지 말기 일본이 모범으로 삼았던 것은 이들 백화점이었다. 자본주의 경제의 확립과 함께 서양 근대화를 진행시키고자 했던 당시 일본은 구

---

7) Jean Boudrillard, *La Societe de Consommation Ses Mythes, Ses Structuers*, Planete, 1970(ジャン・ボードリヤール, 今村仁司・塚原史 譯, 『消費社會の神話と構造』, 紀伊國屋書店, 1979).

8) 졸라의 작품에서도 이런 표현이 자주 사용되었다.

9) 이러한 경향은 프랑스의 백화점, 특히 〈봉마르쉐〉에서 강하게 발견된다. 단 이때의 사회공헌은 문화지원보다 오히려 자선사업에 무게가 실렸었다. 파스퇴르 기금이나 부시코의 유산을 파리시 복지사무소에 기부한 것 등은 그 대표적인 예이다(北山晴一, 앞의 책).

10) 지금까지 '백화점'에 관한 연구는 Wernicke, "Das Waren-und Kaufhaus", 1926; Paul H, Nystrom, "Economics of Retailing", Vol. 1, 1930; 松田愼三, 『デパートメント・ストア』, 1939; 土屋好重, 『百貨店』, 新紀元社, 1955 등이 있다.

미 백화점의 특성을 그대로 답습하기도 했다. 그러나 화양문화和洋文化를 새롭게 정립해야 한다는 요청이 있었던 만큼, 일본의 백화점시스템 도입과 정착 과정은 매우 흥미로운 전개를 보여준다.

2) 에치고야에서 미쓰코시로─다카하시 요시오의 점내개혁

연보延宝 원년(1673) 8월 이세伊勢현, 마쓰자카松坂에서 태어났던 미쓰이 다카토시三井高利는 에도 혼초本町 1정목町目에 오복점〈에치고야越後室〉를 개점했다. "외상사절·현금정찰제·에누리없음" "천을 작게 잘라서도 팝니다"라는 개점 당시의 캐치프레이즈는 당시의 상법商法을 파괴한 참신한 아이디어였다. 이렇게 해서 상품 회전을 빨리하고 손님층을 확장하면서 성공했던 다카토시는 에도·교토·오사카에 점차로 오복점·양체점(兩替店 : 환전어음상─역주)을 열고, 막부의 어용 오복점御用達과 금은위체어용책(金銀爲替御用達 : 금은의 어음화─역주)을 관리했던 대상인大商人으로 역사에 이름을 남겼다. 그가 실시한 현금거래의 상법이 구미에서 시작된 것은 앞서 말한 프랑스 신물점新物店을 통해서였는데, 프랑스는 일본보다 무려 150년이나 늦게 시행된 것이었다.

에치고야오복점은 에도 시대에 거상大店으로서의 굳건한 지위를 갖고 있었지만(다만 덴보天保 이래로 서서히 경영이 악화됨), 메이지 유신으로 막번체제가 붕괴하자 단골손님이 몰락했고 막부 말기 물가가 급격하게 상승하면서 경영상태가 심각하게 악화되었다. 이를 타개하기 위해 1872년 3월 미쓰이가三井家는 대장성大藏省의 권고에 따라 경영이 부진한 오복점 부문을 분리하기로 결정했다. 그 후 두꺼운 흙벽으로 만든 2층 점포 스루가초점(駿河町店, 현재는 中央區 日本橋室町)을 열고(1874), 양복점을 개점(1886)하는 등의 노력을 했지만 기대했던 성과는 거두지 못했다. 그 사이 오복점은 미쓰이에서 분리해 나온 미쓰코시三越와 미쓰이 본가가 수차례 서로 번갈아가며 경영했다. 이런 상황에서 1895년 8월 다카하시 요시오高橋義雄가 오복점의 이사로 취임했고, 이를 계기로 오복점은 대대적인 경영개혁을 단행했다. 다카하시의 개혁 결과 1904년 12월 미쓰이오복점三井吳服店은 백화점 〈주식회사 미쓰코시오복점〉으로 재탄생하였다. 다카하시를 대신하여 히비 오스케日比翁助가 경영자가 되었고, 「데파트먼트스토아 선언」이 발표되었다. 이제부터 살펴볼 다양한 활동은 다카하시와 히비, 두 사람이 미쓰코시에 관여했던 약 20년간 실시한 것이다.[11]

미토水戶의 번사(藩士 : 번주의 봉록을 받는 사무라이-역주) 집안 넷째 아들로 태어난 다카하시 요시오는 1881년 게이오의숙慶應義塾에 입학했다.[12] 졸업 후에는 후쿠자와 유키치(福澤諭吉 : 메이지 시대의 대표적인 사상가로 게이오대학慶應義塾大學을 설립하였으며, 아시아를 넘어서 서양을 따라야 한다는 탈아입구脫亞入歐를 근대화의 기본 방향으로 주장하였다-역주)가 주재하는 지지신보사時事新報社의 기자가 되는 것이 입학조건이었기 때문에, 다카하시 요시오는 신문사에서 후쿠자와의 직접지도를 받으면서 논설기자로 활약했다. 약 5년간의 기자활동 후 실업계 진출을 결심한 다카하시는, 서양洋行 체험이 필요하다고 판단하고 미국으로 건너가 상업학교에서 미국의 경영술을 배웠다.[13] 이곳에서 그는 미국의 대표적 백화점인 필라델피아의 〈워너메이커Wanamaker〉를 방문할 기회를 얻었다. 그즈음 미국에서도 백화점은 아직 낯선 새로운 소매방식의 점포였는데, 이곳을 견학한 다카하

---

11) 다음은 미쓰코시 관련 주요 출판물이다. 齋藤隆三, 『三越沿革史』, 1916; 『大三越歷史寫眞帖』, 1932; 豊泉益三, 『日比翁の憶い出』, 1932; 豊泉益三, 『續日比翁の憶い出』, 1933; 『三越の步み』, 1954; 藤田善三郎, 『日本最初の百貨店 三越の回顧』, 1958; 『株式會社三越85年の記錄』, 1990.

12) 이하 다카하시 요시오高橋義雄와 관련해서는 자서전 『빗자루의 흔적箒のあと』, 보급판, 발행소 불명, 1936을 참조.

13) 동시에 훗날 시로키야의 경영자가 되는 이와하시 긴치로岩橋謹次郎도 다카하시와 같이 미국 상업학교에서 유학했다.

시는 큰 흥미를 가지고 이 백화점을 4, 5일간 조사했다. 이 시기의 시찰 기록은 유감스럽게도 현존하지 않지만, 훗날 미쓰이오복점에서 그가 실행했던 진열 방법이나 경리 방법, 점원 교육법 등을 포함한 점내개혁의 상당 부분이 이 시기 체험에 기반한 것이라고 후에 다카하시 본인도 인정했다. 다카하시는 귀국 후에 발표한 실업론實業論을 인정받아 1891년 미쓰이은행에 입사했다. 1895년 당시 극심한 경영부진에 빠져있던 미쓰이오복점은 다카하시를 이사로 발탁했고 그에게 전면적인 개혁을 위임하면서 회생을 꾀했다. 다카하시에게는 그때까지 쌓아왔던 실업이념을 실행에 옮길 수 있는 좋은 기회였다. 그의 경영개혁 내용에 대해서는 이미 사사社史나 당시 점원들의 회상록에 자세히 나와 있는데, 그것들을 종합해보자면 다음과 같다.

[대외 시책]
① 오복점의 노렌 좌매(暖簾座賣 : 가게 앞에 가게 이름을 쓴 발을 길게 드리우고 앉아서 판매하는 전통적인 판매스타일－역주)방식을 폐지하고 진열판매방식으로 바꾼 것
② 양복부洋服部를 폐지하고, 오복 전업吳服 專業으로 되돌린 것
③ 에도 말기 이래로 거의 변화를 보이지 않았던 부인들의 하레기(晴着 : 부인들이 경사스러운 날이나 외출할 때 입는 나들이복장－역주)에 새로운 풍조를 일으키고, 시세에 적합한 유행을 창출한 것

[내부 시책]
① 매장 편중의 폐습을 타파하고, 영업의 근본인 '계산'에 중점을 둔 것
② 대복장식(大福帳式 : 회계 장부의 한 형식, 판매액만을 기록하기 때문에 그 손익을 감정해내기 어려운 점이 있다－역주)의 구舊계산법을 서양식 부기簿記방식으로 바꾼 것
③ 구습을 타파하고, 신교육을 받은 신인을 오복점 밖에서 채용하여 그 사람을 중요한 자리에 앉혀서 사무의 활발한 진행을 도모한 것
④ 점원手代이나 심부름하는 아이의 더부살이제도를 고쳐서, 대부분 통근하

게 하고, 1년 단위로 봉급을 주는 방식에서 급료제로 바꾼 것

⑤ 상점규칙을 엄격하게 하고, 여러 규정을 제정한 것

⑥ 대개 중개인을 거쳐 상품을 매입하던 방식에서 생산제조자와 직거래하는 방식을 도입한 것[14]

이 개혁안의 바탕이 된 것은 당연히 다카하시가 미국에서 본 백화점이었다. 게다가 다카하시는 개혁을 실시하면서 미국 백화점의 형태를 다시 조사할 필요를 느꼈고, 미쓰이의 건축가였던 요코가와 다미스케(橫河民輔 : 1864~1945, 미쓰코시 본점을 세운 건축가─역주)에게 미국의 백화점 정보를 의뢰했다.

1896년 12월, 요코가와는 철골구조 조사를 위해 미국으로 건너갔다. 당시 손수 관여하고 있던 미쓰이 본점 건축에 필요한 조사 때문이라고 말했는데, 실제로는 이 시기에 다카하시 요시오에게 의뢰받은 백화점 건축 관련 조사도 병행했다. 조사한 내용은 「오복점 및 잡화점 건축취조보고」[15]로 만들어 당시 미쓰이오복점 개축위원改築委員으로 있던 마스다 다카시益田孝에게 제출했다.

보고서에는 그가 미국 각지에서 시찰한 '오복점'과 '잡화점'에 대한 상세한 설명과 스케치가 기록되어 있다. 대부분 잡화점에 대한 보고이지만, 그중에는 『스크리브너즈 매거진Scribner's magazine』의 기사를 그대로 발췌하고 백화점the department store[16]에 대해 설명한 것도 있었다. 백화점에 필요한 부문, 판매방법, 점원에 대한 대우 등 백화점의 특징이 되는 것을 밝히고, 다시 두세 점의 자필 스케치를 첨부해서 백화점 내부 모습을

---

14) 齊藤隆三, 『三越沿革史』, 1916(여기서는 『株式會社三越85年の記錄』, 32면을 참조).

15) 1898년 11월에 미쓰이오복점 도쿄지점에서 '등사謄寫'한 보고서가 현존하고 있다.

16) 요코가와는 이때 미국에서 사용되던 'Living Store' 'Dry Goods Store' 'Department Store'와 같은 상점 호칭을 구분해서 사용하지 않았고, 일본어로 번역할 때에 '오복점' '잡화점' '잡화진열판매소' 등을 혼용하고 있다. 백화점이라는 번역어가 없던 당시의 상황에서 기인한 혼란으로 판단되기 때문에, 이 책에서는 혼란을 방지하기 위해 이것들을 모두 '백화점'이라고 호명하기로 한다.

브루밍데일 내부(요코가와 다미스케, 「오복점 및 잡화점 건축취조보고」, 1898)

구체적으로 소개했다.

이 보고서에 대해서는 이미 하쓰다 도루初田亨가 『메이지 중기의 요코가와 다미스케의 미국 상업건축보고에 대해서』[17]라는 논문에서 연구한 바 있다. 하쓰다가 지적한 것처럼 이 보고는 건축조사임에도 불구하고, 백화점에 필요한 부문의 종류와 여러 설비, 경영방법 등에 대해 상세하게 기록했고, 이 책 제목과 관련한 건축의장建築意匠에 대해서는 거의 언급하지 않았다. "백화점이라는 새로운 상점은 어떤 곳일까"라는 질문에 대한 설명으로 일관하고 있다. 이런 보고서가 제출된 배경에는, 점내개혁을 실행하는 데 적합한 기본적인 자료에 대한 다카하시의 요구가 있었을 것이다. 그것은 요코가와의 보고서와 다카하시의 개혁 내용을 대조해보면 쉽게 알 수 있다. 요코가와는 백화점에 놓인 상품은 '보여주기' 위해 디스플레이 된다고 말했다. 백화점의 넓은 점포 전체가 진열장이 되고, 쇼윈도가 반드시 설치되어 있음을 보고했다. "대형 유리창 안에 한 곳으로 집중할 수 있게 의장을 진열하고, 또 진열할 물품을 항상 시대유행에 맞추고, 신기新奇를 다투는 의상 오복점 등의 경우에는 예상되는 유행의 색상·문양을 사정査定할 나열식부羅列飾付를 만들"[18]라며 쇼윈도 디스플레이의 중요성을 강조했고, 〈브루밍데일 오복점〉이나 〈와이트 오복점〉의 쇼윈도를 스케치해서 소개했다.

17) 初田亨, 「明治中期の橫河民輔によるアメリカの商業建築報告書について」, 『日本建築學會大會學術講演梗槪集』, 1992.
18) 橫河民輔, 「吳服及雜貨店建築調査取調報告」.

또한 오복점에서 상품을 판매하는 데 직접적으로 필요하지는 않다고 여겨지는 각양각색의 공간이 마련된 사실도 놓치지 않고 보고했다. 그의 스케치에는 휴게실·어린이휴게실·우편물 취급소 등이 묘사되어 있다. 요코가와는 그런

공간도 판매장이나 창고, 점원용 설비와 마찬가지로 오복점에 필요한 설비라고 판단했던 것이다. 이 보고서를 바탕으로 다카하시가 1900년에 오복점 전체를 진열장으로 만들고, 1층의 기다란 노렌暖簾을 없앤 후 쇼윈도를 만들었으며, 특히 각 층에 서양풍의 호화로운 휴게실을 설치했던 것이 분명하다.

다카하시의 점내개혁 중에서 특별히 주목해야 할 것은 '보여주는' 디스플레이의 채택이었다. 다카하시가 책임을 맡은 당시의 오복점은 둥근 원 안에 '越'자를 써서 넣은 긴 감색 노렌紺暖簾이 입구에 걸려 있었기 때문에

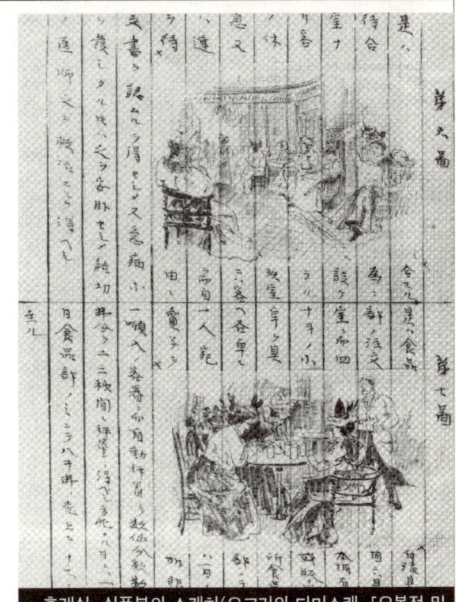

상점 안이 어두웠다. 지배인과 심부름 하는 어린아이 등 점원은 안쪽 깊숙한 곳에 앉아 고객을 맞이했고, 고객이 원하는 것을 듣고 상품을 꺼내와서 보여주는 구미의 구식 소매점과 그다지 다르지 않은 방법을

미쓰코시오복점, 1887년경

미쓰이오복점, 1904

따르고 있었다. 오복점 안을 어둡게 하는 것은 상품의 외관을 돋보이게 하기 위해서였고, 가능한 적은 상품을 보여주면서도 고객에게 만족을 주는 것이 지배인의 능력이었다. 이런 방법으로는 대량의 상품을 다수의 고객에게 팔고자 하는 새로운 상품판매에 성공할 수 없다고 생각한 다카하시는, 조속히 좌대를 폐지하고 오복점 안을 밝게 해서 상품이 잘 보일 수 있도록 했으며, 유리로 만든 진열 케이스에 상품을 넣어서 판매하는 방식으로 변화시켜갔다.19)

이렇게 고객에게 상품을 '보여주는' 방식의 보급이라는 다카하시의 발안과 함께, 박람회 개최를 떼놓고 생각하는 것은 불가능하다. 박람회는 이를테면 사람들에게 "'물건'을 본다고 하는 것"에 익숙하게 만드는 공간이었고, 그 전시방법은 백화점의 그것과 공통된 부분이 아주 많다. 구미에서도 일본에서도 박람회가 가장 성황리에 개최되었던 시기는 백화점의 발전 시기와 겹치는데, 백화점과 박람회의 영향 관계는 매우 밀접하다. 일본에서 박람회는 권공장勸工場이나 상설박람회라는 발상을 낳았고 소비시설로 발전해갔다. 백화점과 박람회의 연관성은 다음 장에

19) 다만, 이런 급진적인 개혁이 기존 점원의 반감을 샀던 것도 사실이었고, 1898년에는 진열 판매장 계장係長 수십 명이 스트라이크를 일으킨 사건도 발생했다.

서도 다루겠지만, 일본의 백화점에서 진열 방식이 채택된 것이 단순히 구미 백화점의 답습만을 의미하지는 않는다. 백화점이 당시 박람회의 유행과 그 전시형태에서 받은 영향을 무시할 수는 없을 것이다.

3) 히비 오스케의 백화점 이념과 「데파트먼트 스토아 선언」

다카하시 개혁안의 하나는 게이오의숙 출신자를 비롯한 고학력 신입사원을 채용하여 그들을 경리·구매·의장意匠 등 중요한 위치에 포진시키는 것이었다. 그중 한 명이 당시 미쓰이은행三井銀行에서 일하던 히비 오스케日比翁助였다.[20]

만엔万延 원년(1860), 구루

미쓰이오복점 진열판매장, 1895.

미쓰이오복점. 1층은 좌식판매형식, 2층은 진열장형식(『풍속화보』, 1895년 12월호).

메久留米 번사藩士의 차남으로 태어난 히비는 다카하시와 함께 게이오에서 후쿠자와 유키치의 가르침을 받았다. "몸에는 앞치마를 둘러도 마음

---

20) 히비 오스케에 관해서는 星野小次郎, 『三越創始者 日比翁助』, 田中賢造發行, 1952; 松居松葉 「日比翁助先生評傳」, 『日本百貨店總覽－三越 』 第1卷, 百貨店商報社, 1933; 豊泉益三, 『日比翁助の憶い出』, 三越吳服店, 1932~1933 등이 있다.

속에는 투구를 쓰고 있다는 사실을 잊지 않도록 하라" 즉 사혼상재士魂商才로 실업계에 임하라며 졸업생을 격려했던 후쿠자와의 말은 그 후 히비에게 커다란 버팀목이 되었다. 졸업 후에 모슬린상점(mousseline : 얇고 보드라운 모직물을 취급하는 상점-역주)에서 경력을 쌓았는데, 그의 경영수완을 눈여겨 본 나카미가와 히코지로中上川彦次郎에 의해 발탁되어 미쓰이은행에 입사하였고, 이곳에서도 높은 평가를 받았다. 그 무렵 먼저 미쓰이은행을 떠나 미쓰이오복점의 개혁을 맡은 다카하시가 유능한 인재를 물색중이라는 말이 나카미가와에게 들려왔다. 히비는 나카미가와의 추천에 의해 1898년 미쓰이오복점에 입사했다. 이것이 이후 약 20년간 지속된 히비와 미쓰코시의 관계의 시작이었다.

입사 후 히비는 곧바로 다카하시의 개혁안을 현장에서 추진했다. 그는 홍보관계의 일도 맡았고 뒤에서 설명하게 될 영업용 PR지의 편집을 직접 맡는 등 여러 방면에서 업무를 담당했다. 후에 많은 사원들 사이에 회자된 히비의 인재발굴 재능도 이 무렵부터 드러났다. 윈도우 디스플레이와 구매 담당에 도요이즈미 마쓰조豊泉益三, 실내장식 담당에는 하야시 고헤이林幸平, 광고 담당에는 하마다 시로浜田四郎 등, 이전의 경력에 구애되지 않는 대담한 인재등용을 메이지 30년대부터 시도했다. 그성과는 미쓰코시오복점이 백화점으로 바뀐 메이지 말기부터 다이쇼 초기에 걸쳐 나타났는데, 등용한 사람이 각자의 부문에서 그 재능을 발휘하기 시작한 시기였다.

1904년 12월, 미쓰이오복점은 미쓰이가로부터 완전히 독립하여 주식회사 미쓰코시오복점이 되었다. 대표 발기인은 마스다 다카시益田孝로 하고 히비 오스케가 전무이사로 취임하였다. 이후 히비는 백화점의 경영책임자로 그 수완을 발휘해갔다.

미쓰코시오복점 설립과 동시에 발표된 「데파트먼트스토아 선언」[21]

---

21) 1904년 12월 6일에 주식회사 미쓰코시오복점 창립총회, 동월 20일에 「데파트먼트스토아 선언」이 기재된 미쓰이·미쓰코시 연명連名의 인사장이 전국의 고객, 거래처에

은 다카하시 요시오가 목표로 하는 백화점의 서구화를 향한 하나의 도달점이었다.

「데파트먼트스토아 선언」

삼가 아룁니다.

금번 당점當店에서 합명회사 미쓰이오복점의 영업을 계승함에 있어 점원은 물론이고 기타 일절의 것을 종래와 변함없이 일하고자 함을 아뢰오니 이전보다 한층 더 사랑해주시기를 간절히 부탁드립니다. 금후로 전력을 다해 도쿄본점에만 집중하고 더욱 노력해서 고객 여러분들의 편의를 도모하며 다음의 사항을 거행하고자 합니다.

하나. 도쿄본점은 점포의 면목을 일신하고 상품장식에 만반을 기하며 최신의 개량을 더해서 찾아주시는 고객 여러분에게 한층 미감美感이 생기게 하고 유쾌하게 구매하실 수 있도록 충분한 설비를 갖출 것.

하나. 당점의 의장계는 특별히 모양참고실을 설치하고 염직모양染織模樣을 주문하시는 고객님들에게 이 참고실의 신고新古 다수의 참고품을 어람御覽케 해서 충분한 선정의 편의를 도모할 것.

하나. 당점에서 판매하는 상품의 종류를 금후 한층 더 증가시키고 대체로 의복장식에 관한 품목은 한 동棟에서 용무를 마칠 수 있게 설비를 갖춤으로써 종국에는 미국에서 시행하고 있는 데파트먼트스토아의 일부를 실현가능하게 할 것.

하나. 봄가을 두 계절에 신문양진열회를 개최함으로써 각 지방 염직업자의 신제품을 촉진시키고 동시에 예술적인 전람회를 열어서 일반 의장의 진보를 도모하며 유례없이 새로운 출품작을 먼저 내객來客 여러분이 선취選取할 수 있도록 제공할 것.

하나. 교토京都의 매입점은 종래의 염직공장을 이 기회에 더욱 확장하고 유례없는 참신우미한 유행품을 조제調製하여 시대의 유행時好에 선봉이 될 것이

발송되었고, 다음 해 1905년 1월에 주요 신문지상에 동일한 선언이 게재되었다. 또한 하마다 시로의 『百貨店一夕話』(日本電報通信社, 1948, 71~72면)에 의하면 'Department Store'를 '백화점'이라고 번역한 것은 잡지 『상업계商業界』의 주간 구와타니 데이이치桑谷定逸가 최초인 듯 하다. 그 이전에는 가타카나 그대로 '대점포제 소매점' 혹은 요코가와 다미스케橫河民輔처럼 '잡화진열판매소' 등으로 번역하였다.

며 고객의 개량을 더욱 도모할 것.

하나. 지방판매계는 당점에서 발행하는 『지코時好』를 통해 수시로 변하는 도쿄의 유행 상품 모양을 보여주고 주문품을 선정하게 했던 방식 및 그 발송에도 더욱 주의하고 장인의 방식을 궁리함으로써 먼 곳에서 물건을 사러 오셨던 분들에게도 충분한 편리를 제공할 것.

이상의 사항은 저희가 금후에 착실하게 실행해야 할 것입니다. 점포 개량의 목적으로 미국에 파견한 하야시 고헤이도 머지않아 조사를 마치고 귀국하오니 미국의 최신식 점포 개량법도 곧 현실로 이루어질 것임을 말씀드리고자 합니다. 당점 영업을 계승할 것임을 널리 알리는 것과 더불어 당점의 포부도 조금 말씀드리는 것에 대해 양해해 주시옵고 이 기회에 찾아주시기를 바랍니다.

주식회사 미쓰이오복점

선언문에는 "판매하는 상품의 종류를 지금부터 한층 더 증가시키고 (…중략…) 미국에서 시행하고 있는 데파트먼트스토아의 일부를 실현 가능하게 하기 위해"라는 방침이 명문화되어 있다. 고객 및 거래처에 선언문이 포함된 인사장을 발송함과 동시에 다음 해인 1905년 1월에는 이것과 비슷한 문구가 전국의 신문·잡지의 광고로 크게 게재되었다. 일본 백화점의 역사는 여기서부터 시작되었다고 얘기된다.

히비는 그때까지 다카하시가 추진하여왔던 오복점의 근대화를 위한 사업을 이어받아 대표지배인 후지무라 기시치藤村喜七와 협력하여 백화점을 본 궤도에 올려놓는데 힘을 쏟았다. 다카하시의 방침을 계승하면서도 백화점에 대한 자신의 독자적 이념을 확립하기 위해 히비는 1906년 백화점을 시찰하고자 유럽으로 향했다.

히비의 구미 시찰은 그 후 미쓰코시의 경영방침을 결정짓는 데 대단히 중요하게 작용했다. 그중에서도 특히 미쓰코시로서 중요하다고 여긴 히비의 체험은 ① 미쓰코시의 모델로 헤로즈가 적합하다고 판단한 점과

② 백화점의 이익은 사회공헌을 위해 사용한다는 구미 백화점의 사고방식에 공감한 점이었다.

구미 외유 중, 히비는 여러 백화점을 둘러보았는데 그중에서도 그의 눈길을 끌었던 것은 런던의 헤로즈 백화점이었다.『지코時好』1908년 5월호에는 귀국한 히비의 담화를 모은 기사가 게재되었는데, 다음과 같다.

> 영국 런던의 중심에 헤로즈라는 소매 대상점이 있다. (…중략…) 작년에 히비 오스케씨가 그곳에 가서 실상을 시찰하고 설비의 완전함, 경영법의 노련함 등을 보게 되었다. 그가 생각건대, 미쓰코시오복점이 따르고 기준으로 삼아야 할 것이 이곳 이외는 없다고 보고 귀국해서 이를 세상에 소개하니 (…중략…) 미국풍의 떠들썩함이 아니라 영국풍의 차분함을 주가 되게 하려면, 일본에 적용하기에 이 헤로즈 만한 것이 없다고 말하였다.

> 우리 미쓰코시오복점은 일본의 최초 소매대상점이다. 그러나 이제 그 계획의 첫걸음을 내딛은 데 불과하다. (…중략…) 이상理想은 우리 미쓰코시로 하여금 제2의 헤로즈, 즉 도쿄의 헤로즈가 되게 하는 데 있는 것이다. (…중략…) 실로 미쓰코시는 매일 매일 헤로즈에 가까워지고 있다.22)

다카하시가 백화점을 구상할 때 모델로 삼은 것은 워너메이커John Wanamaker를 비롯한 미국의 백화점이었다. 그러나 히비가 헤로즈를 모델을 삼은 것은 당시 일본에 '서구 문화 = 유럽'이라는 사고방식이 지극히 일반적이었기 때문이다. 히비로서는 영국의 백화점을 모방하는 쪽이 고급 문화의 본격적인 이미지를 미쓰코시에 보다 잘 정착시킬 수 있다고 생각했을 것이다. 이때의 모델 선정은 그 후 '미쓰코시취미'의 창출과도 관련를 맺게 된다.

더욱이 히비가 시찰하면서 배운 것 중 하나는 백화점이 사회를 위해 공헌해야만 한다는 백화점 이념이었다. 당시 구미의 백화점은 점내에서

---

22) 위의 책, 82면.

콘서트 등 문화 행사를 개최한다거나 가난한 사람들을 위한 시설에 기부하는 등 상품판매와는 무관한 다양한 활동을 적극적으로 실행하고 있었다. 이것을 본 히비는 그러한 봉사 정신이 일본의 사무라이 윤리관을 만족시키는 것이라는 점에서 크게 감화받았다. 때문에 문화 활동에 대한 그의 열의는 한층 더 강화되었고, 더욱 도덕적인 가치가 그를 지배하게 되었다. 이때부터 그의 '국민외교國民外交' '학속협동學俗協同'이라는 이념이 확립되어갔다.

1906년 전후로 미쓰코시에서는 외국의 황족·군인·정치가 등 귀빈객을 영접할 기회가 많아졌다. 1905년에 미 육군 다훗경이 방문했을 때에는 옥상에 'WELCOME'이라는 전광문자를 설치해서 환영했고, 1906년 영국 콘노트 친왕이 방문하였을 때는 옛 양복부 건물 옥상에 다실茶室〈구추간空中庵〉을 신축하기도 하는 등 "미쓰코시는 제2의 국빈 접대 장소다"[23]라고 할 정도로 일본을 찾은 국빈의 도쿄 방문시 반드시 거쳐야 하는 장소가 되었다. 이것은 히비가 '국민외교'라고 칭한 것, 즉 외교를 국가에만 의뢰해서는 안되고 국민과 국민 사이의 외교에 의해 친교를 도모해야 한다며 자신의 백화점을 통해 사회공헌의 이념을 실현시키려고 한 일례였다. 그러나 이들 국빈의 방문은, 히비 자신이 말하지는 않았지만, 그가 의도한 고급 백화점의 이미지를 일반 손님들에게 널리 알리는 데 매우 효과적인 선전이 되었을 것이다.

히비가 제창한 '학속협동'이라는 슬로건은 지금까지도 미쓰코시 내외에서 회자될 정도로 유명한 문구이다. 이것은 원래 정계政界에서 자기 수하에 각계의 저명한 지식인을 회집시킨 고토 신페이後藤新平의 말에서 유래되었는데, 고토가 히비를 가리켜 "학속협동을 도모한 유일무이한 실업가"라고 칭했던 것에서 비롯되었다.[24] 다음의 글은 『미쓰코시 타임

---

23) 위의 책, 45면.
24) 星野小次郎, 앞의 책. 본 절에서 히비日比에 대해 특별히 주석을 달지 않는 경우, 대

즈』10권 8호에 수록된 기사에서 발췌한 것이다

「미쓰코시의 학속협동」
미쓰코시에서는 어떠한 일을 행하는 데 있어서도 '학속협동'이라는 것을 잊지 않는다. '학속협동'이란 전 체신대신 고토 신페이가 일찍이 창안하였고, 미쓰코시가 이에 동의하면서 매우 즐겨한 주의主義였다. 한마디로 말하면, 어떤 일을 하더라도 반드시 학자의 고견을 듣고서 그것을 실행으로 옮긴다는 것이다. 미쓰코시는 어떤 상품을 만들더라도 반드시 그 분야의 학자에게 충분한 연구를 요청하고, 그 후에 매출을 도모한다. 그렇게 하면 염직물에도 세공물에도 탈색이나 파손의 사태가 일어나지 않는다. (…중략…) 현상懸賞 옷감 문양도안의 선정도 현대 유수의 학자·화백·신문기자 등이 모여서 점내에 조직한 유행회라는 단체의 손에 맡겨진다. 이 단체는 매월 1회 백화점에 모여서 다양한 유행 연구에 열심이다. (…중략…) 이렇게 현대의 명사들이 음으로 양으로 당점의 사업을 받들어 돕기 때문에 당점의 책임도 막중해지고 여러 가지로 더욱 성실할 수밖에 없다.[25]

1906년부터 1907년에 걸쳐 구미의 백화점을 시찰한 히비는 그곳에서 백화점이 사회를 위해 봉사해야 한다는 일종의 유토피아적 사회주의 정신이 뿌리내린 것을 배우고, 거기에 크게 공감한 것 같다. 백화점의 이익은 사회에 환원되어야만 하고, 공공을 위하여 유용하게 쓰여야 한다는 사고방식은 프랑스 백화점 〈봉마르쉐〉의 부시코 부부를 비롯한 다수 경영자들에게 공통적으로 발견된다.[26] 히비는 외유 중 동행한 점원 싯코 히로미치執行弘道에게 "미쓰코시오복점이 영리만을 추구하는 곳은 아니다. 박리다매薄利多賣로 이익이 많이 남도록 하면서 사회개선이나 국민외교를 위한 유용함이 있어야 한다"고 말하였다. 히비는 오복점의 백화점화를 추진하면서 단순히 다양한 상품을 늘어놓고 파는 것만

부분 이 책을 참조한 것이다.
25) 『みつこしタイムス』 第10券 第8號, 1912.7, 10~11면.
26) 주 48 참조

으로는 부족하다는 것을 강하게 느끼고 있었다. 구미의 백화점을 보고 배우면서, "우리가 문화를 향상시키고 대중에게 가능한 한 서비스를 제공하며, 백화점의 번영을 기대하는 동시에 나아가 국가사회에 어떤 식의 공헌을 하는 것"은 이후 히비의 변하지 않는 백화점 이념이 되었다. 이 시기 미쓰코시에서는 연구회 활동이 대단히 활발하였고, 그 대표라고 할 수 있는 것이 각계 저명인사를 모아 유행에 대해 논의하였던 〈유행회〉였다. 유행회에 대해서는 나중에 상술할 텐데, 유행회를 비롯한 여러 가지 문화사업이 문화향상이라는 이름으로 실시되었다. 백화점이라는 장에 각계의 권위를 모을 수 있었던 것은, 이러한 이념이 명확하게 제시되었고 거기에 찬동하는 사람이 많았기 때문이었다. 히비 오스케의 전기를 저술한 호시노 고지로星野小次郎의 설명은 이 점을 잘 보여준다.

> 상품의 유행이 횡적인 측면이라면, 아동연구회·유행회 등을 조직해서 학자들을 모으고 사회의 복지·문화 향상을 지시하는 것 등은 종적인 기둥이다. 이러한 종횡이 잘 맞물려서 사회를 위하는 것이 되면, 그것은 곧바로 미쓰코시를 위한 것이 된다. 종적 기둥이 되는 정신은 결국 미쓰코시 혼魂이다. 만일 미쓰코시 혼이 빈 껍데기였다면 이처럼 천하의 인재를 망라하기가 도저히 불가능했을 것이다.

히비는 학자들의 학문적 힘을 빌려 일반인의 문화 수준을 향상시키고 현재의 사회교육과 같은 것을 실현해보고자 했다. 따라서 미쓰코시 오복점도 초대된 지식인들도, 사리사욕을 초월하여 서로 협력하였다. 그중에는 히비에게 "학자라든가 미술가라든가 백화점 번창에 그다지 도움이 되지 않는 사람들이 바쁜 중역실에 계속해서 모여드는 것은 왜일까. 그런 사람들을 좀 멀리하고 오복점 업무를 살핀다면……"이라고 충고하면서 무용론無用論을 주장하는 사람도 있었지만 히비는 이것을 단호하게 밀고 나갔고, 학자에 대한 그의 존경은 보통 이상이었다고 전해

미쓰코시오복점 식당, 1907

진다. 미쓰코시가 촉탁한 마쓰이 쇼요松居松翁에 대한 히비의 존경은 "어느 정도 병적이라고 해도 좋을 정도였다"고 말해질 만큼 극단적인 것이었다. 물론 이처럼 그의 사심 없는 순수한 바램이 학자들의 적극적인 이해를 구할 수 있었던 것이고, 미쓰코시 입장에서는 당장에 무용하게 여겨지는 곳에 돈을 쓰는 것도 하나의 투자였다. 또 시간이 흐르면서 히비 자신도 이것이 오복점에 커다란 이익을 가져올 것이라는 사실을 알고 있었을 것이다. 더구나 미쓰코시에 초대된 학자·예술가들은 그 초대 자체만으로도 자신의 사회적 지위가 높다는 것이 증명되었다. 그들로서도 미쓰코시의 브레인으로 유행회에 관여한다는 것이 어떤 식으로 이익이 되었을 터이므로 전혀 사욕없이 참가하였다고만은 말할 수 없을 것이다. 오늘날 백화점을 비롯한 문화사업이 그러하듯이, 서로의 이해관계 논리가 이미 이 시기에도 존재하고 있었던 것은 아닐까 생각해 본다.

　히비는 시찰에서 얻은 지식을 살려 새로운 계획을 오복점에서 차례로 실행해갔다. 매장수가 늘어났고,[27] 식당이나 사진부·미술부 등이 신설되었다. 고급 지향이 강해지는 동시에 구미의 백화점을 모방하여 "미쓰코시는 하루 종일이라도 있을 수 있는 오락 공간"이 되려는 경향도 강해졌다.[28]

4) 다카하시의 백화점 경영과 그의 취미관

백화점 미쓰코시의 성립 과정에 기본적인 틀을 정비한 것이 다카하시 요시오라면, 그것을 현실적인 바탕 삼아 일본의 토양에 뿌리 내리게 하고 여러 가지 활동을 통해 사람들에게 널리 알린 것은 히비 오스케였다. 두 사람은 모두 시골의 무사 집안 출신이었으며, 후쿠자와 유키치의 가르침을 받아 실업계에 들어왔다는 점에서 비슷한 부분이 많았다. 둘은 미쓰코시가 "시대의 미의식을 창출하는" 디자인 활동의 미디어로 기능하기 위해 필요한 다양한 기획들을 시험했다. 그러면서도 두 사람의 백화점에 대한 사고방식에는 명백한 차이점이 있었다. 다카하시가 백화점을 소비의 장으로 인식하고 이익추구를 위해 유행의 취미를 의도적

---

27) 이미 1902년 종래의 오복옷감류뿐이 아니라 방물판매를 개시했는데, 그 후 1905년에 화장품, 1906년에 양복·아동복, 나아가 1907년에는 가방·신발·양산·머리장식품·구두를 취급하기 시작하였으며, 식당·사진부·미술부도 동시에 개설하였다(『時好』第5券 第15號, 1907). 오히려 백화점 내 식당을 개설한 것은 시로키야가 먼저였다. 시로키야에서는 1903년 신관 낙성제 때 유회실의 일부에 식당을 열었고, 다음 해에는 식당을 독립시켰다(『白木屋三百年史』에서).

28) 하마타 시로浜田四郎는 『태평양太平洋』 1904년月(원서에 월수가 누락되어 있다-역자) 「오복점의 지배인」에서 미쓰코시의 히비와 시로키야의 이와하시 긴치로를 소개하였다. 여기서 하마타가 "시로키야는 그 어떤 것도 미쓰이오복점과 함께 으뜸으로 꼽혔다"고 말하고 있는 것처럼 이 시기 미쓰코시(미쓰이오복점)와 시로키야는 항상 서로를 경쟁 상대로 의식하였다. 히비가 획기적인 백화점 개혁을 전개하는 한편, 이와하시가 시로키야에서 같은 형태의 개혁을 실시했다는 것은 『시로키야삼백년사白木屋三百年史』에도 상세하게 기록되어 있다.

으로 만들어냈다면, 히비는 오히려 백화점이 사회 개선을 실행할 수 있는 공간이라는 점을 중시하고 국가에 공헌하기 위해서 사람들을 위한 문화활동에 수익을 이용해야 한다는 입장이었다. 여기서는 다카하시의 백화점 경영의 특징을 명확하게 하기 위해 히비 시대와 비교해보고자 한다.

다카하시 요시오는 미쓰이오복점의 개혁자인 동시에, 근대를 대표하는 다인茶人의 한 사람으로 다카하시 소안高橋籌庵이라는 이름을 남겼다. 그런데 오늘날은 오히려 다도를 연구했던 사람으로 훨씬 잘 알려져 있다. 소안을 출발점으로 하는 근대 다도에 대해 역사적으로 연구한 구마쿠라 이사오熊倉功夫는 소안이 근대 다도를 성립한 사람이라고 말한다. 그는 소안이 『다이쇼 다도기大正茶道記』 등 많은 기록을 남겼다는 것과, 『다이쇼 명기감大正名器鑑』에서 근대 명인의 한 사람으로서 도달할 수 있는 정점을 보여준 것에 대해 평하였다.[29]

다카하시는 1911년 51세의 나이에 실업계를 은퇴하고 다인으로서의 취미생활에 몰두하였다. 그 후 그는 우선 『지지신보時事新報』에 다회기茶會記를 연재하고, 그것들을 『도도 다회기東都茶會記』 13권, 『다이쇼 다도기大正茶道記』 8권으로 묶어냈다. 그 결과, 그때까지만 해도 극히 일부 애호가들의 취미였던 다도가 많은 일반 애호가들을 탄생시켰다고 구마쿠라는 지적하였다. 더욱이 다카하시는 주요 저술로 꼽히는 『다이쇼 명기감』을 발표했는데, 이것을 두고 구마쿠라는 다음과 같이 평가했다. 일단 이 책은 미쓰이계三井系를 중심으로 하는 재계 인사들의 다도관 속에서 쓰여진 것이다. 말하자면, 그들 사이에서 다도라는 것은 독자적인 사상을 가지고 있는 것이 아니라 취미로서 즐겨야 하는 것이었다. 이것을 두고 구마쿠라는 정신주의를 부정하는 취미지상주의라고 말한다. 그 결과 그들의 다도

---

29) 熊倉功夫, 『近代茶道史の研究』, 日本放送出版協會, 1980.

는 즉물적인 방향으로 기울어지게 되었으며, 다도에 쓰이는 기구에 대한 이상한 집착을 낳았다. 명기名器에는 상식을 넘어서는 가치가 매겨졌고, 그것은 공리주의로 이어졌다. 구마쿠라는 『다이쇼 명기감』이 쓰여진 배경으로, 한편에는 철저한 경제주의가 있었고 또 한편에는 취미지상주의가 있었다고 말하면서 다음과 같이 서술했다.

> 이미 청년시대에 『배금종拜金宗』[30] 정속正續 두 권을 저술하였고, 돈을 경멸하는 봉건윤리와의 결별을 선언하였으며, 화폐에 대한 절대적인 신뢰를 고백한 소안이었기 때문에 소장하고 있는 명기 다기가 상식적인 범위를 넘어선 가격이었음은 당연한 일이었다.[31]

다카하시 본인은 실업계 즉 경제활동과 상반적인 곳에서 자신의 취미세계를 만들고자 했다고 서술하였지만, 구마쿠라가 지적한 것처럼 그의 다도관 속에는 역시 경제주의적인 사고방식을 찾아볼 수 있다. 이처럼 다카하시의 차에 대한 태도를 고찰할 때, 다도나 미술품에 대한 취미가 어린 시절부터 환경 속에서 자연스럽게 생겨난 것이 아니라, 실업계에 들어온 이후에 획득된 것이라는 점을 중요하게 생각해야 한다. 『빗자루의 흔적箒のあと』(다카하시 요시오에게는 '다카하시 소안'이라는 또 하나의 이름이 있었다. 그의 자서전 『빗자루의 흔적』은 '소안'의 소箒자에서 따온 제목이라고 생각된다-역자)을 보면 31세에 결혼하여 신혼집을 꾸렸을 때의 일을 다음과 같이 회상하였다.

> 그때 침대맡에 걸어둔 것은, 위작이라는 것을 알면서도 빌린 마쓰무라 게이

---

30) 다카하시는 미쓰이오복점에 입사하기 전, 1884년에 『日本人改良論』(出版人 : 石川牛次郎)을, 1886년에는 『拜金宗 一名商賣のスヽメ』(出版人 : 神戸甲子二・大倉安五郎)를 저술했다. 후쿠자와 유키치의 실업론에 영향을 받고 쓴 『拜金宗』의 "돈으로 전지전능한 신이 된다"는 경제중심적인 사고방식은 이후 그의 인생에 상당한 영향을 주었다.
31) 態倉功夫, 앞의 책, 265면.

분松村景文의 작품으로 소나무 위에 학이 있는 장식물이었다. 또 예전에 긴자의 엔니치緣日에서 1원 50전을 주고 산 사철 푸른 분재 하나로 집을 꾸몄다. 그리고 태연하게 이웃의 이케다 겐조池田謙三 부부나 미쓰이 관계 실업가들을 초대했던 것은, 지금 생각하면 여간 촌스럽고 민망한 일이 아닐 수 없다. 나중에 차를 마시는 것을 배우고 미술품을 좀 다루게 된 후에는 그때 당시를 회고하며 그 대담함에 스스로 놀라워했고[32]

이런 기술에서도 알 수 있듯이, 다도를 중심으로 한 다카하시의 취미 세계는 그의 인생 전반기에는 가질 수 없었던 것이었다. 그것은 그의 마음속에서 취미에 대한 동경으로 발현되었고, 무엇보다도 강하게 "획득해야 할 것"이라는 의식으로 이어졌다고 생각한다. 그가 지지신보사를 퇴사하고 실업의 길을 선택한 것도 자신의 취미생활을 만족시켜줄 만큼의 재산 축적에 전념하기 위해서였다. 이런 다카하시의 취미에 대한 동경은 한편에서 근대의 다도를 성립시켰고, 또 한편으로는 오복점을 무대로 하는 근대적인 유행현상을 만들어냈다. 이 두 가지 국면은 다른 것이 아니었다. 백화점이 된 미쓰코시의 초기 고객층은 대부분 상류계급이 많았지만, 당시 점차 늘어가고 있던 새로운 중간계층도 고객으로 영입되었다. 상승지향성이 강한 새로운 중간계급이 다카하시가 만든 유행에 가장 잘 반응했던 것은, 다카하시가 가진 상류계급 취미에 대한 '시선'에 포착된 것을 그들 자신도 가지고 있었기 때문은 아니었을까.

백화점을 소비의 장으로 생각하고 이익추구를 위해 유행을 창출하며 취미를 만들어내고자 했던 다카하시의 입장은, 백화점을 사회공헌의 장으로 생각하여 수익을 문화활동으로 되돌리고 사회에 환원해야 한다고 생각했던 히비의 입장과는 본질적으로 다른 것이다. 그러나 실제로 이 두 가지의 입장은 자문연구기관을 비롯한 이 시기 미쓰코시의 여러 국면을 드러내주고 있는데, 무엇보다도 두 입장이 모순되지 않고 공존했

32) 高橋義雄, 『箒のあと』, 197~198면.

음을 쉽게 발견할 수 있다. 두 사람이 '취미'라는 말을 근간으로 해서 하나가 되었다는 것이야말로 이 시기 미쓰코시의 특징이었음을 이제부터 구체적으로 살펴보고자 한다.

2. "오늘은 제국극장, 내일은 미쓰코시"

구미 그리고 일본에서도 백화점의 탄생은 자본주의 사회가 싹트던 시기에 필연적으로 나타난 기업형태였다고 경제적인 측면에서만 말하는 것이 불가능하다. 왜냐하면 그 배후에 있는 문화적 상황과 매우 밀접한 영향관계를 갖기 때문이다. 사람들은 처음으로 대량의 '물건'이 전시되어 있는 중에 그것을 소비하는 경험을 하게 되었다. 한마디로 말하면 백화점은 '물건'과 사람의 관계를 일신했다. 사람들 사이에서 새로운 가치관, 새로운 사물에 대한 시각이 나타났다. 그것은 지금까지 소비사회를 논할 때 반드시 언급되는, 이미지를 통해 사물을 보는 것의 시작이었다. 특히 일본의 경우, 이러한 소비사회에 존재하는 여러 문제와 문명개화 이후의 '서양−근대−일본'이라는 복잡한 문화적 상황이 중첩되면서 독특한 양상을 보이게 되었다. 백화점 미쓰코시는 이제까지의 오복점에서 탈피한 새로운 이미지, '서양적인 것'의 향기가 필요했다. 하지만 새로운 이미지가 일반 대중에게 받아들여지기 위해서는 오복점이 키워왔던 일본풍의 이미지 역시 온전히 보존하지 않으면 안되었다. 당시 미쓰코시에서 형성되고 있었던 취미는 일본의 취미와 서양의 취미를 융합해서, 미쓰코시만의 독자적인 취미로 승화시킨 것이었다. 그것은 얼핏 보면 단순히 일본 취미 몇 가지를 골라 넣은 양풍이거나, 서양 취미를 골라 넣은 화풍和風처럼 여겨졌다. 하지만 거기에는 모든 테이스트를 미쓰코시라는 공간에 모아두고 거기서부터 새로운 일본과 새로운 미쓰코시에 걸맞는 취미를 만들어낸다는 의식이 작용하고 있었다는 점에서, 백화점을 넘어 잡지 『취미』를 근원으로 하는 동시대 문화생활의 공통적인 특징을 볼 수 있다. 그리고 이때 '미쓰코시취미'를 창출하기 위해서 하나하나의 상품에서부터 공간 전체, 광고, 인쇄물에 이르기까지 모든 차원에서 하나의 이미지 창조가 진행되었다.

1) 영업용 PR지를 통해 본 '미쓰코시'

미쓰코시의 활동을 '디자인 활동'이라는 시각에서 바라볼 때 상당히 중요한 위치를 차지하는 것이 메이지 30년대부터 발행되었던 각종 영업용 PR지다. 여기에 미쓰코시의 모든 활동이 소개되었고 미쓰코시의 이미지, 미쓰코시의 취미가 응축된 형태로 표현되었다. 영업용 PR지는 미쓰코시의 취미라고 하는 것을 언설言說로서 세간에 유통시키면서 PR지의 핵심인 광고 활동을 했던 것이다.

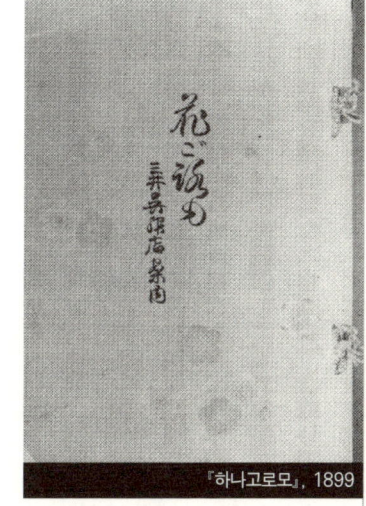

『하나고로모』, 1899

1899년 1월, 미쓰이오복점은 일본 최초의 상업 PR지인 『하나고로모花ごろも』를 발행했다. 권두 32면, 본문 350면에 달하는 상당히 두꺼운 본격 책자 형태로, 영업안내부터 오복吳服의 패턴과 유행 관련 기사, 나아가 오자키 고요尾崎紅葉 같은 일류 작가의 소설 등이 게재되었다. 발간호 목차를 보면 다음과 같다.

『하나고로모』 목차

발간사
문양 이야기 ……………………………… 다카하시 요시오(高橋義雄)
일본 여자복장의 연혁개요 ……………… 시모타 우타코(下田歌子) 구술
에도 시대 풍속의복의 변천 …………… 오쓰키 조덴(大槻如電)
　직물편
　염색편
　오복편
　의복 재단편
미쓰이오복점 본점·지점 사업 설명
호에이(宝永) 4년이래 덴포(天保) 10년까지 미쓰이오복점 도쿄 본점 매상고 일람 유행란(流行欄)
소설 「むさう裏」 …………………………… 白峰 紅葉
남루집(襤褸集) ……………………………… 老長松
오복 이야기
일본의 오복점과 서양의 오복점
잡지 비평
〈부록〉 합명회사(合名會社) 미쓰이은행 안내

　권두인 다카하시 요시오의 「문양 이야기」를 통해 알 수 있듯이 당시 다카하시는 영업개혁의 일환으로 오복문양의 고품질화를 추진하면서 이 책자를 발간했다. 발간사는 "유행의 선두에서 유행을 만드는 일신의 노력으로 뒤쳐지지 않는 모습을 아끼고 사랑하는 고객 여러분에게 알려드림으로써 평생토록 보답한다"면서 유행의 소개가 목적이라고 했다. 하지만 한편으로는 "상품 판매의 광고집만으로 그 몫을 다하는 것이 아니며, 대가선생들을 찾아가 오복에 대한 논설고증論說考證을 들어보거나 소설류를 찾아 보고자 한다"고 기술함으로써, 이 책자가 단순한 상품 카탈로그 잡지가 아닌 종합적인 가정오락지임을 강조하였다.

　당시의 신문과 잡지는 이 획기적인 시도를 여러 번 기사화했다. 각 지면은 책자의 내용을 칭찬하며 "제본의 미려함, 삽화의 정교함, 지질紙質의 우수함, 더 이상 바랄 것이 없을 정도이다"(『호치신문報知新聞』), "미려함과 선명함, 실로 근래 보기 드문 좋은 책"(『문예구락부文藝俱樂部』 제5권 제3편)이라며 잡지 장정裝丁의 아름다움을 언급했다.[33] 미쓰코시의 PR지

---

33) 『夏衣』, 1899.6, 48~49면.

는 그 이후 내용은 물론이거니와 시각적인 부분에서 늘 높은 평을 받았다. 미쓰코시라는 기업 이미지를 확립하는 것, 이것은 백화점이 '물건'을 취급하고, '물건'에 이미지를 부여함으로써 소비의 효율을 높이는 특성을 가지고 있는 이상, 피할 수 없는 과제였다. 이런 잡지는 사람들이 알기 쉽게 눈에 보이는 형태로 그 이미지를 표현할 수 있는 미디어였고, 백화점의 포스터와 더불어 그 역할이 매우 컸다.

『하나고로모』의 성공을 기반으로 해서 미쓰이오복점은 동종 책자를 차례로 발간하였다. 1899년 6월에 『나쓰고로모夏衣』, 다음 해 1900년 1월 『하루모요春模様』, 1900년 6월에는 『나쓰모요夏模様』, 1901년 1월에 『히모카가미氷面鏡』를 발간하는 등, 연 2회 정도의 발행을 계속해갔다. 이들 잡지는 오자키 고요尾崎紅葉가 특별편집을 담당한 『히모카가미氷面鏡』를 제외하고 모두 히비 오스케의 책임 편집하에 발간된 것이다. 이들 잡지에는 후에 발간된 『지코時好』와 『미쓰코시』에서와 같이 유행에 관한 소론과 문예작품 등을 저명인사에게 집필의뢰 하는 방식이 이미 채택되고 있었다. 여기서 단순한 카탈로그 잡지를 뛰어넘어 고품격의 기업잡지를 만들고자 했던 히비의 자세를 엿볼 수 있다. 그러나 동시에 초기 PR지가 주안점으로 삼은 것은 우선 "오복의 문양에는 유행이 있다"라는 의식을 사람들에게 심어주는 것이었다. 그 배경에 다카하시 요시오高橋義雄의 개혁이 상당한 영향을 끼쳤을 것임은 분명하다. 이것을 보면 다카하시가 메이지 30년대 전반에 개혁을 수행하는 수단으로 PR지를 처음 이용했다는 견해가 적절하다고 생각된다.

미쓰코시의 일련의 PR지들을 고찰하고자 할 때, 거의 같은 시기에 발간되어 지식인을 중심으로 높은 평가를 얻었던 마루젠丸善의 『가쿠토學鐙』와 비교해보면 그 특징이 보다 명확해진다. 마루젠의 기관지인 『가쿠토』(당시에는 『學燈』)가 발간된 것은 1897년경의 일이었지만, 세간의 주목을 받은 때는 1891년에 입사한 우치다 로안內田魯庵이 편집을 담당하고 고급 문예지로 업그레이드를 한 이후였다. 로안의 업적은 서적

수입상점인 마루젠을 "일본 문화사상의 소용돌이 안에서 하나의 중심이 되게 한 것"이라고 평가받는다.[34] 그 후 그는 『가쿠토』에 서평과 수필을 쓰고 자연주의 문학도 한발 앞서 소개하면서, 약 30년 동안 마루젠에서 활동했고, 사람들에게 지속적으로 많은 영향을 끼쳤다. 『가쿠토』는 메이지 30년대에 미쓰코시(미쓰이오복점)의 PR지와 더불어 항상 화제가 되었기 때문에, 두 잡지를 비교한 도가와 슈코쓰戶川秋骨는 다음과 같은 말을 남겼다.

> 도쿄의 마루젠서점은 미쓰이오복점이 대중과 맺었던 관계와 동일한 방식의 관계를 맺기 시작했다. 미쓰코시가 의상으로 부인들을 상대하였다면, 마루젠은 서적물을 통해 학생들을 상대했다. 즉 마루젠은 유행문학의 중심이 된 것이다. 그때가 1902~1903년경이었다. 대륙문학은 이 무렵부터 시류를 풍미하기 시작하였다. (…중략…) 마루젠서점은 면목을 일신했고, 오늘날의 새로운 사조는 이곳 2층으로부터 끊임없이 세상에 유통되었다.[35]

이 기사가 쓰여진 지 3년 후, 제국극장帝國劇場이 완성되자 미쓰코시는 "오늘은 제국극장, 내일은 미쓰코시"라는 카피를 발표했고 이를 계기로 여러 가지 "미쓰코시 표어"가 만들어졌다. 이 무렵 미쓰코시가 만들었는지는 확실하지 않지만 "주인님은 마루젠, 마님은 미쓰코시"라는 표어도 세간에 떠돌았다고 한다.[36] 서적물을 취급하는 마루젠의 딱딱한 이미지가 오복을 취급하는 미쓰코시의 부드러운 이미지와 대비되어 양자의 이미지가 한층 더 명확해졌다고 할 수 있을 것이다.

메이지 30년대 중반의 마루젠과 미쓰코시가 가진 특색의 차이는 두 곳에 각각 여러 가지로 깊게 관여했던 우치다 로안과 오자키 고요라는 두 인물의 차이에서도 발견할 수 있다. 두 사람은 모두 1868년 도쿄에

---

34) 木村毅, 『丸善外史』, 丸善社史編纂委員會, 1969, 204면.
35) 戶川秋骨, 「丸善回顧」, 『文學世界』, 1909.1(木村毅, 앞의 책, 231면).
36) 木村毅, 앞의 책, 231면.

서 태어난 '에도 토박이'였지만 성격은 판이했다. 로안은 "러시아 문학을 제일로 여겼고, 서양의 음악과 회화에 정통하며, 후에는 인화(印花 : 도자기 등의 형태를 이용해서 화초 등의 문양을 찍어낸 것—역주) 수집에 있어서 일본에서는 이와자키(岩崎, 이와자키 간엔岩崎灌園 : 1786~1842, 에도 후기의 본초학자本草學者—역주) 다음으로 두 번째라고 우쭐해 했다. 새로운 수입품 중에서 자켓을 선택하는 것을 보면 편물상編物商이 놀랄 정도의 고급 상품을 골라 입었고, 미식가까지는 아니라 하더라도 맛있는 음식을 좋아하며, 특히 쇠고기를 즐겨 먹었다"고 한다. 이에 비해 고요는 "겐로쿠 문학元祿文學을 모범으로 삼고, 하이쿠 짓는 것을 즐겼고 의기意氣와 통(通 : 인정이나 세상물정에 밝고 이해심이 있는 것—역주)을 중시했으며 유즈미소(柚子味會 : 유자즙을 넣은 미소된장—역주) 종류를 유난히 즐겨 먹었다."[37] 이 차이는 에도 토박이의 기질을 함께 가지고 있으면서도 메이지 이후에 사람들을 지배했던 문화적 좌표축으로서의 토착/외래라는 대립구조 속에서, 서로 차지한 위치가 달랐음을 보여준다. 물론 고요도 새로운 물건을 좋아했던 것으로 알려져 있지만, 로안의 서양취미에 비해 그의 취미는 어디까지나 일본적이었다. 후에 기술하겠지만, 고요와 미쓰코시는 이 무렵에 상당히 깊은 관계였는데 미쓰코시(미쓰이오복점)가 오복을 취급하는 상점인 이상 잡지의 전체적인 이미지도 일본풍의 취미가 실려야 했다. 더욱이 다카하시가 목표로 했던 백화점은 일부의 지식인뿐만 아니라 일반 시민들의 기호를 사로잡을 무언가를 필요로 했다. 당시 일반인들 특히 여성들은 당연히 일본풍의 일상생활을 영위하고 있었고, 의복에 대한 여성들의 서양풍 기호는 서적물에 비해 침투가 더뎠다. 또 이 무렵 서양취미는 일부의 상류 지식인에 한정된 현상이었고 극단적인 전위前衛를 싫어하는 대다수의 기호에 순응할 수밖에 없는 백화점에서는 고요의 '생생한' 감각만이 사람들에게 호응을 얻고 환영받았다.

---

37) 위의 책, 204면.

서점과 백화점, 각각의 고객층에서 만들어진 '취미'의 차이가 여기에서 드러난다고 말할 수 있다.

일련의 PR지를 통해 미쓰코시가 실행한 것은 언설로서의 미쓰코시, "미쓰코시란 어떤 곳일까?"라는 질문을 사람들 사이에 확산시키는 것이었다. 이를 위해 채택한 방법은 대중 저널리즘의 영향력을 철저하게 이용하는 것이었다. 메이지 30년대 전반의 PR지에는 신문과 잡지에 게재되었던 미쓰코시 관련기사가 모두 다시 소개되었다. 예를 들어 1900년의 『나쓰모요夏模樣』의 경우 「봄문양의 평」, 「광고액과 지방판매에 관한 각 신문의 평가」, 「우승기優勝旗 평」, 「데이가키(泥描 : 금은 가루 등으로 그린 문양—역주) 장식띠 평」, 「여성인력 채용의 평」과 같이 오복점의 상품과 활동에 관한 평이 열거되었다.[38] 미쓰코시의 이미지를 창출하고자 할 때, 미쓰코시가 실행한 것들이 '어떻게 말해지는지'가 중요해졌다. '말해진 것'이라는 객관적인 사실을 이용해서 미쓰코시는 자신의 가치를 사람들에게 인식시켰다. 언설을 만들어내는 대중 저널리즘의 힘을 이른 시기부터 의식적으로 이용했다고 할 수 있다.

이렇게 경험을 쌓은 미쓰이오복점은 1903년 8월부터 월간 『지코時好』를 발행했다. 제1호는 A5판 66매 분량이었고, 발행부수는 16,000부였다. 편집은 계속 히비 오스케가 맡았다. 이후 미쓰코시의 PR지는 정기간행물이 되었고, 매호 수만 부가 발행되었다. 『지코』는 『하나고로모』 이래의 스타일을 대부분 계승하면서, 내용을 더욱 충실한 것으로 만들었다. 상품 소개, 최신 유행 소개, 점내 행사 기사, 나아가 오복점 설비 및 기타 설명, 저명 인사의 유행담이나 문예작품을 매호 실었다. 발행 당초에는 문예적 내용이 중심인 잡지를 만들고자 했던 히비의 의지가 반영되었지만, 그 후 점점 영업내용이나 상품 소개 등 백화점에 관계된 정보 비중이 많아지고, 잡지 초기의 취지로부터 벗어나게 되었다. 이 때문에 『지

---

38) 『夏衣』, 1899.6, 79~95면.

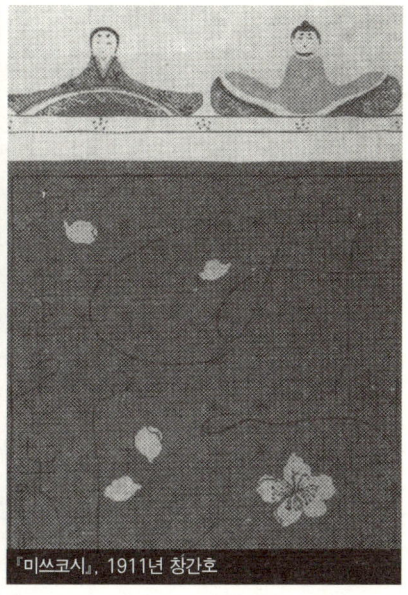

『지코』, 1904.3 　　　　　　　　　　『미쓰코시』, 1911년 창간호

코』는 1908년 5월 임시 영업소 개업을 계기로 종간되었고, 그 후 약 2개월간 일간지로 『미쓰코시 타임즈』를 발행하여 영업내용 등을 소개했다. 6월부터는 『미쓰코시 타임즈』(처음에는 계간, 그후 월간)로 표제를 바꾸고, 『지코』를 대신할 종합잡지로 재출발했다. 유행상품이나 신제품을 널리 알리고, 미술·문예·시사란도 확대했으며, 그 외에도 연 3, 4회 임시 증간호로 상품 카탈로그를 발행하였다.[39] 그러나 『미쓰코시 타임즈』도 당초의 목표와는 달리, 상품 광고에 주력하는 일을 피할 수 없었다. 이것은 백화점의 영업 활동과 히비의 '학속협동'이라는 문화 활동이 공존하기 어려웠음을 보여준다. 한편, 『지코』를 대신하여 지식인의 의견을 듣는 장으로 점내에 〈유행회流行會〉라는 연구회 조직을 마련하면서 이곳에 히비의 이념이 보다 선명하게 반영되었다.

　이런 가운데 보다 질 높은 문예잡지로서의 성격을 갖춘 PR지가 다시

---

39) 『株式會社三越85年の記錄』, 35면.

필요하게 되었고, 메이지 44년 3월 『미쓰코시三越』가 탄생했다. 다음은 창간호의 모두冒頭에 서술된 히비의 '발간사'이다.

「새롭게 『미쓰코시』를 간행하는 즈음에」

미쓰코시오복점 전무이사 히비 오스케

'학속협동'은 내가 처세의 제1요강으로 삼는 것이다. 미쓰코시오복점을 경영함에 있어서도 이익을 다투는 것만이 능사가 아니라, 시대의 기호好尙를 고양하고, 당대의 풍조를 깨끗하게 함으로써, 조금이라도 사회에 공헌하는 것이 내가 옛날부터 원하던 바이다. 나는 늘 여러 과목의 학문에 정통하고 문예미술에 뛰어난 석학천재의 도움을 받아 이 소원을 이루고자 노력해왔다.

내가 10년 전, 잡지 『지코』를 발간했던 그 뜻도 이와 다르지 않다. 학자의 뛰어난 의견卓說을 잡지에 게재하고, 속인俗人인 내가 그것을 실제로 행하며, 상점운店運의 발전을 도모하고 잡지의 체재를 바꾸며 그 명제를 거듭 대신하는 것에 그치지 않았다. 예전의 소원이 결코 변하지 않았고, '학속협동'의 정신을 단 한 번도 내 머리 속에서 지운 적이 없다. 그럼에도 불구하고 유감스럽게 우리 판매부의 진보·발전이 너무 빨라서 이러저러한 다른 부문을 희생하게 된다면, 그 진보를 따르는 것이 능사는 아니다. 『미쓰코시 타임즈』처럼 때때로 판매부의 광고기관에 그치고 말 것이다. 이것은 실로 '학속협동'이라는 오래된 논의에 상반되는 것이다. 내가 오랫동안 품었던 것을 버리지 않고 다시 여기에 특별히 『미쓰코시』를 새로 간행해서, 누차 종래의 『미쓰코시 타임즈』에서 결여되었던 '학속협동'의 일을 중점적으로 하고자 한다. 지금 편집부는 점점 정비되어가고 있고, 석학천재 중 기꺼이 당점當店의 사업을 도우려는 사람이 적지 않으며, 여러 전문가의 뛰어난 글이 『미쓰코시』 지상에 끊이지 않을 것이다. 진실로 이것이 태평의 장관, 문화의 낙원이다. 나는 옛날부터 품어온 이상에 점차 원만하게 근접해가는 것이 기쁘다.[40]

히비의 '학속협동'이라는 이념의 한 형태가 PR지에 명확하게 제시되었는데, 그것은 이 『미쓰코시』에서 완성되었다. 이후 『미쓰코시』는 간

---

40) 『時好』 第6券 第5號, 1908.5, 1면(「謹告」에서).

토대지진關東大地震 직후를 제외하고는 1933년 1월호의 종간까지 약 20
년간 매월 간행되었다.[41]

영업용 PR지의 역대 편집 책임자는 다음과 같다.

1899년 1호~1905년 1호	히비 오스케日比翁助
1905년 2호~1906년 9호	구보타 베이타로久保田米太郎米齊
1906년 10호~1907년 10호	하마다 시로濱田四郎
1907년 11호~1919년 8호	가사하라 겐히치笠原健一
1919년 9호~1933년 1호	구로다 도모노부黑田朋信

편집자에 따라 경향이 다소 변하기도 했지만, 히비가 잡지에 품었던
생각은 그가 직접 편집에 관계하지 않게 되었을 때에도 계속 이어졌다.

이상과 같이 『하나고로모』에서 『미쓰코시』에 이르기까지, 잡지 내용
에 있어서 영업적인 역할과 문예오락적인 역할이 어떻게 하나의 균형
을 유지할 것인가라는 과제가 늘 따라붙었다. 한편에서는 히비가 진행
한 백화점 문화 활동의 일환으로 '학속협동'의 정신에 기반한 내용이
요구되었고, 다른 한편에서는 유행상품을 소개하는 미디어로도 기능해
야만 했다. 양자를 병존시킨다는 것은 잡지 변천의 이유가 보여주는 것
처럼 쉽지 않은 일이었다. 이 문제는 이후 미쓰코시의 전형적인 '학속
협동'이라고 말할 수 있는 자문연구회 조직의 활동을 하는 데에도 공통
적인 문제가 되었다. 그리고 백화점에 부과된 이 두 가지 역할을 대립
시키지 않으면서 도출해낼 수 있는 하나의 해답은, 미쓰코시 이미지, 혹
은 미쓰코시취미라는 것을 확립시켜가는 과정에서 양자를 이용하는 방
법이었다. 이러한 해결책이 현저하게 드러난 것은 PR지에서 "언설로서

---

41) 세계공황의 여파가 일본에 미쳤고 1930년에는 쇼와공황이 일어났다. 이런 불황 가
   운데 일본의 백화점협회(1924년 결성, 8개 회사 가맹)는 자숙 분위기를 강화하기로
   1932년 10월에 합의하고, 환송·영접용 자동차와 출장판매 폐지, 정기휴일 의무화 등
   을 결정했다. 이런 상황에서 미쓰코시도 사치스러운 PR지 발간을 중지해야만 했다.

의 미쓰코시 이미지"를 만들어내는 부분이었다.

PR지에서는 대중 저널리즘의 영향력을 적극적으로 이용했다. 미쓰코시에 대한 신문·잡지의 평을 게재하고, 객관적으로 미쓰코시에 대해 말하게 함으로써 미쓰코시의 이미지를 고객에게 심어주었던 것이다. 이같은 수법은 PR지에 여러 번 게재되었던 「미쓰코시 점내 견물기三越店內の見物記」에서도 드러난다. 이것은 미쓰코시를 방문했던 손님이 매장이나 휴게실·식당 등을 돌아본 감상을 파노라마풍으로 써서 묶은 것으로 영업안내를 겸하는 것이었다. 『지코』 1908년 2월호의 「미쓰코시 구경三越見物」[42)은 이다 야소코飯田八十子라는 부인이 처음으로 미쓰코시를 방문했을 때의 체험기이다. 그녀는 다양한 판매장을 찾았다가 점원의 친절한 대우에 감격한 후, 휴게실에 가게 되었다. 그곳에는 상류층으로 보이는 한 청년이 그와 친분이 있는 가족과 담소하고 있었다. 이 대목에서는 상류계급 일상의 한 장면이 묘사되었다. 그들은 모두 미쓰코시의 단골 고객이고, 미쓰코시에서 시간 보내기를 충분히 즐기고 있는 모습이다. 이 광경은, 미쓰코시에 습관적으로 드나들다 보면 상류계급 안으로 들어갈 수 있다는 문맥으로 읽을 것을 요구하고 있다. 또 『미쓰코시 타임즈』 1911년 4월호의 「미쓰코시 구경」에는 미야케 가호三宅花圃의 『그날그날其日其日』의 1절이 실려 있다.[43) 백화점에서 쇼핑하는 미야케三宅 여사에게 잘 아는 저명인사가 말을 건다. 그녀는 쓰보이 쇼고로坪井正五郎와 어릴 때부터 친한 사이였고, 히비 오스케나 다카하시 요시오, 마쓰이 쇼요松居松葉와도 친분이 있다. 이와야 사자나미嚴谷小波나 이시바시 시안石橋思案과는 아버지끼리 동료로 친하게 지냈기 때문에 그들끼리도 친한 것 같다. 그녀는 그들과 백화점에서 세상이야기를 나눈다. 여기에 등장하는 모든 사람들은 지적 엘리트 집단이고, 그녀가 그들과 별로 특별할 것도 없는 세상이야기를 하는 것으로 그녀 자신도 그들의 일원임을 인

---

42) 飯田八十子, 「三越見物」, 『時好』 第6券 第2號, 1908.2, 1~733면.
43) 三宅花圃, 「其日其日」, 『みつこしタイムス』 第9券 卯號, 1911.4, 19~24면.

정받는다. 많은 독자는 여기서 그녀처럼 지적이면서 최신 유행의 생활을 하는 것을 동경하게 된다. 그리고 미쓰코시에 간다는 행위가 이같은 생활을 가능하게 해준다고 생각하게 되는 것이다. 이런 일련의 안내기는 백화점에 간다는 것의 의미를 "좀 더 좋은 생활을 할 수 있다"는 의미로 교묘하게 바꾸어놓은 특징적인 예가 된다.

이런 경향은 PR지에 게재된 문예 작품에서도 똑같이 발견된다. 『지코』 1907년 12호에는 '미쓰코시'를 주제로 한 문예작품 모집 기사가 실렸다. 모집 항목은 소설·각본·시조 등 12개 부문이었고, 상금 총액은 1,000엔이었다. 이후로도 상금이 걸린 현상 기획은 여러 번 실시되었고, 그 입선작이 『지코』나 『미쓰코시』 등에 게재되었다. 심사위원은 유행회의 멤버들이었다. 미쓰코시를 무대로 하거나, 미쓰코시의 상품을 등장시킨 소설과 연극 각본이 지면에 소개되었다. 자연주의 문학이 유행하던 시기였기 때문에 응모작품도 그런 경향이 강했고, 백화점 내의 광경을 상세하게 묘사한 그들의 작품은 미쓰코시를 광고하기에 더없이 좋은 작품이었다.[44]

게다가 일류작가가 미쓰코시를 테마로 해서 쓴 문예작품도 게재되었다. 그 가운데 모리 오가이가 『미쓰코시』 1911년 5호에 발표했던 「유행」이라는 단편이 이채롭다.[45] 유행을 선도하는 한 남자가 있었는데, 그가 사용하는 물건은 무엇이든지 단지 그가 사용했다는 이유로 세간에 대유행했기 때문에 미쓰코시를 비롯한 여러 기업과 사람들이 그의 힘을 이용하고자 그의 집을 방문한다는 내용이다. 이 단편에는 당시 유행회 멤버였던 모리 오가이의 유행관이 나타나 있다. 그의 유행에 대한 인식은 다음 장에서 검토하겠지만, 유행 현상에 대해 노골적으로 칭찬하지 않고 풍자적으로 표현한 내용의 작품도 PR지에 게재되었다. 풍자적인 내용이

---

44) 입선작인 카와무라 하나비시川村花菱의 「자연주의」(『時好』 第6券 第1號)처럼 자연주의를 풍자하고, 백화점의 풍경을 상세하게 묘사한 작품도 있었다.
45) 森鷗外, 「流行」, 『三越』 第1券 第5號, 1911.7, 1~8면.

었다고 해도 오가이의 작품이 지면에 발표된 것만으로 선전 효과가 높았고, 오히려 그 점이 미쓰코시에 대한 평가를 좋게 만들기도 했다. 이처럼 '학속협동'은 간접적으로도 백화점의 이미지와 결부되면서 실현되었다.

일반인을 대상으로 한 문예현상은 점차로 발전했는데, 1913년에는 소설·각본·하이쿠·도안 등 20여 장르 문예작품의 현상 모집을 실시했다.[46] 상금 총액은 2,000엔으로, 입선작은 『문예의 미쓰코시』(270매 분량, 35전)에 모두 실렸으며, 1914년 1월에 발매되었다.[47] 동시에 표지화 도안의 응모작품은 백화점 내에서 전시되었다. 기업이 예술가를 지원한다는 발상도 당연히 '학속협동'의 정신에서 생겨난 것이었다. 그리고 그것은 미쓰코시가 문화 옹호자라는 발상과 함께 "고급문화를 책임지는 미쓰코시"라는 이미지를 정착시키는 데 둘도 없이 좋은 계기가 되었다. 당시의 고객층이 상류 또는 중상류층 계급이었기에 이런 고급 이미지를 만들어낼 필요가 있었다. 미쓰코시 PR지에는 상품뿐만이 아니라 언설 등 온갖 요소가 한데 모여 미쓰코시 이미지를 형성했다. 스기우라 히스이가 손수 작업한 표지화 도안도 그러한 요소 중의 하나라고 볼 수 있다.[48]

---

46) 『三越』第3券 第9號, 1913.9에서 모집.
47) 『文藝の三越』, 三越吳服店, 1914.1.
48) 미쓰코시에서 PR지가 차례로 발행되고, 세간의 주목을 받은 것에 자극받아, 다른 오복점에서도 그같은 책자를 만들었다. 다카시마야高島屋에서는 1902년 3월부터 『신의상新衣裳』을, 시로키야에서는 1904년부터 『가정의 지인家庭のしるーべ』(1906년에 『유행』, 1918년에 『시로키야 타임즈』로 표제 변경), 다이마루大丸에서는 1907년부터 『의상衣裳』(1908년 10월부터는 『부인클럽婦人くらぶ』)을 각각 발간했다. 이것들은 상품과 개최 행사의 광고 부분 외에도 문예, 오락 기사 등을 게재하는 가정잡지의 성격을 띠었다는 점에서 미쓰코시의 PR지와 비슷했다. 그러나 이 중에서 장기적으로 발간된 것은 미쓰코시의 『지코』에 맞서서 창간되었던 시로키야의 PR지뿐이었다. 가장 먼저 시작되었다는 화제성의 부문에서나 또 그 내용의 충실도에 있어서 미쓰코시의 PR지는 타점과 분명히 구별되었다.

2) 의장부와 도안부

종래의 오복점은 어디까지나 오복을 파는 장소였다. 오복점 내에 디자인 부문을 가지고 있는 것은, 미쓰코시가 디자인 미디어로서 기능하면서 그것을 실현하기 위해 내딛는 첫걸음이었다. 디자인 부문이 창설되면서 미쓰코시의 모든 활동들이 산출한 이미지는 일반 사람들에게 현실의 가시적 형태로 제시되었다. 이제부터 의장부와 도안부에 대해 살펴보고자 한다.

(1) 다카하시의 점내개혁과 의장부 설치

다카하시 요시오高橋義雄가 미쓰코시에서 실시한 여러가지 개혁 중에서도 특히 공을 들인 것은 오복 문양의 의장 개량이었다. 자서전『빗자루의 흔적』을 보면 당시 보통 사람의 의복은 다음과 같았다.

> 종래 도쿄의 각 오복점은 부인복의 옷자락裾 문양을 주문받을 때 문양 견본 휘장을 비치해두고 그중에서 하나를 고르는 방법을 취했다. 도쿠가와 시대부터 내려온 흩어진 솔잎·솔방울·종이학·칠보·삼잎 등과 같은 문양본을 찍어 만든 염색 직물을 계속 사용해오고 있었다. 여름옷이나 겨울옷 등에 계절별 차이가 없고, 젊은 여성이나 중년 부인이 모두 동일한 문양을 이용할 뿐만 아니라 수수한 문양만을 선호하고 그 문양을 넣는 위치가 아주 낮아서 모처럼 새로 만든 것도 사람의 인상에 남지 않는 것뿐, 대부분이 다 그러했다."[49]

이것이 다카하시가 미쓰코시에 입사했던 1895년 당시 부인 외출복 문양의 일반적인 상황이었다. 대중소비사회가 아직 본격적으로 시작되지 않았기 때문에 그 당시로서는 당연한 것이었다. 짧은 주기로 유행을 대체해가면서 소비의 양을 증대시키는 근대 유행mode 시스템은 아직 생

---

49) 高橋義雄,『箒のあと』, 259~260면.

겨나지 않았다. 다카하시가 구미 백화점에서 배운 근대 백화점의 제1단계는 대량소비의 실현을 위해 의식적으로 유행을 만들어 사람들의 구매욕을 자극하는 것이었다. 그는 일본인의 의생활에 대한 낮은 의식을 개선하는 것이 우선되어야 한다고 생각했다. 그것을 위해 먼저 오복점은 판매상품을 만드는 생산면을 대대적이고도 근본적으로 변화시킬 필요가 있었다. 이것을 실행에 옮기기 위해 우선 다카하시가 점내 대개혁을 실시했던 1895년에 오복점 내에 의장부를 설치했다. 스미요시파住吉派의 노화가老畵家인 가타야마 기도片山貫道, 신진 화가인 후쿠이 고테이福井江亭, 시마자 사이유島崎柳鴻, 다카하시 교쿠엔高橋玉淵50) 등 일본 화가를 촉탁 고용하고, 옷의 신문양 연구개발을 오복점 내에서 독자적으로 진행할 수 있는 체제를 마련했다. 의장부에서는 새로운 여러 문양, 나가지반長襦袢 : 긴 속옷 - 역주) 문양 등의 견본을 만드는 것과 동시에 고객 기호에 따라 즉석에서 신도안을 작성하는 것도 직접 담당했다. 또 신규의 의장을 고안하는 것과 함께, 옛 그림들 속에서 우아하고 수려한 의복 문양을 찾아냈다. 예전의 도사파土佐派, 스미요시파住吉派에서부터 소타쓰宗達, 고린光琳을 거쳐, 모로노부師宣, 슌쇼春章에 이르기까지 재미있는 도안이 있다면 풍속화·고소데(小袖 : 예복에 받쳐 입는 통소매의 속옷, 차츰 웃옷으로 발전함 - 역주)·병풍 혹은 비밀 서적류에 이르기는 다양한 문양을 베껴 와서 『문양집장』을 작성했고, 그것을 참고했다. 이같은 활동을 점내 일부의 활동에서 멈추지 않고 미쓰코시라는 한정된 공간을 넘어서서 시대를 대표하는 유행으로 발전시키기 위해 1897년에는 사람들을 대상으로 한 여러 가지 기획들이 진행되었다.

1900년 『하나고로모』에는 『태양』에 게재되었던 미쓰코시 의장부에 대한 평가가 실려있다. 그것을 보면 당시 오복점에 대한 사람들의 새로

---

50) 福井江亭(1865~1937), 島崎柳鴻(1865~1937), 高橋玉淵(1858~미상), 이들 모두는 가와바타 고쿠쇼(川端玉章)에게 사사받았다. 자세한 경력에 관해서는 『近代日本美術事典』, 講談社, 1989 참고.

운 요구가 드러나 있다.

우리나라 풍속의 최대 결점은 복장의 누추함에 있다. 단지 재봉질을 하지 않는 것뿐만 아니라 (…중략…) 어느 것도 멀리서 보면 어른어른거려서 보기가 싫다. 가령 극장이나 기타 다수의 집회 장소에 가도, 사람들이 꾀죄죄해보인다. 미쓰이오복점三井吳服店의 의장부는 단순히 비단염색법, 기타 여자 오비지(女帶地 : 허리띠―역주)에만 관심을 둘 것이 아니라 모름지기 우리나라 각종 의복재료에서도 신고안·신취향을 발명하고, 장래에는 외국인에게 우리의 복장을 선보여 감복시킬 수 있기를 기대해 마지않는 바이다.

그리고 「풍속화보風俗畫報」의 평에는 다음과 같은 서술이 있다.

문명의 진보는 뜻밖에도 교제장소交際場裡에서 꽃을 피우더라. 덥지도 않고 춥지도 않아서 한바탕 비가 쏟아질 때마다 원유회·야회를 개최하는 요즘, 미쓰이오복점의 의장계는 고심참담하며 신고안에 열중하고, 큰소리로 사회에 그것을 퍼뜨렸다. 원유회용·야유회용으로 신문양 염색의 옷을 만들어내니 귀부인 사이에서 호평을 받고 있다.[51]

일청전쟁 후의 일본에서는 전승戰勝 호경기 속에서, 사람들의 기호가 화려한 쪽으로 변해갔다. 다카하시는 사람들의 새로운 욕구를 감지하고 화려한 모양의 문양을 만든다면 성공할 것이라고 생각했다. 하지만 그 당시에 멋진 문양을 의도적으로 유행시키려는 시도는 아직 섣부른 판단이었다. 유행을 조작하고 사회적인 현상으로 발전시키는 것이 가능해지기지기 위해서는 일러전쟁 후에나 도래할 사회를 기다려야만 했다.

다카하시는 자신의 개혁안을 한층 강화하기 위해서 염직업계 전체의 활성화를 실현시키는 것이 급선무라고 생각했다. 스스로 "본래 우리 같은 학생들이 하나의 일을 성취한다고 하는 것은 돈벌이 외에 어떠한 이

---

51) 『花ごろも』, 306~309면.

상理想을 품는다는 것이다"[52]라고 말했던 것처럼, 그가 생각한 것은 한 오복점이 해결할 수 있는 간단한 것이 아니었고, 주변에서는 단지 이상론에 지나지 않는다고 생각했다. 그러나 이러한 뜻을 세워 1896년 7월, 다카하시는 점원 세 명을 데리고,[53] 도호쿠東北・호쿠에쓰北越의 방직기업을 순회했다. 그즈음 도호쿠 방적지에서는 종래의 오복점이나 소매상점이 방직공장에서 상품을 매입할 때, 줄무늬・모양무늬 등과 같은 주문을 하면 새롭게 제조해주는 것이 아니라 이미 만들어진 물건들 중에서 선택하였다. 방직업자는 실패하면 팔다남기게 되는 것이 두려워 특색 없고 탈 없는 물품만을 생산했고, 새로운 고안을 시도하려는 자가 없었다. 이런 분위기에서 오복점은 방직 제조업자와 직접 거래하지 않고 중개하는 직물 중매인에게서 사들였다. 중매인들은 이익을 남기기 위해 싸지 않으면 구매하지 않는 등 방직업자를 다그쳤고 방직업자는 생계를 유지하기 위해 조악한 상품을 마구 만들어냈다. 이 같은 업계의 폐해에서 벗어나지 못하고 있었던 것이 그때까지 도호쿠 방직업東北機場의 일반적인 상황이었다. 그래서 다카하시는 중매인을 통하지 않고 직접 방직업자와 거래할 것을 결정했고, 나아가 오복점에서 새 도안의 고안이나 소비자의 의향 등을 직접 제조자에게 전달함으로써 현지의 고안 연구개발을 촉진시켰다.[54]

1900년에는 매장・매입・의장 세 부문의 대표자로 구성된 〈상담회商談會〉라는 연구회가 상품개발을 목적으로 발족되었다.[55] 같은 해 3월에는 당시 매매감독이었던 대표지배인元大番頭인 후지무라 기시치藤村喜七를 좌장으로 한 제1회 연구회가 열린다. 그 후 매월 1회 활발한 의견이 교환되었다. 이곳의 성과는 이듬해인 1901년 4월부터 시작한 〈신문양진

---

52) 高橋義雄, 『箒のあと』, 261면.
53) 구입계仕入係의 야마오카 사이지로山岡才次郎, 의장계意匠係 소속 화가인 후쿠이 고테이福井江亭, 조사계의 나카무라 니키타로中村利器太郎, 이렇게 세 명이었다.
54) 高橋義雄, 『箒のあと』, 261면; 『株式會社三越85年の記錄』, 33면.
55) 『株式會社三越85年の記錄』, 34면.

열회新柄陳列會)에 발표되었다. 염색직물기술의 향상을 생산지에 호소하여 노력한 결과, 개량된 상품을 진열하고 신의장의 도안을 장려하며 그 작품을 선전하는 상담회의 연구발표의 장이었다. 당시로서는 획기적인 시도로, 연일 수많은 고객이 밀려들었고 매상도 좋은 성적을 거두었으며, 동시에 도호쿠 지방의 방직업계에 기대 이상의 큰 자극을 주었다. 진열된 출품작은 후지무라 기시치 외에 일곱 명이 심사했고, 입상자에게는 상품이 주어졌다. 신문양진열회는 이후, 매년 봄가을 2회씩 열렸고, 회를 거듭하면서 더욱 왕성해졌다. 1902년에는 옷자락에 채색할 문양의 도안彩色裾模樣圖案을 일반인에게 모집하고, 4월의 제3회 신문양진열회에서 당선작품을 발표했다. 일등 상금은 100엔이었다. 이 도안현상모집은 이후 신문양진열회와 함께 매년 봄가을 점내 행사가 되었다. 다카하시의 노력으로 오복의 문양이 개선되었고, 의장부라는 디자인 부분이 오복점에서 중요한 위치를 차지하게 된 것이다.

(2) 도안부, 스기우라 히스이의 '미쓰코시'

백화점으로 출발한 미쓰코시는 취급상품을 늘리면서, '백화점 미쓰코시'를 어필하기 위해 광고 활동도 적극적으로 전개하였다. 그러면서 종래 오복 관련 이외의 디자인 업무가 많아지자, 전문가를 점내에 영입시켜 이 부문을 독립시켜야 할 필요가 생겨났다. 이것이 1909년 도안부 신설로 이어진다.

도안圖案이라는 말은 모두 '図按'이라 쓰고, 건축이나 공예와 관련한 문양을 가리켰다. 1896년, 도쿄미술학교에 설치된 도안과도 그러한 문양도안 중심의 내용으로 시작됐다. 이 때문에 다이쇼 말기까지 도안과 졸업생의 취업문은 공공기관(內務省 造神宮使廳 등)이나 학교밖에 없는 상황이 계속되었다고 요시다 다쓰산吉田達贊은 서술하고 있다.56) 당시 도안가는 아직 직업으로 확립되어 있지 않았고, 예를 들어 포스터 등의 도안은 오히려 화가들이 여기余技로 하는 경우가 많았다. 이런 와중에, 미쓰코시에서는 상당히 일찍부터 점내에 전속 도안가를 고용했는데, 이는 일본 기업이 디자이너를 고용한 최초의 경우라고 생각한다. 1908년, 미쓰코시는 전속 촉탁사원으로 스기우라 히스이杉浦非水를 영입했다.[57] 도안가라는 직업은 미쓰코시 도안부와 히스이에 의해서 확립되었다고 해도 좋을 것이다. 히스이의 말을 빌리자면, 미쓰코시와 히스이가 맺은 관계로 인해 도안은 그때까지의 공예 중심 '문양도안'에서 '창작도안創作圖案'[58]으로 바뀌었다. 이즈음 기계로 찍어내는 복제판화에 대항하여 판화의 예술성을 회복시키고자, 자각자쇄自刻自刷하는 방식의 판화인 '창작판화創作版畵' 운동이 미술문예잡지 『호슨方寸』에 모인 야마모토 가나에山本鼎・모리다 쓰네토모森田恒友・이시이 하쿠테이石井柏亭를 중심으로 이루어졌다. 히스이는 필시 그러한 판화의 동향에 호응하면서 도안의 독창성originality을 추구하고자 '창작도안'이라는 명칭을 자신의 일에 붙였을 것이다.

　히스이는 미쓰코시에 영입되어 『미쓰코시 타임즈』의 표지화를 맡게 되었다. 다음 해인 1909년 2월에, 히스이를 주임으로 점내에 도안부를 신설하였다. 다음은 그 소개기사이다.

---

56)　吉田達贊,「明治にできた圖案敎室」,『日本デザイン小史』, ダヴィッド社, 1970, 1~4면.

57)『株式會社三越85年の記錄』, 51면.

58) 1926년에 출판된 『히스이창작도안집非水創作圖案集』에서 처음으로 이 용어가 사용되었다. 新井泉男,「杉浦非水先生」,『アトリエ』9號, 1929, 153~155면; 海野弘,『日本のアール・ヌーヴォー』, 靑土社, 1988, 81면.

「도안부의 신설」

　근래 우리나라에서도 순수 회화 외에 별도로 도안의 취미를 즐기고 또 필요성을 느끼는 분야가 점차로 증가하는 것에 비해 그 수요에 호응할 수 있는 곳은, 개인은 제외하더라도, 참으로 근소하여 왕왕 불편하다고 토로하는 것을 많이 듣기 때문에, 이번에 우리 백화점에서 종래의 의장부 외에 도안부를 신설했습니다. 강호의 주문에 따라 고아高雅함을 잃거나 범속凡俗으로 흐르지 않으며, 청신淸新하고도 획기적인 도안을 제출製出할 준비를 제공하겠사오며, 물건의 경중을 묻지 않을 것이며, 이것을 육속어용령陸續御用令으로 삼고 싶습니다. 부분을 열거하면 다음과 같습니다.

　서적·잡지류의 삽화와 표지, 카드

　도자기·칠기·금은·동기銅器·칠보·죽목竹木·아각牙角류

　금속(메탈)·기념장紀念章·상장·상표류

　기념회엽서·광고·인찰引札류

　메뉴·프로그램

　기타 일체의 장식에 관한 도안을 만들 뿐만 아니라, 희망하신다면 실물 조제調製의 의뢰도 받아모시겠습니다.[59]

하시구치 고요의 〈미인〉, 1911

　이 업무 내용을 보면 알 수 있듯이, 도안부는 '디자인을 파는' 부문이었다. 공예품의 도안도 그 일환으로 팔릴 수 있었다. 나아가 백화점의 광고, 상표, PR지의 표지·삽화, 또 식당의 메뉴까지도 이곳의 취급대상이었고, 상품을 넘어 다양한 기업의 디자인이 이곳에서 만들어지게 되었다. 이 기사에도 있는 것처럼 이런 광범위한 디자인의 수요가 백화점에서 특히 많았음을 알 수 있다. 이미 19세기의 파리 백화점에서도 도

---

59) 『みつこしタイムス』 第7券 第2號, 1909.2, 30면.

오카다 사부로스케의 〈무라사키시라베〉, 1909

히라오카 곤하치로의 〈상대미인〉 포스터, 1913

상미디어의 중요성이 인식되었다. 포스터·엽서집·카탈로그 등에 나타난 풍경을 통해 사람들은 백화점의 이미지를 기억해갔다.[60] 기존의 의장부와는 별개로 새롭게 도안부를 만든 것은 미쓰코시가 백화점화되어 가는 과정에서 토탈 디자인의 필요성을 감지하게 되었고 미쓰코시의 이미지 조성을 더욱 의식하게 되었기 때문이다. 19세기 이래 백화점이 부여받았던 성격을 염두한다면 이것은 자연스러운 결과였다고 말할 수 있을 것이다.

미쓰코시가 그래픽의 중요성을 인식하기 시작한 것은 포스터 현상모집을 시행한 것에서도 드러난다. 1911년 미쓰코시에서는 일반인을 대상으로 포스터용 현상도안을 모집했다. 1등 상금은 1,000엔이었는데, 포스터 도안에 이렇게 고액의 상금이 걸린 것은 처음이었다.[61] 이때 1등으로는 하시구치 고요橋口五葉의 〈미인此美人〉이 뽑혔다. 이 무렵부터 미쓰코시의 포스터는 오카다 사부로스케岡田三郎助의 〈무라사키시라베むらさきしらべ〉(1909), 히라오카 곤하치로平岡權八郎의 〈상대미인上代美人〉(1913, 현상 제1등 입선작)으로 대표되듯이, 화가가 그린 미인화 포스터에서 벗어나 점차 모던한 미인화가 디자인의 주류를 이루었다. 하시구치의 작품에서는 다이쇼 이래 포스터의 동향을 예고하는 듯한 새로움이 발견된다. 운노 히

60) 神野由紀,『オ·ボヌ―ル·デ·ダム』, 筑波大學修士論文, 1989 제출.
61)『株式會社三越85年の記録』, 56면.

스기우라 히스이, 「신문양진열회」용 포스터, 1914.

요시다 슈고, 『미쓰코시』 표지. 1913년 광고화 현상
2등 입선작.

로시海野弘는 이것이 상업 미술의 역사 안에서 커다란 사건이었다고 서
술하고 있다.[62]   1914년 히스이非水는 신관낙성 포스터 등 2종을 제작했
다. 히스이가 제작한 최초의 포스터였다. 특히 춘계 〈신문양진열회新柄陳
列會〉의 포스터는 분리파풍(시세션secession : 19세기 말 빈에서 일어난 예술혁신 운
동—역주)의 모던한 도안이 높은 평가를 받았는데, 이것은 히스이의 다수
작품 중에서도 대표작의 하나로 꼽히고 있다.[63] 이 시기에 종래의 화가

---

62) 海野弘, 앞의 책.
63) 이 구도는 1911년 하시구치 고요橋口五葉의 〈천냥액千兩額〉과 유사한 것으로, 운노
  히로시도 말하고 있는 부분이다(海野弘, 앞의 책, 65~68면). 또 이 시기에 히스이가
  그린 포스터는 1913년 포스터 현상에서 2등으로 입선했던(이때 1등은 히라오카 곤하
  치로平岡權八郎였다) 요시다 슈고吉田秋光의 작품과도 유사하다. 여성 얼굴의 평면적
  이고 도안적인 표현이나, 전체를 통해 드러나는 시세션, 혹은 아르데코 풍의 분위기는
  요시다의 작품과 비슷하다고 말할 수 있다. 이 두 가지 포스터를 참고로 해서 히스이
  가 처음으로 포스터를 제작했던 것이 명백하다.

가 그렸던 미인화 포스터의 시대는 완전히 끝났다고 말해도 좋다. 이런 도안 구성의 포스터를 가시와기 히로시柏木博는 "모던 그래피즘"이라고 부르고 "'구성'이라는, 말하자면 '형식'을 가지고 사람들의 눈을 겨냥한다"고 서술했다.64) 미쓰코시에서의 히스이 활동을 보면, 이 그래피즘의 근대화를 이끌어낸 그의 역할은 대단하다고 하겠다.65)

미쓰코시 도안부를 이끌었던 사람이 스기우라 히스이杉浦非水였다는 것은 잘 알려져 있다. 일본풍의 도안 중에서도 아르누보풍의 요소를 도입한 히스이의 도안, 특히 일련의 PR지 표지화가 사람들 사이에서 화제가 되었고, '미쓰코시의 히스이' '히스이의 미쓰코시'라고 칭해질 정도가 되었다.66) 히스이의 도안은 메이지 40년대 이래 확실히 '미쓰코시의 얼굴'이었다.

스기우라 히스이(본명 朝武)는 1876년 마쓰야마松山에서 태어났다. 1894년 상경한 그는 도쿄미술학교에서 일본화를 배웠지만 구로다 세이키黒田清輝와의 만남 이후 구로다가 가지고 돌아온 물건을 통해 유럽의 아르누보를 알게 되면서 도안가로서의 길을 걷게 된다. 히스이는 말년에 이때의 전향을 회고하면서 다음과 같이 술회했다.

　　오른손은 일본화, 왼손은 서양화라고 말하는 욕심많은 붓을 쥐고서 그들의 미천한 능력을 기초로 하여, 하나의 신념을 향해 아르누보식의 도안에 돌진하는 것 외에는 그 어떤 욕망도 없었던 것이다.67)

---

64) 柏木博, 『慾望の圖像學』, 未來社, 1986, 119~121면.
65) 일본에서 포스터는 기린 맥주가 1887년경 부터 석판 포스터를 제작한 것이 가장 초기의 형태라고 알려져 있다. 기린 맥주에서는 1903년에 본격적인 석판 포스터를 제작하고, 메이지 말기부터 다이쇼 초기에 걸쳐 맥주 광고 외에 오복점과 화장품, 약품 등 다양한 상품을 포스터로 제작했고, 미인화 포스터의 전성시대를 이끌었다.
66) 渡邊素丹, 「日本の圖案界と杉浦非水」, 『でせグノ』 1號, 多摩帝國美術學敎圖案科會, 1936, 7면.
67) 杉浦非水, 「自伝60年」, 『廣告界』, 1935; 海野弘, 앞의 책.

그러나 나는 이 일본화와 서양화라는 두 개의 조류가 만들어낸 평행선 사이에서 샌드위치맨처럼 달려나갔다. 그 두 평행선 사이의 간격으로부터 아득히 먼, 일찍이 아무도 도달하지 못한 푸른 초원을 꿈꾸고 있었다. 그것이 종내 현실의 세계이고, 한 예술 분야의 전개를 인식했던 도안의 세계였다.[68]

운노 히로시는 『일본의 아르누보』[69]에서, 히스이의 아르누보가 1923년의 유럽 여행을 통해 얻어진 것이라는 종래의 견해에 이론異論을 내놓으면서, 오히려 외유 이전의 활동에 초점을 맞추었다. 그는 히스이와 아르누보의 만남을 외유 이전의 행보에서 찾고 있다. 운노는 도안가의 길을 선택한 히스이의 심리적 변화 원인에 대해서 이렇게 설명한다. 하나는 히스이가 도쿄미술학교에 재학하던 당시 일본화과日本畵科의 화풍 때문이다. 일본화과는 그때까지의 도사파土佐派 : 풍속묘사를 주로하는 일본화의 화풍. 헤이안 시대부터 약 1천 년간 지속된, 색채가 대담하고 화려한 일본적인 전통화풍을 일컬음-역주)나, 가노파狩野派 : 무로마치 시대부터 이어진 전통화의 기법. 수묵화를 기본으로 한 담채화-역주)에서 마루야마파円山四條派 : 에도 시대 후기, 마루야마 오쿄円山応挙에 의해 교토에서 시작된 화풍으로 사실적인 묘사를 바탕으로 함-역주)의 시대로 들어서고 있었다. 히스이의 스승이었던 가와바타 교쿠쇼川端玉章는 앞의 두 파보다 중용적인 입장을 취했던 마루야마파의 화가였는데, 식물의 사생을 기본으로 지도했다. 그의 가르침은 히스이와 그의 동창인 후지시마 다케지藤島武二가 나중에 아르누보를 받아들이기 쉽도록 그 예술적 토양을 만들어주었다. 원래 아르누보 디자인 소재 중 하나가 쟈포니즘이었기 때문에, 일본화의 평면성, 윤곽선의 강조 등은 아르누보의 그래픽과 유사점이 많았다. 때문에 히스이는 자신의 일본화 경험을 되살리면서 쉽게 도안가의 길로 이행할 수 있었던 것이다.

운노는 히스이가 일본화 출신이면서 구로다 세이키(黒田清輝 : 20세기

---

68) 杉浦非水, 「圖案生活三十年の回顧」, 『デセグノ』 1號, 多摩帝國美術學敎, 1936, 3면.
69) 이하 海野弘, 「黎明期のデザイナー」, 앞의 책을 참조.

전반에 활동한 일본의 서양화가. 근대 일본 유화의 아버지로 불림—역주)의 서양화 그룹에 속해 있었기 때문에 자신에게 유리한 방향으로 유화가 아닌 도안의 길을 선택한 것은 아닐까 하는, 다른 측면에서의 해석을 첨언하고 있다. 이 점에서 히스이와 후지시마 다케지가 택한 길은 서로 달랐다고 할 수 있을 것이다. 운노는 또한 일본화를 거쳐 유럽의 새로운 디자인을 지향했던 히스이에 대해서 "일본화, 서양화, 유럽의 미술이라는 세 개의 근대를 횡단했다", "일본의 아르누보 안에서 세 개의 근대를 하나의 것으로 감지할 수 있었기 때문에, 이 점에서 히스이는 아르누보를 표현하는 데 유리한 입장에 있었다"[70]고 결론 짓고 있다.

덧붙여, 운노는 또 하나의 원인으로 당시 히스이와 사회배경과의 관계를 언급하고 있다. 그는 메이지 30년대 일본의 복제기술이 새로운 수준에 도달했다는 것을 지적했다.[71] 복제예술인 판화가 정체기였던 한편으로, 기술적인 혁신이 이 시기에 들어 비약적으로 발전했던 것이다.[72] 이와 함께 '의장意匠', 소위 디자인을 팔려는 움직임들이 생겨나기 시작했던 것도 복제예술과 새로운 사회와의 관계를 위한 준비였다. 메이지 40년대에 이러한 흐름은 경이적인 성장을 보여주었는데, 운노는 이것을 두고 "'물건'을 파는 것에서 '모양'을 파는 것으로의 전환"[73]이라는 표현을 썼다.

이 같은 운노의 지적은 히스이의 전반기 생애를 평가하는 데 있어 필요한 것이다. 그러나 운노는 "시대가 새로운 장식미술을 낳을 수 있을 만큼 성숙되어 있었다"는 것을, "복제기술이 새로운 수준에 도달했다는 것"과 같은 의미로 받아들였고,[74] 사회와 기타 다른 것과의 관계는 추

---

70) 「モダン・スタイル再訪—杉浦非水」, 위의 책, 83면.
71) 「黎明期のデザイナー」, 위의 책, 221면.
72) 예를 들면, 코로타입(1889), 아연철판(亞鉛凸板, 1890), 강목철판(綱目凸板, 1894), 원색판(原色板, 1900년 전후) 등(海野弘, 앞의 책).
73) 「複製藝術の青春」, 위의 책, 183면.
74) 「黎明期のデザイナー—杉浦非水」, 위의 책, 221면.

〈스기우라 히스이 표지화 전람회〉 회장 풍경, 1912

상적으로 제시하는 것에 그쳤다. 새로운 복제예술이 탄생하려면 디자인을 유통시킬 수 있는 미디어의 존재가 필수적이다. 히스이의 전반기 활동을 평가하려면 이러한 미디어의 존재를 더욱 강조해야 할 것이다. 잡지도 그러한 미디어 중의 하나인데, 디자인이 일부 사람들에게뿐만 아니라 불특정 다수의 눈에 보여졌을 때 보다 사회적인 의미를 갖는 것이라면, 미쓰코시라는 미디어를 히스이가 준비하고 있었다는 점에서 운노가 말했던 "새로운 복제예술의 수준"에 비로소 도달했다고 할 수 있다.

메이지 40년대는 백화점이 된 미쓰코시가 디자인 미디어로서 본격적인 사회 활동을 시작한 시기였으며, 그가 말하는 사회의 변화 속에서 그것을 실현했던 최대의 원동력이었다. 히스이는 미쓰코시와의 만남에 대해 다음과 같이 말했다.

미쓰코시오복점 도안부에 들어간 것은 1908년이었는데, 지금 돌이켜 생각해

루드비히 홀바인의 포스터, 1910

스기우라 히스이, 『미쓰코시 타임즈』 표지, 1910, 제11호

보면, 진정 자유로운 창작 작가로서의 나의 도안가 생활은 아마도 이 시대에 최초의 선 하나를 그을 수 있었다고 생각한다.[75]

그의 말처럼, 미쓰코시에서의 활동이 도안가로서의 출발점이었다. "디자인을 판다"는 생각을 사회에 구체적으로 침투시켰다는 점에서 도안부와 히스이의 활동은 아주 중요한 것이었고, 이로 인해 도안가의 사회적인 지위가 확립되었다.

미쓰코시에서 히스이의 주요 업무는 『미쓰코시 타임즈』와 『미쓰코시』의 매 호 표지화를 그리는 것이었다. 1912년 4월에는 이 작품들을 중심으로 〈스기우라 히스이 표지화 전람회〉를 히비야 도서관에서 개최했다.[76] 그의 표지화가 예술작품으로서 사람들에게 인정받았던 것이다. 운노도 지적하고 있는 것처럼, 이 시기 히스이의 주된 디자인 원천은 그때까지 구로다 세이키가 파리에서 가지고 돌아온 아르누보의 도안집에 있는 것들이

---

75) 杉浦非水, 「圖案生活三十年の回顧」, 『デセグノ』, 4면.
76) 구로다 세이키黑田淸輝의 전시회 평이 『미쓰코시』 지상에 게재되어 있다. 「杉浦君の表紙畵」, 『三越』 第2券 第5號, 1912.5, 11~13면.

다수를 차지했다. 그러나 사실은 그 이외에 독일의 상업미술에서 받은 영향도 꽤 컸을 것이라고 생각된다. 히비의 부하 직원으로 당시 미쓰코시의 광고를 담당하고 있던 하마다 시로浜田四郎에 의하면,[77] 도안부에는 하마다가 유럽에서 사온 장식도안집이 비밀 소장자료로 보관되어 있었다.

『미쓰코시』 표지, 1913 제1호

히비 오스케는 하마다가 유럽에서 구입해서 가져온 독일의 장식잡지 『예술과 장식 Kunst und Dekoration』의 합권 약 20년치를 아주 중요한 것으로 판단하고, 이것을 도안부의 참고자료실에 들여와 자료실 외부 반출을 금지했다. 그러나 히스이만은 특별히 이 도안집을 자유롭게 볼 수 있도록 허락받았다. 이런 사실에 대해서는 참고자료의 존재 자체가 기업의 비밀이기도 해서, 아마 지금까지 알려지지 않았던 것 같다. 하마다가 유럽에 출장 갔던 것이 1908년경이었기 때문에 이 독일 장식잡지에는 아마도 당시 독일의 대표적인 상업미술가인 루드비히 홀바인이나 루시안 베른하르트 등의 작품이 소개되어 있었을 것이다. 표지화 중에서는 『미쓰코시 타임즈』 제8권 제11호(1910)의 표지 풍경처럼, 홀바인의 것과 매우 유사한 작품을 발견할 수 있다. 이외에도 『미쓰코시 타임즈』 제

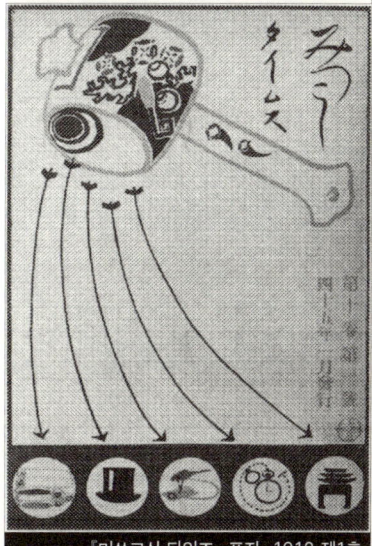

『미쓰코시 타임즈』 표지, 1912 제1호

77) 浜田四郎, 『百貨店一夕話』, 日本電報通信社, 1948, 165~166면.

9권 제11호(1911), 『미쓰코시』 제1권 제4호(1911) 등과 같이 종이를 잘라서 붙인 듯한 홀바인의 콜라주 세공품 같은 화풍, 대상물을 단순화하여 임팩트를 준 베른하르트의 화풍이 히스이의 표지화에 빈번하게 인용되었다.[78]

그러나 이것들이 유럽의 다양한 디자인으로부터 간접적인 영향을 받았음에도 불구하고, 히스이 작품의 가장 큰 특징은 일본화의 요소와 아르누보, 시세션(secession : 분리파. 19세기 말경 빈에서 일어난 예술혁신운동—역주), 독일 상업미술 등을 교묘하게 융합한, '일본적인 시세션' 또는 '일본적 모더니즘'이라고도 불리는 히스이의 독자적 양식을 만들어냈다는 점이다. 절충적이면서도 고급스러운 그의 도안이야말로 일반 사람들이 받아들이기 쉬운 모더니즘이었다. 여기서 보여지는 디자인의 존재방식, 즉 일본풍과 서양풍의 취미를 혼합해서 새로운 스타일을 만들어내는 방법은 히스이에게만 한정되지 않고 이 시기 미쓰코시의 여러 활동들에서도 발견된다. 중요한 것은 무엇보다도 테이스트라는 부분을 융합하는 것이었다. 그러한 현상을 고찰해보면, 히스이가 미쓰코시취미를 만들어냈다기보다도, 이 시대의 미쓰코시취미를 형성해간 전체적인 움직임 중의 한 국면으로서 히스이의 도안을 위치시키는 것이 가능하다고 말할 수 있다.

히스이가 미쓰코시에서 독자적인 스타일을 확립할 수 있었던 것은, 그가 유럽풍의 그림을 도안하고는 있었지만 한 번도 유럽에 가본 경험이 없었다는 사실이 큰 요인이었을 것이다. 이를테면 히스이는, 파리에서 상업을 시작해보라는 부친의 권유를 받기도 하고, 또 히비 오스케로부터 두 번쯤 유럽에 가보라는 제안을 받았지만 그 기회를 활용하지 못했다. 결국 자비를 들여 유럽을 방문할 수 있었던 때는 1922년의 일이었다.[79] 이때의 유학 후, 히스이는 1925년에 디자이너 집단인 〈7인사7人

78) 히스이와 20세기 초기 독일 상업미술과의 관계에 대한 상세한 고찰은 다음 기회로 미룬다.
79) 히스이의 연보에 관해서는 『日本のアール・ヌーヴォー杉浦非水展』(카탈로그), 朝

社)를 결성하고, 1927년에
는 디자인 잡지인 『아퓌
슈アフィッシュ』를 발행하는
등, 정력적인 활동을 전개
해나갔다. 당시 일본에서
는 디자이너들의 단체결
성 기운이 고조되어 있었
고, 전문 연구도 성행하면
서, '상업미술'이라는 말
이 등장하였다.[80] 히스이

미쓰코시오복점 임시 영업소, 1908

의 활동 시기 전반부가 미쓰코시 시대였다면, 유학 후에 조직적인 활동
을 벌인 시기를 후반부로 구별할 수 있다. 1934년에 미쓰코시를 정식으
로 퇴사한 그는 1936년 도안가 생활 30년을 기념하는 전시회를 열고 그
것으로 현역 디자이너 생활을 일단락했다. 그 후에는 타마제국미술학교
(多摩帝國美術學校 : 현 타마미술대학)에서 후진 양성과 지도에 전력했다. 히
스이가 디자이너로서 자립적인 활동을 한 것이 후반기였던 것으로 보
이지만, 그의 독자적인 작품 화풍이 가장 잘 드러난 것은 유학 가기 전
인 미쓰코시 시대였다. 그는 유럽을 동경하면서도 직접 그것을 보지 못
했기 때문에 이미지로 유럽을 표현할 수밖에 없었고, 그 때문에 일본화
의 소양과 서양풍의 요소가 저항없이 하나가 될 수 있었으며, 그만의
독자적인 화양절충和洋折衷 스타일을 확립할 수 있었다고 생각한다. 또
그 시기 대부분 일반인의 서양에 대한 시선은 히스이의 시선과 같았을
것이다.

日新聞社, 1988을 참조.
80) 하마다 소치浜田増治가 1926년에 〈상업미술가협회〉를 설립했다. 그를 중심으로 '순
수미술'과 병치되는 예술형식으로서 '상업미술'의 지위 확립이 강하게 제창되었다. 이
렇게 상업미술에 대한 관심이 높아지던 중, 1928년 7월에는 미술잡지인 『아틀리에アト
リエ』에서도 상업미술 특집을 기획했다.

미쓰코시오복점 임시 영업소, 중앙홀(가운데 십자형 연못), 1908

미쓰코시오복점 신관, 1914

3) 실내장식부의 전개

백화점의 실내장식부문 발달은 간사이關西 지방이 먼저 앞서갔다. 1900년에 장식부를 설치한 다카시마야高島屋에서는, 직물류·커텐·의자 커버 등의 장식품을 중심으로, 일반고객들의 주문을 접수하기 시작했다. 여기에 대항한 미쓰코시에서는 실내장식을 먼저 백화점 초입의 가구 판매장에서부터 전개하기로 계획을 세웠다. 미쓰코시가 상품 디자인에서부터 장식설계의 도급까지 총체적인 활동을 시작한 것은 1904년 이후의 일로, 구미에서 유학한 점원 하야시 고헤이林幸平가 귀국한 다음의 일이다.[81]

---

81) 日本室內設計家協會出版委員會 編 『日本のインテリア・デザイン1』, 敬文堂出版部, 1968; 泉修二・中村圭介, 『日本のインテリア100年』, 1969, 125면. 미쓰코시 측의 자료에서 가구부 소개는 『時好』, 1908.1, 2면에서 처음 발견된다.

신관 중앙계단, 1914

정면 입구의 사자상, 1914

(1) '서양적 생활'의 창이 되는 공간 연출

백화점에서 실내장식 부문이 담당한 것은 서양풍의 '좋은 취미 good-taste'라는 라이프스타일을 가장 구체적인 형태로 사람들에게 제시하는 것이었다. 이것은 가구매장뿐 아니라 미쓰코시 내부의 모든 곳에서 표현되었다. 무릇 백화점 건축이란 그러한 별세계를 사람들에게 제공해주는 공간이어야만 했다. 구미시찰을 통해 그것을 배운 미쓰코시는 오복점의 백화점화에 따라 1908년에는 목조 르네상스식 3층 임시 영업소 건물을 지었다. 그리고 1914년에는 철골 콘크리트 건물인 르네상스식 5층 건축을 본격적인 서양풍 건축의 신관으로 완성했다.[82] 미쓰코시의 상징이라고 할 입구의 두 마리 사자상[83]이 대표하듯이, 이 건축에서는 다양한 공간 연출을 발견할 수 있다. 점내에 설치된 휴게실과 식당, 공중정원

---

82) 시로키아에서는 미쓰코시에 앞선 1903년에 화양절충양식의 신관을 완성시켰다. 1층에는 쇼윈도를 설치했고, 점내에는 아동용 놀이방도 완비했다. 1911년에는 이 건물을 대증축해서 근대적 백화점 설비를 갖추었다(『白木屋三百年史』). 당시 백화점 건축에 대해서는 藤森照信・初田亨・藤岡洋保, 『失われた帝都 東京』, 柏書房, 1991도 참조했다.

83) 계획 당시에는 점내 옥상에 삼립함대三笠艦의 돛대를 세우고 지령장관실指令長官室을 설치하며, 입구에 사자상을 세워서 런던 트라팔가 광장의 넬슨 기념탑을 모방할 예정이었으나, 히비의 지병과 건축상의 사정으로 실현되지 못했다. 『株式會社三越85年の記錄』, 64면.

임시영업소, 루이15세식 휴게실, 1908

등이 그 좋은 예다. 특히 휴게실은 앞에서 말한 요코가와 다미스케橫河民輔의 미국 백화점 보고서 등을 참고하자면, 토장구조(벽을 흙이나 회로 바른 구조물—역주)의 점포였던 메이지 30년대부터 이미 점내에 설치되어 있었다. 서양풍의 호화로운 가구를 배치한 실내는 그 자체가 별세계였다.[84] 다음의 묘사는 1908년 당시의 휴게실 모습이다.

> 들어가면 정면에 커다란 유화 액자가 걸려 있고, 사방의 벽에는 도조대장東鄕大將의 초상을 비롯한 작은 풍경화·유화 또는 큰 전신거울姿見鏡 등이 걸려 있습니다. 다리가 셋인 둥근 탁자와 사각 탁자, 그 주위에는 식탁에 맞춘 의자를 배치하고, 창문 옆에 유아용 등나무 의자 또는 긴 의자를 놓아두었습니다. 한쪽 벽에는 탁자를 놓고 그 위에는 보석함硯函과 외국 잡지를 구비해놓으며, 아름답고 귀여운 완구를 늘어놓습니다.[85]

백화점을 방문하는 대부분의 고객에게, 서양풍의 실내공간은 일상과 전혀 관계가 없는 세계였고, 휴게실은 비일상을 체험하게 해주는 장소였

---

84) 휴게실은 "아름답게 장식한 소부실小部室에 의자, 테이블을 설치하고, 전속 접대계接待係가 다과를 대접하며 고객의 휴식과 만남의 장소를 제공했다"(『株式會社三越85年の記錄』에서 발췌)고 하지만, 다수의 일반 손님은 처음에는 안으로 들어가는 것을 주저하고 밖에서 안의 상황을 엿보기만 했을 정도로 호화로운 세간이 화제가 되었다고 한다. 『時好』 第6卷 第2號, 1908.2, 4~5면.
85) 『時好』 第6卷 第2號, 1908.2, 4면.

으며, 서양과 만나는 흔치않은 기회였던 것이다. 이런 공간들이 휴게실이나 식당에 보태졌고 다이쇼大正기에 들어서면 모델룸 형식의 가구판매장[86]으로 표현됨으로써 더욱 새로운 양상을 드러내었다.

영국풍·프랑스풍·빈풍·클래식에서 모던에 이르기까지, 이곳에 나열된 취미는 당시 사람들이 취미를 받아들이는 방식 그대로였다. 위로부터의 계몽운동에서 발생한 취미는 원래 개인의 내면에 있는 미의식이어야 했지만 그것이 어떤 미디어—여기서는 미쓰코시라는

백화점에 설치된 영국 코티지풍 모델룸. 위는 서재 아래는 식당, 1912

백화점을 통해서 지극히 표층적인 스타일, 기호의 문제로 전화轉化되었다. 그에 따라 개개인의 눈에 비친 취미라는 것은 이미 자기의 미의식이라기보다 그 당시에 유행하고 있는 스타일에 따라 변하는 것이었다. 당시 이들 모델룸에서 보여진 다양한 스타일은 미쓰코시에 의해 이미지화된 '서양', 바로 그것이었다.

공간연출을 통해 라이프스타일을 사람들에게 제안하는 또 하나의 방식은 박람회 출품이었다. 백화점은 의식적으로 박람회를 이용했었는데, 미쓰코시의 경우도 당시 성황리에 개최되고 있었던 권업박람회에 종종 참가했다. 1907년 도쿄권업박람회에서는 회장 안에 팔각당의 장

---

86) 『미쓰코시』 제4권 제11호, 1914년 11월호에는 '아담식 서재' '루이 16세식 객실' '쟈코비안식 식당' '모던잉글리쉬식 침실'이라고 하는 신관 모델룸의 사진이 게재되었다.

신관에 설치된 모델룸. 1914(위부터 아담식 서재, 루이16세식 객실, 자코비안식 식당, 모던 잉글리쉬식 침실)

다이쇼 박람회. 미쓰코시의 출품. 1914(위부터 염직품, 모델룸(루이16세식 장식), 모델룸(아담식 장식))

평화기념가정박람회,.미쓰코시 출품. 1919(위부터 응접실, 화장실, 어린이실)

취미의 탄생-백화점이 만든 테이스트

식케이스를 설치하고 오복 중심으로 상품을 전시했는데, 그 후의 출품은 모델룸을 만들어 전시하는 방식이 많아졌다. 백화점에서 개최한 〈아동박람회〉도 마찬가지였는데, 아동박람회에서는 어린이실을 모델로 전시하는 경우가 많았다. 메이지 말기부터 다이쇼 초기에, 가정생활을 중심에 두는 사상이 구미에서 유입되면서, 그에 수반하여 가정에서 아동의 존재도 부각되었다. 이러한 시대 풍조를 반영하듯이, 가정과 아동에 관한 박람회가 미쓰코시 이외에서도 빈번하게 개최되었다. 1913년에는 오사카 미쓰코시가 간사이 교육박람회에 어린이실, 참고부인실 등을 출품했다. 1915년 봄, 『고쿠민신문國民新聞』이 주최했던 가정박람회에는 미쓰코시 가공부加工部가 마루미야丸見室의 의뢰를 받아 전람회에 출품할 어린이실을 설계·장식했다.[87] 12세의 소녀가 사용할 거실·침실·욕실을 이미지화해서 만들었던 각 방은 시세션식의 산뜻하고 청결한 느낌이 나도록 완성되었다. 메이지 중기에, '어린이'라는 개념이 서양에서 유입되었고 그러면서 어린이실도 소개되었다. 어린이실이라는 사고방식 자체가 서양에서 온 것이었기 때문에, 이 시기 소개된 〈어린이실〉 모델은 모두 서양식 공간이었다. 이런 전시가 일반인들의 생활 속에 좀처럼 스며들기 어려웠던 서양풍의 생활을 유입시킨 하나의 경로였다고 생각된다.

1919년 7월부터 9월까지 우에노上野에서 개최된 〈평화기념가정박람회〉에는 전람회의 취지에 부합해서, 당시 일반가정(여기서는 상류 또는 중류 이상의 가정을 의미)을 이미지화한 모델룸이 여러 가지 출품되었다.[88] 여기서는 마네킹을 사용함으로써 사람들의 일상생활을 보다 구체적으로 이해할 수 있게 전시하였다. 응접실에는 젊은 부인(마네킹)이 손님을 맞이하고, 화장실化粧の間에는 숙녀가 옷을 입고 있고, 어린이실에는 어린이가 놀고 있었다. 『미쓰코시』 8호에 게재된 사진으로 판단하건데,

---

87) 『三越』 第5券 第6號, 1915.6, 15면.
88) 『三越』 第9券 第8號, 1919.8, 27면.

신관 건설현장의 판자울타리를 설치한 쇼윈도, 메이지 말

응접실과 어린이실은 서양식 공간, 화장실은 순수하게 일본적인 공간이었다. 이 외에 방이 있었다면 필시 그것도 일본식 방和室이었을 것이다. 이곳에서는 나중에 다이쇼 후기의 문화생활에서 특징적으로 발견되는, 서양풍의 라이프스타일을 생활의 일부로 받아들였던 일반가정의 모습이 표현되었다. 이렇게 박람회의 모델룸이 보여주듯이 백화점에서 만들어진 공간은 초기의 "완전한 별세계"인 서양풍의 호화로운 것으로부터, 점차 손으로 잡을 수 있을 것만 같은 "지금보다 조금 더 상위의 세계"를 제시하는 것이 되어갔다. 실내 장식부는 그 세계를 소비라는 행위에 의해 획득 가능한 것으로 만드는 장소였다.[89]

89) 미쓰코시에서는 1910년에 가구 가공부를 만들어, 수입품보다 저렴한 국내산 서양가구 판매를 개시했다. 더욱이 1912년부터는 대만제 등나무 의자를 대량으로 생산・판매했다('미쓰코시형 등나무 의자'三越型藤倚子). 이렇게 서양가구의 대중화가 보급되는 와중에 1918년 세트구성組揃 응접가구('미쓰코시세트')가 탄생한다.

(2) 하야시 고헤이와 실내장식

근대 백화점으로서 재탄생한 미쓰코시오복점을 궤도에 진입시키기 위해 히비 오스케日比翁助가 시행한 모든 개혁은 그의 인재 등용의 적확함을 통해 실현되었다. 히비는 그 자신이 유능하다고 인정한 인물이라면 학력을 불문하고 발탁하여 적재적소에 배속하였다. 미쓰코시의 백화점화는 히비가 양성한 점원들에 의해 지탱되었다고 말해도 좋을 것이다. 히비에 의해 발탁된 사람 중에는 하급 점원 출신으로 가구 가공부의 주임이 된 하야시 고헤이林幸平나 잡화부 주임인 도요이즈미 마쓰조豊泉益三, 광고 담당의 하마다 시로浜田四郎 등이 있다. 그림 그리는 재능으로 히비에게 발탁된 하야시는 1905년에 유학 가서 실내장식 공부를 하고 오라는 백화점 측의 명령을 받았다. 같은 해 2월에 도요이즈미는 쇼윈도를 연구하기 위해 뉴욕 출장을 떠났다. 전년도인 1904년에 미쓰코시(미쓰이오복점) 본점에 쇼윈도가 설치되었던 터라 윈도우 디스플레이를 담당할 인재 양성의 필요가 있었던 것이다. 도요이즈미는 그 후에도 잡화 매입을 위해 구미로 건너가서 미쓰코시의 서양풍 상품을 구성하는 데 중심적으로 활약하였다. 그리고 하마다는 1908년에 구미 백화점 시찰에 파견되어 점내의 행사나 광고 활동 등의 노하우를 공부하였다. 세 사람의 공통점은 자신들이 임명된 분야에 대해 아무것도 모르는 완전한 아마추어 상태로 출발해서 전문적 지식을 공부한 후 그 방면에서 전문가로 활약할 수 있을 만큼 성장하게 되었다는 것이다. 이들은 히비 시대의 미쓰코시를 말할 때 빼놓을 수 없는 존재들이었다.

하야시 고헤이의 자서전 『나를 둘러싼 사람들』[90]에 의하면 소년 시절부터 에치고야越後屋에서 먹고 자는 데치코보(小供：상점 등에 입주하여 연한을 정하고 잔심부름을 하던 소년−역주)로 근무했던 그는, 1895년 다카하

---

90) 林幸平, 『豫を繞る人々』, 百貨店時代社, 1930. 이하 본문에서 특별하게 주석을 달지 않은 것은 모두 이 책을 참조한 것이다.

시 요시오의 점내 대개혁을 보고서 크게 감화받았다. 대학을 졸업한 젊은이들이 채용되면서 점차로 상점에 새로운 바람을 불어넣는 모습을, 고루한 지배인들과 달리 아직 젊은 하야시는 호의적으로 바라보았다. 그는 메이지 30년대에 상품 구매를 담당하는 한편, 밤에는 오복점의 후원을 받아 간다神田 마사노리正則 영어학교에서 공부했다. 또 쇼윈도가 설치되자, 도요이즈미 마쓰조, 이와사키 가네조岩崎鍾造와 함께 디스플레이를 맡았다.

하야시가 미쓰코시에서 장식 일을 맡게 된 것은 히비 오스케가 우연히 그의 재능을 발견했기 때문이었다. 어린 시절부터 그림 그리는 것을 좋아했던 하야시는 창고 당번으로 근무할 때, 아마도 메이지 30년대 중반 경일 텐데, 일하는 틈틈이 그림을 그렸다. 그것을 히비가 보고서 노여워하기는커녕 그림 솜씨가 훌륭한 것을 칭찬하였다. 그는 이 시절을 다음과 같이 적고 있다.

"허허. 점점 좋아지고 있군. 스케치한 화첩을 좀 볼까"라고 말했다. 처음에는 꾸지람 들을 각오를 하고 겁을 먹었다. 그런데 자주 와서 그림을 보더니, 그 뒤로는 가끔씩 작은 꽃 가지를 들고 와서 한가한 때 그것을 사생해보라고 했다.
이렇게 해서 공공연하게 그림 그리는 일을 허락받게 되었다고 생각했다. 언젠가는 히비씨가 데치코보 감독의 방으로 부른다는 말에 "글쎄, 무슨 일일까" 하고 가보았더니 네 폭의 병풍을 손으로 가리키면서 "이것은 자네가 그린 것인가"라고 물었다. "예, 밤중에 밑그림을 그렸고 휴가 때 색을 칠했습니다." 네 폭 후스마襖병풍는 다마즈사玉章 선생에게서 빌렸던 밑그림을 본으로 해서 사계의 산수를 도톰하게 더덕더덕 칠해서 그린 것이었다. "자네는 그림이 좋은가보군." "예, 아주 좋아합니다. 집에 있을 때에는 밖에 나가지 않고 집에서 그림만 그리는데 어머니께서 종종 그림 따위는 그만두라고, 차라리 글자를 공부하면 쓸모라도 있다는 말씀을 하셨지만, 좋아하는 것이어서 그만두지 못했습니다"라고 정직하게 고백하였다. "음. 남자라면 그래야지. 좋아한다면 더더욱 그러는 것이 당연하지. 이것을 자네에게 선물로 주겠네"라면서 겟코만가

(月耕漫畵 : 풍속을 그린 니시키에—역주) 2권 14책을 두 개의 첩지疊紙로 만들
어주고 나에게 스스로 붓을 들어 장려의 글을 쓰게 해주었다. 어린 마음에, 상
인에게 그림 따위가 무슨 필요가 있느냐, 앞으로는 결단코 그만두라는 말을
들을 거라고 생각하고 있었는데, 전혀 예상치도 못했던 격려의 말을 들으니
꿈만 같은 기분이었다.[91]

이 일을 계기로 하야시는 의장실을 자주 드나들면서 촉탁으로 있던
일본 화가들에게서 그림을 배우게 되었다. 히비 자신도 그림을 좋아했
기 때문에 하야시의 재능을 인정하면서 발전시켜줄 계획을 세우고 있
었던 것인데, 히비의 신뢰를 받던 하야시는 은혜에 부응하였다. 그는 백
화점으로 재탄생하여 가구 판매를 본격적으로 개시했던 미쓰코시에서
실내장식 담당으로 발탁되었다. 더불어 1904년 7월에는 백화점의 명을
받고 실내장식 연구를 위해 파견되었다.[92] 일본은 바로 그때 일러전쟁
의 한가운데 있었고, 하야시는 25세가 되었다.

구미유학이라고는 하지만 당시 미쓰코시에서는 실내장식의 노하우가
전혀 없었다고 말하는 편이 나았다. 하야시는 어떤 구체적인 지시도, 또
유학의 행선지도 없는 상태에서 출발할 수밖에 없었다. 먼저 미국의 세
인트루이스에서 만국박람회를 견학한 후, 뉴욕으로 가서 신문광고에서
보았던 윈도우 디스플레이 관련 전문학교에 입학하고 석 달간의 과정
을 수료했다. 그리고 영국으로 건너갔는데 운이 좋게도 런던의 일류 실
내장식 전문점인 〈메이플〉에서 일할 기회를 갖게 되었다. 하야시는 거
기서 약 1년간 기본적인 기술과 지식을 몸에 익혔다. 모든 것을 자신의
힘으로 개척해나가야 했는데, 보이지 않는 곳에서 셀 수 없이 엄청난
노력을 했을 것이다.

---

91) 林幸平, 『續 豫お繞る人々』, 百貨店時代社, 1932, 12~14면.
92) 『時好』, 辰之 第7號, 1904, 61~62면.

단 하루도 쉬지 않았고, 일 분도 지체하지 않았으며, 최후의 일 분까지 분투하였다. 사람들이 손을 씻으러 가도 나는 가지 않았고, 사람들이 담배를 피우러 갈 때도 나는 가지 않았다. 사람들이 여름 휴가로 2주간을 보낼 때도 나는 휴가를 가지 않았다. 일요일에도 항상 내 방에서 제도판을 들여다보며 연구에 몰두하였고, 밤에는 폴 테크닉미술학교에 가서 한결같이 기술 향상을 도모했는데, 내 평생 이때처럼 열심히 공부한 적이 없었다. 또한 이렇게 유쾌하고 활기찼던 일도 없었다.[93]

이 시기의 미쓰코시는 차차로 점원들을 해외에 파견했다. 서양행의 경험이 대단히 희박했던 당시 그렇게 다수의 사람들이 해외에 나간 것은 이례적인 일이었다. 일본에서는 전례가 없었던 소매 방식을 성공시키려면 오복장사 외에도 여러 가지 지식을 단기간 안에 흡수하는 것이 급선무였다. 점원들이 직접 구미에 가서 그 지식을 몸에 익혀오는 것 외에는 방법이 없었다. 각 부문에 도입되었던 새로운 지식, 실내장식과 광고, 디스플레이 등은 백화점이라는 울타리를 넘어 메이지 말기 일본에 새로운 바람을 불어넣는 것이 되었다.

메이플에서 일을 계속하고 있던 어느 날, 하야시는 일본의 히비 오스케로부터 파리 일본대사관 실내장식 일을 임명받았다. 파리의 제국공사관이 대사관으로 승격된 것을 계기로 파리 시내에 신관을 빌리게 되었는데, 미쓰코시가 그 장식을 책임지기로 결정되었던 것이다. 히비는 유학의 성과를 보여달라는 의향을 전했다. 불과 2년 남짓의 유학 중에 갑작스럽게 결정된 임무에 하야시는 당황하였지만, 생각할 겨를도 없이 일본으로부터 이 일의 계획이 결정되었고, 대사관의 실내장식 공사가 시작되었다.

대사관은 일본풍으로 장식해달라고 의뢰했다. 그러나 하야시의 주변에서는 "대체 일본풍으로 서양의 방을 장식하려면 어느 정도까지 일본

---

93) 林幸平, 앞의 책, 1930, 131면.

풍을 가미해야만 하는 것일까?"에 대한 어떠한 선례도 찾을 수 없었다. 대국의 일원이 된 일본에 상응하는 장식이란 무엇일까. 지금까지 순서 양식 장식을 배웠던 그로서는 난감한 문제가 아닐 수 없었다. 고민 끝에 그는 다음과 같은 장식을 고안했다.

> 그것은 모든 방을 각각 개별적인 정취로 꾸며 넣는 것인데 예를 들면 객실은 국화를 중심으로 해서 국실菊室로 하고, 식당은 홍엽실紅葉室, 부인실은 사쿠라실, 흡연실은 죽실竹室, 그 외에도 방이 있다면 무기武器를 어떤 의미로 통합하여 보여주는 것.94)

여기에는 이전에 미쓰코시 숙소에서 병풍에 그림을 그려보았던 것이나, 의장부의 일본화가를 여러 번 찾아가서 그림을 배웠던 경험이 분명 어떤 식으로든 도움이 되었을 것이다. 이렇게 해서 1906년 가을, 하야시는 귀국하자마자 설계를 시작했다. 앞서 말한 미쓰이의 건축가 요코가와 다미누라가 고문으로, 미쓰코시 의장부에서 활약하던 일본화가 구보타 베이센久保田米僊이 촉탁으로 참여해서 본격적인 설계에 착수하였다. 공사는 1908년 1월말에 완료했고 대사관에서는 신장新裝을 기념하여 연일 프랑스에 있는 일본인 명사들을 초대했다. 새로운 '신흥국新興國 일본식'의 실내장식은 큰 호평을 받았다.95)

하야시가 설계한 파리 일본대사관의 일본취미란 어떤 것이었을까. 여기서는 『지코』와 『미쓰코시 타임즈』 지면의 기사를 통해 구체적으로 살펴보고자 한다.

1908년 『지코』 4호 이래 수호에 걸쳐 이와야 사자나미巖谷小波가 쓴

---

94) 위의 책 , 147면.
95) 하야시가 설계한 일본대사관은 현지 프랑스인들에게도 호평을 받았다. 하야시는 유럽 체류 중에 일반인들의 설계의뢰도 여러 건 받았다. 게다가 하야시는 〈메이플〉의 일본미술품진열장을 일본풍으로 의장설계하고 "야마토大和룸"이라고 이름붙였다 (『みつこしタイムス』 第7券 第3號, 1909.3, 53면).

이와야 사자나미, 『파리의 별천지』, 1908　　　『파리의 별천지』 속표지

「파리의 별천지―대일본 대사관 장식기裝飾記」라는 가공의 체험기가 연재되었다. 이 연재는 한 권의 책으로도 묶였는데, 1908년 5월 비매품으로 발행되었다.[96)] 책자에 일본어 외에도 프랑스어 번역이 첨부된 것을 보면 일본 고객뿐만 아니라 파리의 대사관을 방문한 프랑스인에게도 배포하려는 의도로 제작되었음을 짐작할 수 있다. 권말에는 '장식세목裝飾細目'이 게재되었고, 각 방의 상세한 장식내용이 열거되었다. 그러나 자세한 자료보다도 오히려 이와야의 체험기를 읽는 쪽이 각 장식의 의미를 더욱 잘 이해할 수 있기 때문에 여기에서는 그 내용을 간략하게 소개하고자 한다.

　　대화체의 이글에는 일본 후원인인 두 명의 프랑스인 C와 M이 등장한다. 두 사람은 샹제리제 근처 아베뉴 호체Avenue Hoche에 있는 일본대사관을 방문한다. 순프랑스식의 외관을 보고 불만스러워하는 M에게 C는 다

---

96) 巖谷小波, 『巴里の別天地　大日本大使館裝飾記』(L'ambassade du Japon a Paris, ses Desoration), 三越吳服店, 1908.5.

음과 같이 설명한다.

　일본인의 기호는, 겉은 별로 장식하지 않고 안의 치장에 정성을 다한다고 하더군. 그윽하고 고상한 느낌이 강하지. 간단히 말하면 일본인의 하오리(羽織 : 일본 전통옷에서 위에 입는 겉옷－역주)를 예로 들 수 있겠네. 겉은 검은색이나 연보라색의 몬쓰키(家紋을 넣은 일본 옷－역주)인데 아주 단순한 것처럼 보이지만 안을 펼치면 고급 비단이나 능직의 비단 혹은 수자직(しゅす : 윤이 나는 비단 옷감－역주)이나 유젠(友禪 : 화려한 채색으로 인물·꽃·새·산수 등의 무늬를 선명하게 염색한 비단－역주)이 눈이 부실 정도로 화려하게 장식되어 있지. 진정한 일본 예술은 외양만을 야단스럽게 치장하지 않는 것, 눈에 띄지 않는 곳에 사치를 부린다는 사실이 가장 가치 있는 점이라네. 그러니까 이 대사관도 외관은 새삼스럽게 의장에 신경 쓰지 않고 기존의 프랑스식을 그대로 두어서 사람의 눈을 끌지는 않지만, 일단 발걸음을 실내로 옮기면 홀연히 별천지에 있는 것 같은 느낌을 준다네. 이런 대조의 기묘함 또한 칭송할 만한 부분이지 않은가.97)

　두 사람은 우선 제1응접실인 무기실로 들어갔다. M은 방에 사용된 올리브색이 과연 일본인의 기호인지 C에게 물었다.

재불 일본대사관, 무기실, 1908

　최근 3, 4년 전에 파리에서 크게 유행한 색깔인데 일본인들은 이것을 혁색(革色 : 녹색을 띤 가죽색－역주)이라고 하지. 일본인은 옛날부터 차분하고 은근한 분위기에서 살아왔다네. 자네도 여러 번 니시키에(錦繪 : 목판으로 다색 인쇄한 풍속화－역주)를 보지 않았나.

---

97) 嚴谷小波, 『巴里の別天地 大日本大使館裝飾記』, 『時好』 第6券 第4號, 52~53면.

홍엽실의 소파·의자

사쿠라실

니시키에는 일반적으로 혁색이지.[98]

　'무기실武器の間'이라는 이름의 방은 이름에 걸맞게 일본 전통 무기를 모티브로 사용했다. 여기에는 실제 무기가 놓인 것이 아니라 무기가 디자인의 모티브로 이용되었다. 문에 걸린 철물은 옛 성문에 붙어 있었던 것과 유사하며, 요장(腰張 : 벽 아래쪽을 종이나 판자로 댄 것-역주)에는 활과 화살을 막는 방패를 연상시키는 장식이 더해졌다. 가구들도 마찬가지의 스타일로 배치되었다. 의자와 테이블에는 갑옷으로 사용되었던 가죽이나 조각을 이용하였다. 소품들은 의자와 마찬가지로 덴표天平 시대 가죽 모양으로 마무리되었고, 그 윤곽에는 긴 칼날을 도안해서 테두리 장식으로 넣었다. 커튼은 옛 군기를 본뜬 것이고, 더욱이 천정벽에는 역대 무인의 가문家紋을 그려넣었다. 겐지源氏나 헤이케平家에서 시작하여 노부나가信長·히데요시秀吉·이에야스家康 가문의 문양, 모리毛利, 호소가와細川, 마에다前田와 같은 막부 무사의 문양, 게다가 도조 히데키東鄕元師의 문양까지 볼 수 있다. 벽에 걸린 브래킷(선반 받침이나 벽에 붙이는 조명기구-역주)은 화톳불 피우는 쇠바구니를 연상시켰다.

　그 뒤의 대화는 무대를 '홍엽紅葉실'·'사쿠라실'·'국실'·'죽실'로

---

98) 위의 책, 53면.

이동하면서, 비슷한 내용이 계속된다. 마지막 장면에서 M이 재차 건물의 구조가 순전히 유럽식인 것이 유감스러운 점이라고 하자 C는 다음과 같이 답하였다.

> 오히려 이 순구라파식 구조에 순일본식의 장식을 더하여 조금의 부조화도 없이 교묘하게 배합하고 있는 점이 무엇보다도 칭송할 만한 것이라고 생각하네. 만약 건물부터 조작 내지 장식을 하고, 가구에 이르기까지 총체적으로 일본 물건을 내세웠다면 특별히 의장이나 고안이라고 할 것도 없겠지. 그저 돈만 있다면 할 수 있는 일이니까. 그 안에 예술적 의장도 없으니 도안적 고심苦心도 없었다는 이야기지. 거기에 가면 이 대사관과 같이 원래의 순구라파식 건축물에 조금의 조작도 없이 순전히 장식만을 사용하고, 그 장식을 통해 진정한 일본 예술의 가치를 알려주는데, 보는 사람이 그 응용의 교묘함과 배합의 적절함에 감탄의 소리를 내도록 만들었더군. 와! 정말로 이 점은 이번 장식 담당자에게 대단히 감사하고 싶다네.[99]

C씨의 말에는 하야시 고헤이를 중심으로 하는 미쓰코시의 생각이 반영되어 있다. 장식은 서양풍·일본풍 중 어느 한 쪽이 아니고, 또 그저 서양적인 요소와 일본적인 요소를 혼재해놓은 것도 아니었다. 즉 거기에는 이와야巖谷가 "'예술적 의장美術の意匠'과 '도안적 고심圖案的苦心'에 대한 정교한 응용과 배합"이라는 표현을 통해서 설명해주었던 태도가 들어 있다고 말할 수 있다. 파리의 일본대사관이 보여준 큰 특징은 바로 이 '디자인적 태도'였던 것이다.

하야시가 대사관의 인테리어·디자인에 표현했던 일본취미라는 것은 위의 안내기에서도 명확하게 나타나는데, 그것은 '미쓰코시취미 안에서의 일본'에 다름 아니었다. 『미쓰코시 타임즈』 1909년 5호에는 「파리 한 복판의 미쓰코시」라는 기사가 실렸다. 구주여행 중인 미야모토宮本씨(어떤 인물인지는 불명)에게서 받은 편지의 한 구절을 소개한 것이었다. 미

---

99) 위의 책, 57~58면.

야모토씨는 파리 일본대사관을 방문했을 때, 그 장식이 대단히 훌륭한 것에 놀라워했다. 전부 일본산 재료를 사용하고 일본풍의 예술적 의장으로 장식되어 있는 각 방을 둘러보면서 이렇게 서술했다.

제가 그곳에 들어갔을 때 불현듯 미쓰코시오복점에 들어간 듯한 기분이 들어 제 자신이 8천 리 밖의 이역에 있다는 것을 추호도 깨닫지 못하고 배회하기를 몇 시간, 제국을 대표하는 제국대사관의 설비장식으로 진정 이보다 더 좋을 수 없다고 생각했습니다. (…중략…) 그중에서도 식당의 천정 및 사방에 있는 전등빛은 유리구琉璃球를 사용하는 구주일류歐洲一流의 기호에 바탕을 두지 않았는데, 일본 고본古本의 각형角形 격자부조格子付釣 전등을 사용해서 방 가득히 현란한 빛을 채운 취향에 이르러서는 그 기발한 의장에 누구라도 탄복하지 않을 수 없었습니다.

무릇 나라마다 그 나라 고유의 예술공예가 있는데, 예술공예의 일단一端을 과시하는 방법으로 파리대사관을 꼽는 것은 가장 적합한 것입니다.100)

이 시기의 미쓰코시는 '미쓰코시취미三越趣味'라고도 부르는 하나의 테이스트가 지배하고 있었다. 이 테이스트는 대사관 장식에서도 분명하

부인실, 하야시 고헤이 설계, 1912

흡연실

100) 『みつこしタイムス』 第7券 第5號, 1909.4, 11~12면.

게 드러났다. 대사관 장식에 사용된 일본취미가 보는 사람에게는 미쓰
코시취미 그 자체였다는 사실을, 위의 편지가 알려주고 있다.

(3)「절충적 실내장식에 대해서」

대사관 임무를 성공시킨 하야시는
일본에 귀국해서 가공부 주임으로
실내장식일에 전념하였다. 1911년에
완성된 제국극장의 실내장식을 비롯
해서 장막 외에도 세간품부터 무대
의상에 이르기까지, 내부 일체를 미
쓰코시가 만들어냈다.[101] 1912년부
터는 일반 고객을 대상으로 실내장
식 및 가구의 설계, 제작주문을 받기
시작했다. 이 사실을 선전하기 위해
1912년『미쓰코시』1호는 하야시 고
헤이의「절충적 실내 장식에 대해
서」라는 기사를 실었다.[102]

식당

이 무렵 하야시는 관청 관련뿐만
아니라 시내 상점에 이르기까지 공
적인 공간에 양풍 건축이 급속하게
늘어난 사실을 지적했다. 이에 따라
그곳을 왕래하는 사람들은 양장할
기회도 늘어났고, 결과적으로 사람
들의 주거에도 양풍에 대한 수요가

서재

101) 『株式會社三越85年の記錄』, 56면.
102) 林幸平,「折衷的室內裝飾のついて」,『三越』第2券 第1號. 1912.1, 20~26면.

늘어났다. 하야시는 그때까지의 화족華族을 비롯한 상류계급뿐만 아니라, 도시에 증가하고 있던 화이트 칼라들이 양풍생활을 필요로 하고 있다는 것을 인식했다.

"중류 이상의 활동적 신사라면 최소한 객실 겸 서재 하나와 식당 정도는 서양풍으로 설치하고 싶다는 주문이 늘어났다." 그러나 실내 전부를 양풍으로 하기에는 양풍의 창이나 스토브 등이 화실和室과 조화되지 않기 때문에, 일본풍의 안채와는 별도로 양관을 부지 내에 건축해야 할 필요가 생겨나게 되었다. 이런 것이 극소수의 상류계급에게만 허락된 사치였음은 두말할 나위도 없다. 중류층 사람들이 양풍의 생활공간을 추구해가는 가운데 하야시는 다음과 같은 제안을 했다.

일본가옥 내의 일부를 서양실로 만들려는 변화, 즉 화양절충적 건축의 필요가 생겨나고 있는 것입니다.

미쓰코시 제작 최신식 서양가구, 1911

일본가옥의 일부, 즉 응접실 등만을 양풍으로 하는 그런 절충스타일이 새로운 중간계급 사이에서 본격적으로 유행한 것은 다이쇼 후기의 다이쇼 모더니즘이라고 불리던 시기였지만, 이와 같은 현상은 이미 메이지 말기에 나타났다. 이 제안은 건축이나 실내장식의 전문가뿐만 아니라 지식인 중심의 사람들에게서, 그리고 백화점이라는 유행을 만들어내는 장에서 동시에 표출되었다. 당시 미쓰코시의 고객층은 실제로 중간층보다는 오히려 상류에 가까운 계층이었다는 사실을 고려할 필요가 있지만, 이런 생활스타일이 미쓰코시취미에서 생겨난 일

미쓰코시 등나무의자, 1914

세트형 가구(미쓰코시세트), 1918

본적 모더니즘을 배경으로 해서 백화점을 무대로 확립되어갔던 사실은 중요하다. 하야시는 자신이 제안했던 화양절충 스타일에 대해서 이렇게 설명을 이어간다. 그에 따르면 일본인은 예전부터 외국 문명을 수입해서 자국 내부에 흡수시켰다. 그리고 일본의 취미에 서양의 실리적 편리를 조화시키는 것은 일본인이 자신의 전통을 자각한다면 필연적으로 발생할 수밖에 없는 사고였다. 일본 가옥의 일부에 서양실을 배치하려면 동서의 건축공간에 적합한 장식이 필요하게

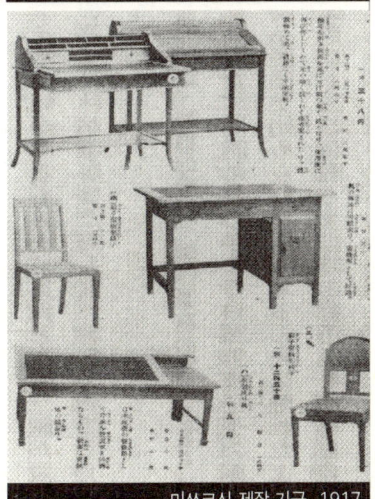
미쓰코시 제작 가구, 1917

되었다. 그러나 그에 따르면 이 시기까지 일본취미라고 간주되었던 서양실이 "조각을 많이 세워 두고, 여기도 저기도 금빛과 청색으로 찬란해서 마치 닛코日光나 혼간지本願寺라도 간 듯한 기분"을 일으키는 것이

많았다. 이 같은 스타일은 신사불각神社佛閣에 어울리는 것으로 개인주택에서는 취미의 측면에서나 비용의 측면에서도 적당하지 않았다. "되도록 적은 비용에 가장 조화롭고, 유쾌한 스타일", 바로 그것이 이 시기 양풍 생활을 욕망했던 새로운 계층의 바람이었다.

이러한 주장을 수합한 후, 하야시는 이 화양절충 스타일이 어떠한 것인지 그 실례로 미쓰코시가 설계했던 일반주택의 실내를 들어 구체적으로 설명했다. 여기서는 하야시가 직접 만든 부인실·객실·흡연실·식당·서재가 각각 사진과 함께 소개되었다.103)

하야시의 기사가 게재된 후, 미쓰코시에서는 본격적인 실내장식·가구설계·제작업무를 개시함과 더불어 화양절충의 실내장식이나 가구제작에 주력하기 시작했다. 동시에 그해부터 대만제 등나무의자 판매도 시작하면서, 중류층을 겨냥한 저가의 화양절충 가구상품이 보급되기 시작했다. 물론 이러한 화양절충의 생활스타일을 장려하는 풍조는 미쓰코시만이 아니라 당시 도시를 중심으로 곳곳에서 생겨나고 있었다. 1912년『건축세계』10호에는 기무라 조(木村貞 : 고바야시 장식점 주임)가「어떻게 일본 다다미방에 양풍 가구를 두는 것이 적절한가」104)라는 글을 게재했다. 이 글도 역시 일상생활에서 직장이나 접객장을 중심으로 의자를 사용하는 방식이 늘어나는 경향을 지적하고, 종래의 화식和式방을 그대로 두더라도 최소한 실내에 서양풍 세간을 구비하고 싶어하는 바람이 일반적으로 강해지고 있다고 적고 있다. 기무라는 구체적으로 다다미와 도코노마(床の間 : 일본식 방의 상좌上座에 바닥을 한 층 높여 만들어놓은 곳―역주)는 어떻게 해야 좋을까, 의자나 테이블은 어떤 물건을 구비하고 어떻게 배치해야 좋을까, 그리고 난방이나 조명기구는 어떤 것을 선택해야 할까 등의 문제에 대해 참고할 만한 예들을 제시하면서 설명하고 있다. 당시 일본식 방을 양풍으로 사용하고자 하는 수요가 고조되는 가운데 앞선 하야시의

---

103) 林幸平, 위와 동일.
104) 小林貞,「如何にして日本座敷に洋風の家具を置く可きや」,『建築世界』, 1912.10.

주장이 이루어진 것을 알 수 있다.

이 시기에 하야시가 주장했던 화양절충和洋折衷은 어느 위치에 두는 것이 좋을까? 하야시의 일본대사관에 대한 지금까지의 평가를 보면 그 것은 메이지 전기의 무차별적 서양 모방으로부터 한단계 업그레이드한 것이었다. 서양 모방을 보다 정교화시킨 '모방후기模倣後期'105)이며, 메 이지 국가의 내셔널리즘적 틀 안에서 '국수주의적 화양절충'106)으로 진 입한 것이었다. 그러나 하야시 자신도 위의 글이나 1913년『건축세계』 5호에 쓴 것과 같이,107) 메이지 궁전, 일본은행 본점 등으로 대표되는 다른 국수주의적 절충식은 '사찰 냄새'가 나는 것이 많았고, 일반인들의 생활에는 적당하지 않았다. 또 다른 유행에서 보여지는 것과 같은 사람 들의 기호에도 맞지 않았다. 그가 기타 절충양식과 구별되는 부분은 바 로 화양을 융합시키는 방식이었다. 표면적인 테이스트의 부분에서 화양 의 공통점을 찾아내고 융합시킨 결과 만들어진 공간은 하야시가 의도 하지 않은 것이었다. 그것은 모던디자인이 가진 새로운 라이프스타일과 도 통하는, 새로운 일본취미로 사람들의 눈에 비춰졌다. 히스이非水는 의식적으로 모던디자인을 화풍和風안에 이용했는데, 사람들은 하야시林 의 작품 안에서도 그것을 동일하게 감지할 수 있었다.

그러나 그렇다고 해서 하야시의 작품이 다이쇼 모더니즘과 직결된다 고 단순하게 생각할 수는 없다. 하야시 자신은 아르누보와 시세션secession 양식에 대해서만 관심을 보였던 것은 아니고, 일본취미와 어울리는 서 양의 양식을 고전classic에서 찾아내었다.

서양장식의 양식 중에서 일본에 가장 어울리는 것은 르네상스식 중에서도 루이 16세식으로, 간결하고 깔끔한 이 양식은 일본인의 취미에 잘 합치合致한

---

105) 日本室內設計家協會出版委員會 編 앞의 책.
106) 小泉和子,「近代の家具, 室內意匠における和洋折衷の系譜」,『日本の目と空間II』 (카탈로그), 1992.
107) 林幸平,「和洋建築と和洋裝飾」,『建築世界』第7券 第5號, 1913.5, 9~11면.

다고 생각합니다.108)

그리고 하야시는 이렇게 부언하였다.

　　훌륭한 집이 되려면, 현관·식당·객실·부인실·서재·흡연실·어린이
실·당구실球戲室·식물실·무용실舞踏室·침실 등 여러 방들이 필요합니다.

　　하야시가 대상으로 삼은 사람들은 당연히 상류계급이었다. 이 무렵
의 시세션식 가구는 디자인적으로도 상당히 만들기 쉬웠기 때문에 대
량으로 생산되어 시장에서 유통되었는데, 그는 이 현상을 일회성 유행
에 지나지 않는다며 부정적인 시각으로 바라보았다. 그러나 실제로는
이 가구의 대량생산이 서양식 가구의 대중화에 박차를 가하는 것이 되
었다. 신중간층을 중심으로 한 생활의 문화적 향상 욕구는 다이쇼 중기
부터 현저해졌다. 여기서 특징적인 것은, 그 이전까지 상류계급이 서양
풍의 생활을 사치로 받아들인 데 반해, 신중간층들은 생활문화의 합리
화라는 관점에서 이를 받아들였다는 것이다. 1919년경부터는 국가도 이
런 생활의 합리화를 목표로 정책을 펼쳐나갔다. 그중에서도 주택문제는
도시의 큰 문제로 부각되었다. 1919년에는 문부성 주최로 〈생활개선전
生活改善展〉이 열렸고 이것이 계기가 되어 다음 해에는 사노 도시카타(佐
野利器 : 1880~1956. 건축학자. 야마가타현山形縣 출생. 동경대 교수. 관동대지진후 제
도부흥원帝都復興院 이사 역임. 기술중심의 건축사상을 제창하며 내진구조 이론을 개
척함—역주)를 위원장으로 생활개선동맹生活改善同盟이 결성되었다. 이런
일련의 움직임 속에서 다이쇼 후기의 모던한 '문화주택'에서 볼 수 있
는 중복도식中廊下式의 화양절충 스타일의 공간이 만들어졌다.109) 다이
쇼 후기의 새로운 생활스타일과 위에서 말한 하야시의 주장에는 공통

---

108) 위의 책, 10면.
109) 柏木博, 『近代日本の産業デザイン思想』, 晶文社, 1930, 68~69면; 南博, 社會心理
　　研究所 編, 앞의 책, 246~255면 등.

된 부분이 많으나, 이 둘 사이에는 기본적인 차이가 있다. 하야시의 의식에서 서양풍 생활의 대중화라는 문제 안에 절충스타일은 그렇게 중요시되지 않고, 예술적인 부분에서의 화양절충에만 시종일관하고 있는 듯한 인상을 준다. 이 문제는 당시 여러 미쓰코시취미에서 드러나는 고급 감각과 통하는 것이라고 할 수 있을 것이다.

하야시의 화양절충과 생활개선에서의 화양절충을 한마디로 비교하자면 하야시의 화양절충은 어디까지나 '취미'로서 이야기된다는 특징이 있다. 여기에는 쓰보우치 쇼요를 시작으로 하는 메이지 말기의 취미운동, 즉 개인의 미의식을 고양함으로써 화양의 취미를 초월한 새로운 취미가 생겨난다고 하는 발상이 근저에 자리잡고 있었다. 하야시의 화양절충에는 생활의 합리화라는 의식이 희박하지만 '미쓰코시취미'를 보여주는 하나의 요소로 인식되었다. 그에 비해, 다이쇼 중기 이후의 화양절충은 생활개선운동의 영향을 받아 합리적인 부분과 저렴한 가격이 강조되면서 전개되었다. 이렇게 해서 서양풍 생활의 대중화가 실현되었고 나중에 '문화생활'이라고 불리우는 라이프스타일로 이어졌다는 것이 지금까지의 통설이다. 하야시의 화양절충은 여전히 서양의 모방에 그친 '모던한 생활' 이전의 것으로 위치지어진다. 하지만 그가 창출한 새로운 취미가 그때까지의 시대와 선을 그은 것만은 분명하다. '취미'가 어떤 통일된 이미지 안에서 소비된다는 것, 그 이미지가 미쓰코시 자체를 대변한다는 것, 이러한 것들은 새로운 생활 스타일이 만들어져가는 가운데 상당히 큰 의미를 가졌을 것이다.

4) 미쓰코시와 광고─하마다 시로의 광고 전략

이 시기에 히비가 특별히 중용했던 인물로 하마다 시로가 있다. 그는 미쓰코시 광고 선전에 막대한 공헌을 한 인물로, 미쓰코시오복점을 백화점 미쓰코시로 세상에 널리 알리는 데 기여한 중요한 존재였다.

(1) 박람회와 백화점

하마다 시로浜田四郎에 관한 기록으로는 그 스스로가 백화점과의 관계를 서술했던『백화점의 하룻밤 이야기百貨店一夕話』110)가 있다. 도쿄고등상업학교(현 히토쓰바시대학)출신으로 1902년에 박문관博文館의 잡지『태양太陽』의 기자가 되었고 후에『태평양』의 편집에 참여했던 하마다는 "학생시절 우연히 시작한 광고연구"가 광고와의 만남이었다고 한다. 이미 그는 미쓰코시에 들어오기 전에『실용광고법實用廣告法』(博文館, 1902),『상업요항문답商業要項問答』,『상업입문商業入門』(이 두 책은 발행년도 및 출판사 불명)이라는 세 권의 광고관련 저작을 출판했다. 일청전쟁 후 일본에서 광고 수요가 증가하던 가운데 그의 일련의 저작들은 아주 선구적인 광고연구서였다. 광고 대리점이 차례차례로 설립되는 이 시기에, 1895년에는 박보당(博報堂 : 세키 히로히사關木博尙 설립-역주)이, 1901년에는 일본광고주식회사(미쓰나가 호시오光永星郎 설립, 현 덴쓰電通)가 설립되었다.111) 광고 수요는 일러전쟁 이후 메이지 40년대가 되면서 한층 더 고조되었고 미쓰코시와 시로키야白木屋, 다카시마야高島屋를 시작으로 백화점·오복점에서 그리고 모리나가森永제과(모리나가 밀크카라멜)와 스즈키鈴木상점(아지노모토味の素, 화학조미료 브랜드), 나가세長瀬상회(가오花王비누) 등 각종 기업에서 광고가 중시되었다. 이 중에서 백화점의 경우는 소매점이라는 기업의 성격상, 상품광고만이 아니라 백화점 자체의 광고가 중심이 되었다는 점에서 여타의 기업과는 아주 달랐다. 백화점은 메이지 말기부

---

110) 浜田四郎,『百貨店一夕話』, 日本電報通信社, 1948(이하 하마다에 관한 특별한 주석이 없는 부분은 이 책을 참조한 것임).

111) 內川芳美 編,『日本廣告・發達史 上-代理業の發達と廣告取引の實態』第5章, 株式會社電通, 1976 참조.

박람회기념 비단(縮緬), 1907

터 다이쇼 초기에 걸쳐서 아주 새로운 스타일의 광고 활동을 전개시켜 나갔다. 특히 미쓰코시에서 보여준 하마다 시로의 활동은 이 당시 광고계에 큰 영향을 주었다.

하마다는 히비 오스케의 권유로 1905년 6월, 미쓰코시에 입사했다. 그는 입사하자마자 바로 영업용 PR지인 『지코』의 편집을 맡았다. 아마도 그가 채용된 것은 히비가 잡지편집을 위해 기자경험자를 영입하고 싶어 했었기 때문인 것 같다. 하마다가 광고 일을 하게 된 것은 1907년 이후이다. 1907년 3월 20일부터 6월 20일까지 우에노 공원에서 도쿄권업박람회東京勸業博覽會가 열렸던 것이 그 발단이다. 미쓰코시는 이 대규모 박람회에 전국 각지의 많은 사람들이 몰려드는 것을 보고, 박람회에 참가함과 동시에 이 기회를 백화점의 선전에 적극적으로 이용하고자 했다. 하지만 당시 미쓰코시에는 아직 전문적인 광고계가 없었다. 이때 히비는 하마다에게 이 역할을 일임했다. 히비에게서 "자네 생각에 전적

다이쇼박람회 당시 미쓰코시오복점내, 1914(위에서부터 박람회 기념품판매장 · 안내계 · 기념품판매장의 광경)

으로 맡겨보고 싶네"[112)라는 말을 들은 하마다는 박람회 구경을 위해 멀리 지방에서 올라온 '상경객'을 어떻게 하면 미쓰코시로 끌어들일 수 있을까에 주안점을 두고 다음과 같은 광고활동을 전개했다.

① 소책자『도쿄유람안내』[113)를 편집·발행했다. 박람회장의 안내를 비롯해서 도쿄의 각 명소를 설명하기 위해 지도와 사진을 게재하고, 속표지에는 도쿄의 숙박시설을 소개했다. 이 명소 중의 하나로 미쓰코시를 포함시키고, 백화점 구경기見物記를 게재했다. 이 소책자는 수만 부가 인쇄되어 박람회장의 요소要所에 배포되었고, 또 도쿄시내 여관의 숙박객과 단골 고객들에게도 배포되었다.

② 박람회장 내에 박문관博文館에서 인쇄기를 준비해놓고 그것을 이용해 매주 2회 박람회장 내에서 신문을 발행하고 박람회장 내 뉴스를 소개했다.

③ 〈신문양진열회〉의 '대방출'용으로 만들었던, 겐로쿠元祿 문양의 기모노를 입은 예기藝妓 그림이 있는 선전 전단지를 만들었다. 그 선전지에 "도쿄에 와서 박람회를 보지 않을 사람이 있으랴, 박람회를 보고 미쓰코시를 가보지 않을 사람이 있으랴"[114)라는 카피를 덧붙여 박람회장에 붙여두었다.

④ 미쓰코시백화점에도 박람회 코너를 설치하고, 특제 토산품을 판매했다.

이 무렵 광고에 드는 비용은 상당히 많았을 터이지만 그 효과는 아주 두드러졌고 박람회 고객의 대부분을 미쓰코시로 흡수하는 데에 성공했다고 알려져 있다. 하마다浜田가 취한 수단은, 미쓰코시를 박람회와 함께 도쿄의 신명소로 인식시키는 것이었다. 그는 그 후 구미시찰길에 올랐는

---

112) 浜田四郎, 앞의 책, 28면.
113) 『株式會社三越85年の記錄』에는 『東京と博覽會』도 실려 있다.
114) 이 카피는 『時好』第4券 第14號, 1906년의 속표지에 있는 "닛코日光를 보지 않고 훌륭함을 말하지 말고, 지코時好를 읽지 않고 유행을 말하지 말라"의 연장선에 있는 것이라 생각된다. 양자 대비를 교묘히 이용한 하마다 카피의 대표작 중 하나이다. 이것들이 나중에 "오늘은 제국극장, 내일은 미쓰코시"라는 카피의 밑바탕이 되었다고 추측된다.

데, 귀국 후 이런 식의 박람회와의 관계는 더욱 강화되었다. 1914년 다이쇼박람회에서도 도쿄권업박람회와 같은 기획을 실시한 한편,[115] 박람회와의 제휴관계에서 한 걸음 나아가 박람회의 수법 그 자체를 의식적으로 백화점 특별행사에서 이용하였다. 그가 주창한 '백화점의 박람회화博覽會化'는 미국의 백화점을 시찰했을 때 보았던 다양한 판매방식들에 착안하여 그것을 미쓰코시에 도입한 것이었다. 구미의 백화점에서는, 1년 내내 휴한기 없이, '엑스포지시옹exposition' '페어fair'라고 하는 특별판매행사를 실시하면서 박람회 같은 특별한 상황을 점내에 꾸며놓는 상법商法이 일반적으로 행해지고 있었다.[116]

하마다는 이 무렵 시찰체험을 바탕으로, "정월에는 방한기구를 판매하고, 2월에는 병아리 인형, 3월에는 봄옷, 4월에는 오월인형을 판매하는 방식으로, 연중 쉼없는 판매와 진열회를 연속적으로 개최해서 1년 내내 박람회처럼 고객의 발길이 끊이지 않게 한다"는 자신의 생각을 미쓰코시에서 실천했다. 이러한 백화점의 박람회화는 거듭 진행되었고 "특히 매출을 목적으로 하는 것 이외의 것도 전시한다. 점내 진열상품에 한정하지 않고 일시적으로 진기한 상품도 전시한다. 혹은 판매 목적이 아니라 단지 고객에게 보여주기 위한 전람회도 개최한다. 손님을 유치하기에 충분한 기획을 연구해낸다"는 하마다의 제안이 채택되었던 것이다. 뒤에서 말할 아동박람회나 유행회주최 전람회 등이 그 전형적

---

116) 1914년 봄에 개최된 다이쇼박람회에서는, 박람회장내―「박람회타임즈」를 일간으로 발행하고 지방에서 상경한 고객에게, 『3일간동경안내』를 증정했다. 미쓰코시 점내에서는 박람회기념품 판매장을 설치하고, 보자기(風呂敷), 작은 비단보(帛紗)수건, 기념 그림엽서―'미쓰코시선물みやげ' 등의 토산품을 판매했다. 안내소萬案內係를 설치하고 지방에서 상경한 손님들에게 박람회에 관한 용건을 접수하는 것 외에, 숙소 소개, 극장 입장권이나 기차표 구입, 자동차나 마차, 인력거 대기手配 등도 접수받았다(『三越』 第4券 第3號, 第4券 第5號, 1914).
116) 프랑스 백화점 〈봉 마르셰〉에서 겨울철 매출저조 대책으로 '하얀 물건白物 세일le blanc'을 고안했다. '하얀 물건 세일'의 대매출판매방식은, 백화점에서 실시된 의도적 이벤트의 초창기 사례로 가장 유명하다.

인 예라고 할 수 있다.

　백화점과 박람회, 양자가 본질적으로 공통된 성격을 가지고 있다는 것은 요시미 순야吉見俊哉의 『박람회의 정치학』[117]에서도 지적되었다. 요시미는 이 중에서 백화점을 "상설화된 박람회 공간"으로 보고, 박람회→권공장→백화점이라는 흐름 안에서 고찰했으며, 일본에서 박람회가 변질된 과정의 한 국면으로 백화점의 탄생을 파악했다. 이 둘이 결부되는 방식을 그는 "외부의 박람회에 백화점이 출품하는 경우"와 "백화점 내에서 박람회를 개최하는 경우"로 나누어서 고찰했다. 요시미는 점내에서 박람회를 개최한 대표적인 예로, 미쓰코시의 〈아동박람회〉를 든다. 아동박람회는 다음 장에서 소개할 것이다. 그런데 요시미는 제1회 아동박람회가 개최되었던 1909년 『미쓰코시 타임즈』 임시 증간호에 게재되었던 스가와라 교조菅原教造의 「아동박람회 감상」을 인용하면서 박람회의 목적이 생산장려에서 상품판로의 확대로 변질된 것을 지적했다. 스가와라는 "데파트먼트스토아 제도의 틀은 사실상 박람회 방식에 불과하다"[118]는 것을 자각하고, 백화점에서 행해지는 각종 판매와 일반 박람회, 즉 영업적인 목적도 달성할 수 있는 박람회라는 새로운 형식이 바로 이 아동박람회였다고 서술했다. 이 시기에 하마다와 마찬가지로 스가와라도 박람회와 백화점의 관련성을 의식하고 있었던 것 같다.[119]

　이러한 백화점과 박람회의 유사점은, 백화점의 광고활동, 점내 특별행사, 나아가 상품의 전시방법에까지 영향을 주었다. 하마다는 이것을 적

---

117) 吉見俊哉, 『博覽會の政治學』, 中央公論社, 1992.
118) 菅原教造, 『兒童博覽會感想』, 『みつこしタイムス』 第7券 第8號(臨時增刊號), 1909, 142면.
119) 하마다는 박람회 관련 외에도, 참신한 광고를 다수 만들어냈다. 예를 들면, 1907년에는 후지산 정상에 "후지산은 일본 제1의 명산 미쓰코시는 일본 제1의 상점 데파트먼트—스토아의 원조"라는 문구를 쓴 광고 간판을 걸었다(『時好』 第5券 第11號, 1907.9). 이것은 하마다와 히비가 주창했던 "어디에서도 미쓰코시라는 두 글자"를 떠올리게 한다는 생각을 철저히 실행한 예였다고 말할 수 있을 것이다.

극적으로 이용함으로써 완전히 새로운 광고 스타일을 확립했던 것이다.

(2) 도시생활과 '미쓰코시'

도쿄권업박람회가 개최된 그 이듬해, 1908년 1월부터 6월까지 하마다는 백화점 시찰차 구미로 파견되었다. 미국의 유명 백화점과 히비가 권유했던 런던 헤로즈 백화점 등을 방문조사했다. 히비와 달리 하마다로서는 전통을 고집하는 헤로즈보다 모든 점에서 합리적인 미국의 백화점에서 얻을 것이 많았다. 장부조직帳簿組織 등의 경리법 외에도 점내 특별행사나 광고방식 등, 백화점 경영에 관한 새로운 지식을 얻어서 돌아왔다. 그중에도 그가 가장 영향을 받은 것은 엄청나게 번성한 백화점 광고였다. 각 백화점에는 다수의 광고계廣告係가 있고, "광고는 곧 판매라는 관념, 광고 없이는 판매도 없다라는 생각"이 예상을 초월할 정도로 철저해서, 하마다를 놀라게 했다. 하마다는 후에『현대식 상점 경영』(1916)을 저술하고, 이때 얻은 지식을 종합해서 소개했다. 귀국 직후부터 그는 자신의 시찰체험 성과를 다양한 형태로 표출하였다.

그는 귀국하자마자 미국을 모방해서 광고관계자의 모임인〈광고클럽〉을 설립했다. 교엔백분화장품의 미와 젠베이三輪善兵衛, 라이온치마(齒磨 : 치약-역주)의 고바야시 후지로小林富次郎, 고쿠민신문의 유키 사쓰이치로結城禮一郎 등을 발기인으로 하고, ①광고사업 연구 및 향상, ②광고업자의 친선 도모 ③광고문고文庫의 설치, ④광고참고상품의 수집 등을 그 설립 취지로 내세웠다. 광고주, 대리점, 신문의 광고관계자, 광고연구자 등 약 100인을 모집해 조직적인 활동을 벌였다. 그러나 이 시도는 하마다 자신도 시기상조였다고 회고하고 있듯이, 불과 1년 후인 1909년에〈광고클럽〉은 해산했다.[120] 그러나 단순히 광고대리점의 동맹단체가

---

120) 하마다가 술회하듯이, 매월 1엔의 회비로는 매월의 회합과 간간히 열리는 강연회 정도의 활동을 하는 것이 고작이었고, 세계 각국의 광고클럽과 교류하거나 세계의 광

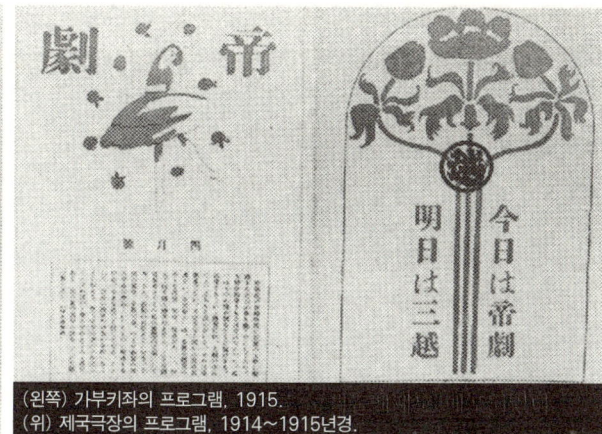

(왼쪽) 가부키좌의 프로그램, 1915.
(위) 제국극장의 프로그램, 1914~1915년경.

아닌 연구자와 광고주까지도 포함한 정보교환의 장을 만든다는 사고 방식은, 메이지 40년대로서는 주목할 만큼 새로운 동향이었던 것이 사실이다. 이후 하마다는 광고계의 중심 인물이 되어 그 외에도 많은 영향을 주었다.

귀국 후 그가 실시한 시도 중 최고의 효과를 발휘한 것은 점내에 다양한 행사를 기획하고, 박람회와 같은 축제공간을 의식적으로 만들어낸 것이다. 그것은 하마다가 미국 백화점에서 배운 것으로, 백화점에 박람회를 끌어들임으로써 얻은 효과였다. 그는 이미 도쿄권업박람회를 통해 박람회와 미쓰코시를 도쿄의 신명소로 사람들에게 인식시키는 것의 중요성을 확인한 바 있었다. 백화점은 판매 중심의 특별행사와 더불어 박람회나 전람회를 기획하였다. 이러한 기획들이 사람들에게 도시생활의 새로운 모델을 제공해주는 한편, 미쓰코시가 다양한 도시 생활 속의 한 장면이라는 위치를 부여하였다. 박람회와 백화점 관계는 1911년 제국극장이 낙성하자 그대로 '제극帝劇'과 '미쓰코시'의 관계로 이동되었다.

고문헌이나 애드버타이징(광고활동), 노벨티(판촉용 상품) 등을 모집하고, 광고기술강연회를 열겠다고 하는 활동안은 실현되지 못하고 끝나버렸던 것 같다.

1911년 2월 17일 마루노우치에 일본 최초의 본격적인 서양식 극장 '제국극장'이 완성됐다. 극장내 실내장식이나 장막, 그 외 소품, 무대의상에 이르기까지 모든 것을 미쓰코시가 제작하였다. 극장의 모든 것이 서양풍이었고 기존의 구극장에서 나누어준 그림소책자(繪本: えほんばんづけ, 연극의 한 막 한 막을 그림으로 그리고, 옆에 배역과 배우의 이름을 써넣은 소책자—역자)를 대체해서, 한 장으로 인쇄한 프로그램이 관객 전원에게 무료로 배포되었다. 이 프로그램에 주목한 하마다는, 3월 4일 첫 공연 "제국극장을 보지 않고 연극을 말하지 말고, 미쓰코시를 방문하지 않고 유행을 말하지 말라"는 광고를 프로그램에 실었다.[121] 이전에 이미 하마다는 가부키좌 그림소책자繪本에 "오늘 연극을 보러 오신 분은 내일 미쓰코시로 오십시오"라는 광고문을 실었었다. 또한 1906년의 『지코』에는 "닛코를 보지 않고서 훌륭함을 말하지 말고 지코를 읽지 않고서 유행을 말하지 말라"는 광고카피가 실린 적이 있다.[122] 이것들을 토대로 다이쇼 초기에 하마다는 그 유명한 "오늘은 제국극장, 내일은 미쓰코시"라는 카피를 만들어낸 것이다. 새로운 도시생활의 이미지 속에 미쓰코시를 겹쳐놓은 이 문구는, "내가 쓴 광고문 가운데 가장 걸작이다"고 하마다 자신도 말하고 있듯이, 대단한 반향을 불러 일으켰다.

정말이지 가벼운 하나의 문구에 불과하지만, "오늘은 제국극장, 내일은 미쓰코시"가 당시 천만인이 갈망하던 것이었음에 틀림없다. 동으로는 미쓰코시, 서로는 제국극장의 시대였다. 양자 모두 모던하고 화려한 전당이다. 여급도 귀부인도, "오늘은 제국극장, 내일은 미쓰코시"일 수 있다면 천국이 바로 여기가 아니겠는가. 따라서 그 반향도 매우 컸고, 이렇게 성공한 광고문은 유래를 찾기 어려울 것이다.

바로 이것이 사람들이 동경하는 도시생활, 새로운 라이프스타일을

---

121) 『株式會社三越85年の記録』, 56면.
122) 『時好』 第4券 第14號, 1906(속표지).

응축해서 표현한 카피였다고 말할 수 있다. 많은 사람들에게 호평을 받은 것에 대해 신문사新聞史 연구가 야마모토 다케토시山本武利는, "문화적 기호로서의 광고가 상품에서 자립할 수 있음을 보여주고 있다"고 해석한다.123) 나아가 야마모토는 이 카피가 미쓰코시의 고객층인 상류층·중상층 계급만이 아닌, 미쓰코시에서 호화로움을 맛보고 싶어 하는 서민층에게까지 현재화顯在化시켰다는 점에서 성공한 광고였다고 서술한다. 광고는 "제국극장이나 가부키극장은 견학하지 않더라도, 미쓰코시나 시로키야白木屋의 엘리베이터를 타보지 않고서 도쿄를 봤다고 말할 수 없다"(大町桂月, 『山水めぐり』)라는 문구를 첨부하면서, 사람들에게 미쓰코시가 꼭 한 번은 방문할 만한 도쿄의 대표적인 명소임을 언급하고 있다. 또한 이 카피를 두고 가시와기 히로시柏木博는 "추상적인 도시생활의 '행복'"이 암시돼 있다며 풍요롭고 행복한 도시생활의 이미지를 표현한 이 카피에 광고의 근대화가 드러나 있다고 말한다.124) 하마다의 광고활동이 이렇게 미쓰코시를 사람들이 동경하는 생활의 상징으로 결부시켰다는 점에서 매우 중요한 의미를 갖는다.

그러나 이 시기 미쓰코시에서 만들어낸 '미쓰코시 이미지'는 하마다·하야시·히스이라는 개인의 힘으로 만들어진 것이 아니고, 여러 활동들의 총체로서의 이미지였음에 틀림없다. 하마다를 포함해 이 책에서 언급한 활동 전부가, 미쓰코시라는 미디어를 통해서 새로운 라이프스타일을 사람들에게 제시했다고 보아야 할 것이다. 그런 의미에서 미쓰코시의 활동은 연구회 활동을 포함해 모든 것이 광고였다고 말할 수 있다. 히비의 백화점에 대한 사고방식 안에, 경제활동과 문화활동이 대립하지 않고 공존할 수 있었던 것은, 여러 가지 사상事象이 미쓰코시라는 장에서 행해지면서 앞서 말한 광고로서의 성질을 가지고 있었기 때문

123) 山本武利·津金澤聰廣 共著, 「生活革新の演出者」, 『日本の廣告』, 日本經濟新聞社, 1986.
124) 柏木博, 『近代日本の産業デザイン思想』, 晶文社, 1979, 85~88면.

이다.

　하마다의 참신한 카피에 대해서는 칭찬과 동시에 비난의 소리도 있었다. "오늘은 제국극장, 내일은 미쓰코시"를 두고 부르주아의 대표라고 매도하는 비평이 나왔다. 허영심이 강하고 한가한 유한마담을 끌어모으는데 이 문구가 인용된다"라고 하마다 자신도 서술하고 있듯, 저널리즘에서는 부르주아를 비판하는 형태로 공격해왔다. 1916년 3월 9일『고쿠민신문』에는 "오늘은 제국극장, 내일은 미쓰코시로라는 환락으로 이끄는 유혹 같은 광고전단을 보면, 일종의 반감을 일으킬 수밖에 없다. 그런 식의 광고법은 광고주로서도 최선의 방법은 아니라고 생각한다"라는 독자들의 투서가 실려 있다.[125] 일반 서민에게 미쓰코시는 쉽게 손이 닿지 않는 높은 산의 꽃이었음을 보여준다. 동시에 이러한 세간의 반발은, 역으로 이 카피가 그 정도로 널리 유포되었음을 보여준다고도 할 수 있다. 백화점 내부로부터의 비판도 있었다. 당시 미쓰코시의 상무였던 나카무라 니키타로中村利器太郎 등은, 카피가 제시하는 생활은 상식 밖의 것으로, 가정생활이 그렇게 되어서는 안된다는 도덕적인 이유에서 이 카피를 그다지 좋아하지 않았다고 말한다. 그러나 이러한 윤리관의 고집과 소비생활로의 유도가, 당시 미쓰코시로서 절대 양립할 수 없는 문제였다고는 할 수 없다. 다음에 서술할 연구회 활동은 그 양자의 입장이 서로 양보하면서 타협한 전형적인 예였다.

---

125) 內川芳美 編, 앞의 책, 125면.

제3장

'취미'의 계몽 유행회에 대해서

1. 유행회의 결성

미쓰코시의 문화산업, 광고활동이 당시 사회에 기여했던 절대적인
영향력에 대해 생각해볼 때, 특히 중요한 역할을 했던 것은 백화점 내
에 조직된 연구회의 활동이었다. 미쓰코시의 브레인이라고도 말할 수
있는 연구회의 활동을 밝히는 것은, 당시 미쓰코시가 담당했던 사회적
역할과 그 시대 배경을 조명하는 데에도 대단히 유효하다. 이 장에서는
메이지 말기부터 다이쇼 기에 걸쳐 미쓰코시의 대표적인 연구회 조직
이었던 〈유행회流行會〉와 관련하여 그 구체적인 활동내용을 상세하게 살
펴보고자 한다.

발간 당시에는 문예적인 색채가 농후했던 PR지 『지코時好』는 나중에
백화점의 영업 내용이나 상품 소개가 주가 되면서 서서히 잡지의 성격

이 변했다. 미쓰코시가 항상 새로운 고급문화를 만들고 사회를 선동해 가는, 지도적인 장이어야 한다고 생각했었던 백화점 경영진들은, 『지코』와는 별개로 문화적인 활동을 하는 기관을 만들 필요가 있다고 생각했던 것 같다. 이를 위해 당시 『지코』에 기고했던 사람들을 중심으로 학자·기자·예술가 등 각계의 권위자로 꼽히는 지식인들을 모아서 1905년 6월 〈유행연구회〉(통칭 유행회)를 결성했다. 그 이름처럼 '유행'이라는 현상을 논의하는 연구회였다. "의상, 살림살이 등의 유행, 사회풍속의 경향 등을 연구 토의하고 미쓰코시에 조언을 해달라"[1]는 것이 유행회를 만든 미쓰코시의 목적이었다. "일본의 신유행은 미쓰코시에서 나온다"[2]고 하는 카피가 보여주듯이, 유행의 발원지로서의 사명이 당시 미쓰코시에 부과되었던 것은 주지하는 바이지만, 사실상 그것을 지지했던 것이 이런 연구회 조직이었다는 것은 지금까지 별로 알려져 있지 않다.

1) '겐로쿠붐'과 겐로쿠연구회

미쓰코시가 '유행'에 착수하는 것이 백화점의 이익에 직접적으로 관련있다는 것에 착목하여, 유행이라는 현상 그 자체의 메커니즘을 해명해보려고 하는 데 이르기까지는 유행회 결성 이전의 경험이 활용되었다. 그중에서도 유행회가 결성되었던 1905년 전후에 출현한, 공전의 '겐로쿠붐(元祿boom : 겐로쿠 시대(1688~1704)의 문양과 디자인이 유행했던 현상─역주)'은 가장 큰 사건이었다.

다카하시 요시오高橋義雄의 점내개혁의 일환으로 오복의 무늬柄 개량이 시행되고 염직업계의 체질 개선이 진행되던 와중에, 다카하시는 후

---

1) 『株式會社三越85年の記錄』, 株式會社三越, 1990, 45면.
2) 『時好』, 1907.5, 32면.

에 미쓰코시에 의해 아주 중요하게 받아들여
질 어떤 경험을 하게 된다. 그것은 다카하시
자신이 일청·일러 전쟁 직후에 만들어낸 두
개의 문양, '다테문양'(伊達 : 크고 화려한 꽃이나
나무, 나비 문양—역주)과 '겐로쿠문양'(역시 크고
화려한 무늬로 특히 에도 시대에 유행한 바둑판 무늬
—역주)의 유행이었다.

"사회의 경기가 좋아지면 의복의 문양이
화려해지고 불경기가 되면 수수해진다는 사
실은, 오복점이 올해 들어 경험하고 명언明言
하는 바이다"3)라고 말하듯이, 사회의 경기가
사람들의 기호를 좌우한다. 이 사실은 백화점

겐로쿠붐이 일었던 당시의 미인화 포스터, 1905

안에서의 디자인, 그중에서도 특히 이 시기 오복의 문양에 신의장新意匠
을 이용하도록 하는 데 중요한 의미를 지녔다. 다카하시는 미쓰코시(당시
미쓰이오복점)에 입사하기 전인 1887년부터 1889년까지 구미의 여러 나라
를 시찰했다. 거기서 그가 습득한 지식을 미쓰코시에서 채용했다는 것은
앞에서 서술했는데, 그는 서구에 체류하면서 파리의 근대 모드라고 하는
것이 어떤 것인지를 관찰할 수 있었던 것 같다.

　　작년에 대국大國 파리를 유람할 당시, 그곳의 양복점이 해마다 신형 의복을
　　만들어 (…중략…) 그것이 파리나 구주의 여러 나라뿐만 아니라, 멀리 미국의
　　유행계까지도 풍미할 만한 세력을 뻗어나가고 있다는 것을 들었다. 할머니가
　　입었던 기모노를 손녀가 물려입는 경우까지 있는 우리나라로서는 도저히 도모
　　할 수 없는 것으로, 빈부의 정도가 다르기 때문이기도 하지만, 필경 세계의 경쟁
　　에서 뒤쳐진 섬나라 사람의 기질이 유유자적 한가롭기 때문이라고 생각한다.4)

3) 高橋義雄, 『箒のあと』 上卷, 1936, 267면.
4) 위의 책, 445~446면.

그는 에도 시대의 전성기에 의복의 유행도 변하고 인기배우나 유명한 예술인 등이 유행의 모본模本이 되었던 것을 발견했는데, '이치마쓰'(市松 : 에도시대 유행한 문양, 흑과 백, 청과 적, 청과 황 등을 바둑판 모양으로 배열한 무늬. 에도 중엽 가부키 배우였던 이치마쓰가 자신의 바지에 이 문양을 사용한 것에서 유래된 이름임—역주)나 '기쿠고로 격자菊五郎格子, 尾上菊五郎 : 오노에 기쿠고로, 당시 유명했던 가부키 배우—역주)' 등의 명칭이 남아있는 것이 이것을 증명해준다고 서술했다. 그렇지만 유신으로 사회가 격변하는 와중에 사람들의 심리가 위축되고 의복의 유행 등에 마음을 쓸 여유가 없어져버리고 말았다. 이러한 상황을 크게 변화시킨 것이 일청·일러 두 번의 전쟁이었다. 일청전쟁의 승리로 일본이 전승戰勝 기운에 휩싸였던 1896년, 다카하시는 '다테문양'이라고 이름붙인 의상을 고안했다. 황지黃地에 벚꽃과 나비를 그려넣은 무늬로, 호경기에는 사람들의 기호가 화려해졌던 것을 잘 알고 있던 그가 만들어낸 화려한 문양의 의상이었다. 그는 서둘러 이것을 신바시新橋의 젊고 인기 있는 게이샤 다섯 명에게 선물로 주었고, 다카시마다(高島田 : 높게 틀어올린 여자 머리—역주) 머리모양을 하고 이것을 성장盛裝하여 입게 했다. 나아가 기모노의 문양에 그치지 않고, '다테모양 춤'이라는 춤을 고안해서 화류계에 유행시켰다. 다카하시의 시詩에 히라오카 긴슈平岡吟舟가 가필하고 가락을 붙여 안무를 한 이 춤은 일시적으로 화류계에서 유행했지만, 시기상조였다. 그 반향은 일부에 그쳤고, 그다지 확산되지 않은 채로 끝나버렸다. 그러나 다카하시는 이것을 잊어버리지 않고 있다가 나중에 다시 기억해냈다. 약 10년 후 일러전쟁의 전승 분위기에서 '겐로쿠 붐'이 생겨났던 것은, 그 자신이 후에 다시 그때의 경험을 되살려 낸 것이었다.

10년 정도 전에는 아직 시기상조였던 화려한 문양의 유행이 일러전쟁 후에 사람들에게 열광적으로 환영받은 것은, 이 시기에 일본사회에 자본주의가 점차로 정착하고 상류층뿐만 아니라 다수의 중간층이 소비경제 안으로 들어오고 있었다는 것을 의미했다. 다카하시는 다테문양의 경험

을 살리고 이번에는 시류도 변
화하기 시작했다는 것을 실감하
며, '메이지 기호(메이지 고노미明
治好み)'[5]라는 새로운 디자인을
고안했는데 그것을 유행시킬 수
있다고 확신했다. 호경기에는
화려하고 큰 무늬가 환영받는다
고 할 때, 겐로쿠 시대의 의장을
이용하는 것이 가장 적합하다고
다카하시는 판단했다. 이 시기

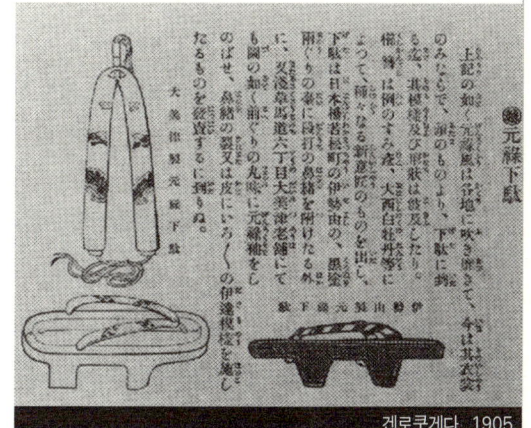

겐로쿠게다, 1905

에 설립되었던 의장계에서 과거의 문양을 모은
것이 『모양집장模樣集帳』이다. 그중에서 우수한
겐로쿠 문양을 선별하여 십여 종의 의상을 만들
었다. 그리고 예전과 같이 '겐로쿠 꽃놀이춤'을
고안하고 여섯 명의 신바시 인기 게이샤들을 모
아 무용단을 결성한 후, 오비끈(紐帶 : 일본 옷에서
허리에 두르는 띠-역주), 머리 묶는 방법, 비녀에
이르기까지 머리부터 발끝까지 겐로쿠풍으로
장식하게 했다.[6] 다카하시가 쓴 신곡 '겐로쿠춤
元祿舞'은 기네야 간고로杵屋勘五郎가 가락을 만들
고 도마 간에몬藤間勘右衛門이 안무를 해서 1905
년 봄에 발표하자마자, 순식간에 인기 있는 춤이
되었다.

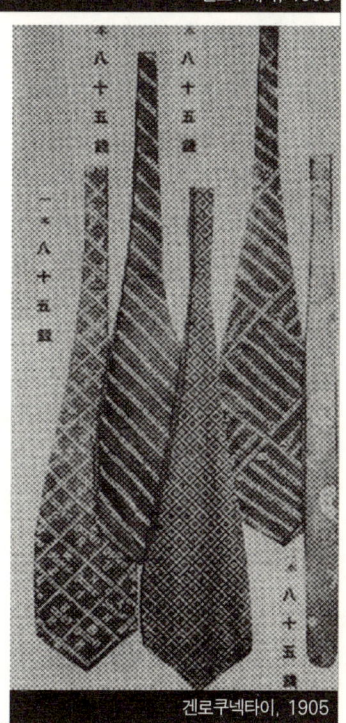

겐로쿠넥타이, 1905

---

5) 위의 책, 416면.
6) 『時好』 第3卷 第4號, 1905.4, 41~42면.

겐로쿠춤(元祿舞)　　　　　　　　　　　　　　소안 슈진(簫庵主人) 작

쓸쓸한 작은 들판 넘겨보면 예전의 모습 지금 여기에. 옮겨보니. 거울이여!
환하고 평온한 세상의 은혜야말로 감사한 일이로구나.

춘풍이 부는 도쿠가와德川 시기 초. 비로소 활은 자루에 칼은 칼집. 평온
한 천황의 치세는 섬세한 풍류에. 각각의 멋스러운 의상으로 화려함이 있는
바로 그 풍속의 상태를 겐로쿠시대라고 말한다. 옛이야기에 남아있다.

(…중략…)

멋없는 모습을 옛날과 비교해서. 지금은 여기에서 대어대(大御代, 천황이
다스리던 시대－역주)의 천추만세千秋萬歲가 끝이 없고 번영을 축복하니 경사
스럽구나.7)

‘겐로쿠붐’은 주로 다음과 같이 전개되었다. 우선 1905년 4월에는,『지
코』에 일본화가인 구보타 베이센久保田米僊의 「겐로쿠잡설元祿雜說」이 게재
되어, 겐로쿠 시대의 미술과 문예를 소개하였다.8) 5월에는 겐로쿠풍의 옷
자락 무늬裾模樣와 비단에 꽃과 새를 화려하게 염색한 유젠문양友禪模樣을
테마로 해서 현상도안을 모집했는데,9) 결과적으로 이 현상모집이 당시
일반인에게도 영향을 미쳐 대대적인 ‘겐로쿠붐’이 전국적으로 전개되는
계기가 되었다. 이 시기에『지코』지면에는 여러 가지 ‘겐로쿠 상품들’이
광고되었다. 오복뿐 아니라 작은 장신구나 생필품 등 일상품에까지도 영
향을 미쳐서 겐로쿠모자 · 겐로쿠바지 · 겐로쿠양말 · 겐로쿠담뱃대 · 겐
로쿠부채 · 겐로쿠손수건 · 겐로쿠넥타이 등 물건 앞에 ‘겐로쿠’를 붙인
상품이 다수 등장하였고, 겐로쿠무용이나 심지어는 겐로쿠요리까지 출현
하였다.10) 이렇게 단순한 오복 문양의 유행이 여러 방면의 사회현상에까
지 순식간에 파급되는 것을 보면서, 미쓰코시에서는 1905년 7월, 학자와

---

7) 위의 책, 43면.
8) 위의 책, 19~21면.
9)『時好』第3卷 第5號, 1905.5.
10) 예를 들어 第3卷 第5號, 32면에 실린 ‘겐로쿠게다’, 第3卷 第7號, 19면에 실린 ‘겐로
쿠넥타이’ 등이 있다.

지식인들을 모아서 신속하게 〈겐로쿠연구회〉를 조직하였다. 7월 25일에 열린 제1회 회합 기록에 따르면 출석자는 약 50명으로, 도가와 잔카戶川殘花가 발회의 취지를 설명하고 후쿠치 오치, 쓰노다 지쿠레이角田竹冷, 마사키 나오히코正木直彦, 모미야마 도슈籾山東洲 등 여러 사람이 연설을 했는데 매우 성황을 이룬 모임이었다고 한다.[11] 여기서 발표된 의견과 제안은 미쓰코시 상품 개발과 백화점 특판으로 이어졌다. 1905년 11월 15일에는, 제2회 회합이

겐로쿠연구회장, 1905

열렸다.[12] 연설로는 모리산 케이森三溪의 「에도 시대 협객町奴」, 구보타 베이센의 「겐로쿠 시대 회화」가 진행되었고, 그 외에도 노구치 베이지로野口米次郎, 사사카와 슈로笹川種郎, 사사 세이이치佐佐政一, 쓰노다 지쿠레이, 오카베 세이지岡部精二, 요코야마 다쓰조橫山達三 등의 짧은 담화가 이어졌다. 연설 내용의 일부는 『요미우리신문讀賣新聞』에도 소개되는 등, 이 모임은 백화점 내의 단순한 내부모임과는 다른 성질의 것이었다. 그러나 이 연구회의 이후 기록이 남아 있지 않기 때문에, 추론해보자면 겐로쿠붐 자체의 정점은 1905년이었는데 그 후에는 침체된 것도 있고 〈겐로쿠연구회〉가 유행회로 흡수되면서 자연소멸한 것이 아닐까 생각된다. 그렇지만 이때의

11) 『時好』 第3卷 第8號, 1905.8.
12) 『時好』 第3卷 第12號, 1905.12.

에도 겐로쿠연구가 뒤에 서술할 유행회에서의 에도취미 연구의 기반이 되었다는 사실은 의심의 여지가 없다.

미쓰코시의 경영자들은 겐로쿠문양의 유행이 백화점에 큰 이익을 가져다준 점에서 유행현상이 갖는 위력을 실감했다. 그들에게는 겐로쿠붐이라는 일회성 유행에 그치는 것이 아니라, 계속해서 다음의 유행을 만들어낼 상설기관이 꼭 필요했다. 이러한 역할을 담당하려는 목적에서 발행된 것이 『지코』였는데, 당시 편집을 담당하고 있었던 하마다 시로는 그 당시의 일을 다음과 같이 서술했다.

> 어려웠던 점은 원고를 모으는 일이었다. 당시 신문의 유행기사라는 것들은 대부분 신출내기 기자가 오복점에 와서 최신 경향이 무엇인지를 물어가면서 쓴 것으로, 그다지 참고할 만한 것이 아니었고, 더구나 유행을 연구할 수 있는 대가도 찾을 수 없었으며 복장·세간 살림·직물 등의 권위자도 없었다. 소설가 등은 예상외로 복장과 관련한 물정에 어두웠고, 오복점의 입장에서 보자면 어이없이 묘사하는 일이 태반이어서 원고를 청탁할 수 있는 명사를 찾는 것이 불가능했다. 오직 당시의 각 신문의 극평劇評 기자들은 다소 이 방면에 취미를 가진 사람들이 있었다. 박문관博文館 시절에 그곳에서 책상을 두고 글을 쓰던 나카우치 조지中內蝶二가 『만조보萬朝報』에 있었는데, 그에게 협력을 얻어서 같은 취미를 가진 사람들을 규합할 수 있었다.[13]

"같은 취미를 가진 사람들"이란, 『도쿄아사히東京朝日』의 구로다 부센黑田撫泉과 나카라이 도스이牛井桃水, 『니치니치日日』의 요코야마 겐토橫山健堂, 『미야코都』의 지즈카 레이스이遲塚麗水, 『문예구락부文藝俱樂部』(博文館)의 이시바시 소안石橋思案, 『고쿠민國民』의 나가이 호센永井鳳仙, 『니로쿠二六』의 오카오니 다로岡鬼太郎, 『시사時事』의 이자카 유메유키伊坂梅雪, 『니혼日本』의 이노우에 겐카보井上劍花坊, 『호치報知』의 시노다 고조篠田鑛造 등 기자들이었다. 하마다 자신도 미쓰코시에 입사하기 전에는 박문

---

13) 浜田四郎, 『百貨店一夕話』, 日本電報通信社, 1948, 17면.

관에서 저널리스트로 일했던 경력이 있으며, 또 『메이지사물기원明治事物起源』의 저자이며 잡지 편집자인 이시이 겐토石井研堂가 친형이었던 까닭에 이렇게 신문·잡지의 저널리스트들과 폭넓게 교제할 수 있었던 것이다. 〈유행회〉가 결성된 것은 앞서 말한 겐로쿠붐이 최고조에 달했던 1905년 6월의 일이었다.

2) 미쓰코시와 오자키 고요

미쓰코시에서 유행회가 결성되기까지의 과정에서 잊어서는 안되는 것 중의 하나가 바로 이 모임의 멤버와 깊은 관계를 맺고 있었던 오자키 고요[14]의 존재이다. 미쓰코시와 고요와의 관계는 상당히 밀접한데, 1899년에 미쓰코시가 최초의 PR지였던 『하나고로모花ごろも』를 출간하던 시절부터 계속되었다. PR지의 편집을 담당하고 있었던 히비 오스케는 이 시기에 오자키 고요에게 집필을 의뢰했고, 고요가 쓴 『무소우라むさう裏』라는 단편소설을 지면에 게재하였다. 소설은 고요와 고요의 제자인 하쿠호白峰의 합작으로 상·중·하 세 편으로 나누어져 있는데, 신사·귀족여자·게이샤 등 다양한 인물들의 의복 모양과 같은 풍속을 묘사하는 것에 주안점을 둔 작품이었다. 이것이 계기가 되어 그 이후 고요는 의뢰에 응하면서 여러 차례 의복에 대한 소설과 시를 기고했고, 1901년에는 영업용 안내서 『히메카가미氷面鏡』의 편집을 맡게 되었다. 이 책자에서 고요가 목표했던 것은 한 오복점의 영업용 PR지를 넘어서는 고급 취미잡지였다.

---

14) 오자키 고요(尾崎紅葉, 1867~1903) : 소설가. 1885년 야마다 비묘山田美妙와 겐유사硯友社를 만들고 『가라쿠타문고我樂多文庫』를 창간했는데, 흥미로운 이야기와 화려한 문장으로 압도적인 인기를 얻었다. 대표작으로는 한국에도 번안되어 최고의 인기를 끌었던 『금색야차金色夜叉』, 『다정다한多情多恨』 등이 있다.

『히메카가미』라는 제목을 붙이는 데에도 의견 차이가 상당히 심했던 것 같다. 히비를 비롯한 오복점의 입장에서는 『유행』이라든지 『신의장新意匠』같은 좀 더 알기 쉬운 타이틀로 했으면 좋겠다는 입장이었고, 고요는 "얼음 표면의 거울"이라는, 다분히 고상한 시각의 이름을 최후까지도 양보하지 않으려 했다.[15] 다음의 한 구절은 그 권두에 실렸던 고요의 글인데, 문면文面에서도 잡지에 대한 그의 자세를 엿볼 수 있다.

『히메카가미』, 1901

「『히메카가미』라는 제목에 대한 변」
봄 벚꽃이 수놓인 비단. 달과 매화가 번지듯 스며 있는 문양. 안개옷을 이제 곱게 접고. 천지도 우정의 꽃단장을 한다. 만물양화萬物陽和가 고운 색을 다투는 것은 당연하니. 누구인가 의儀 있고 예禮 있는 사람은 홀로 구태의 때를 벗지 못하는가. 저기 꽃나무의 아름다움. 혹은 들과 산이 보여주는 새로움에 부끄러워해야 할 테지. 그리고 옷은 몸을 보여주는 문장이니. 옷을 취하는 데에는 반드시 선택이 있어야 하지. 만일 선택한다면 알맞을 때문일 것. 물의 소리와 산의 색깔 사이를 나서면 봄. 이따금 바람이 지나가는데. 탐나는 물총새 깃털의 붉은 빛이 반짝이면. 이렇게 청하고 싶네. 이 책을 읽는 사람들. 응당 앵화세계鶯花世界에 이르기를. 길가의 풀도 나부끼는 것이 마땅하다고 말하면서.
— 1900년 초봄의 길일, 도치만도(十千萬堂 : 고요의 호 – 역주) 고요

완성되어 세상에 나온 잡지는 '얼음氷'을 의식한 듯 표지와 권두卷頭 페이지에 충분한 양의 은을 사용해서 꽤나 사치스럽게 마감했는데, 후에 스기우라 히스이杉浦非水가 만든 일련의 『미쓰코시』 표지를 보는 것 같은 고급한 느낌이 묻어나는 것이었다. 여기서 고요가 이 잡지에 상당

14) 嚴谷小波,『紅葉山人と流行』, 1915.10.27(流行會 및 兒童用品硏究會聯合講演會에서);『三越』第5卷 第12號, 1915.12, 8~9면.

한 열의를 가지고 몰두했다는 것을 알 수 있다.

고요는 다카하시, 히비, 그리고 하마다가 바라고 있던 "신시대의 유행을 아는" 지식인이었다. 다카하시는 고요에 대해서, "고요는 순수한 에도코(에도 출신, 에도 토박이를 이르는 말—역주)로, 일종의 기인이었는데, 동료들의 흉내를 낸다든지, 붉은 비단으로 만든 하오리(羽織 : 일본 옷에서 위에 입는 겉옷—역주)를 입고 에코인(回向院 : 1657년 도쿄 구로다구에 지어진 정토종의 사찰—역주)의 스모장을 배회하곤 했습니다. 또 생각해보면 제물祭物의 상아 조각에 대단히 천부적인 재능을 보여주었습니다. (…중략…) 그의 아버지가 그랬듯, 고요도 에도코의 기질을 이어받은 재미있는 분위기의 사람이었습니다"라고 말하고 있다.16) 또한 겐유샤(碩友社 : 오자키 고요를 중심으로 한 문학결사—역주) 시절부터 고요의 친구였던 이와야 사자나미(嚴谷小波)는 1915년, 고요 사후 열 세 번째 기일에 「고요산인(紅葉山人)과 유행」이라는 강연을 했다. 강연에서 이와야는 반복해서 "오자키 고요 자신이 유행 그 자체였다"라고 술회했다.

> 고요(오자키 고요(尾崎紅葉))군은 가장 취미가 많은 사람이다. 소위 에도코를 대표하는 문학자로서, 특히 유행이라는 것에 대해서는 다양한 통찰력을 가지고 있었던 사람이다.17)

유행을 만들어내고, 유행 그 자체여야만 했던 미쓰코시에서 분명 고요는 그것을 대신하기에 가장 적합한 인재였다. 이와야는 덧붙여서 다음과 같이 말한다.

> 오자키군은 나라는 사람을 남에게 알리기 위한 유행만을 구비하고 있고, 남을 흉내내고, 모방하기 위한 유행은 전혀 갖고 있지 않았다. (…중략…) 그렇기 때문에 유행이라고 하는 것을 뒤쫓는 것을 혐오하는 동시에, 스스로는 유

---

15) 高橋義雄, 앞의 책, 325면.
17) 嚴谷小波, 앞의 책, 8면.

행을 만든다는 것이 대단히 괴로운 일이었을 것이라고 생각된다. 또 세간의 유행이라는 것에 대해서 상당히 주의하였다. 절대로 모방하지 않는 것은 아니지만, 동시에 무엇인가 진기한 물건이나 새로운 물건이 나오면 그것 안에서 기쁨을 느끼고, 혹은 손에 넣는 정도에서만이 아니라 사람들에게 보여주면서 대단한 기쁨을 느꼈다.

이러한 에피소드에서도 알 수 있듯이, 고요는 차츰 근대 소비시스템이 확립되어가고 있던 메이지 후반, 솔선해서 유행mode의 세계를 살았던 사람이었다.

요컨대, 그는 에도코취미의 화신으로서, 그가 아주 혐오하는 것은 시골 사람이었다. 사람을 매도할 때도, 거듭 '시골놈인가'라고 말하면서 경멸했다. 즉 얼간이라든가, 멍청이, 벽창호와 같이 둔하고 촌스러운 그런 것들을 혐오하였기 때문에, 그러한 것들의 대명사로 무엇보다도 시골놈이라는 말을 썼다. '저 놈은 시골놈이다, 저런 놈은 에도에 없다'는 등의 말로 종종 매도하는 일이 있었다. 이것을 개괄하자면 고요에게 취미는 에도취미를 이르는 것이라고 할 수 있다.

고요는 중앙 / 지방이라는 모드 현상에서 대립 구조의 한 지표를 자신의 기호에 대응시킴으로써, 에도코인 자신의 아이덴티티를 획득하고자 했다. 모드 구조 그 안에 고요의 취미라는 것이 있었기 때문에 "고요는 유행 그 자체"라고 말해졌던 것이다. 백화점에서 강력하게 요구한 것은 바로 이와 같은 취미였다. 일본의 근대 유행을 선도하는 입장에 있었던 자들은 한편으로는 저널리스트·소설가 등의 지식인이었고, 다른 한편으로는 백화점과 같은 실업계의 엘리트들이었다. 이 두 편이 유행을 만들어 내는 발신원이 되었던 것이 당시의 상황이었다. 이 두 부류가 메이지 말기에 실제로 상당한 접점을 가지고 있었던 사실은 주목해야 할 점이며, 그런 의미에서 미쓰코시의 다양한 문화 활동에 주목해야 한다. 이와야에 의하면, 미쓰코시는 1901년경에 문인·미술가들을 초대해서 각 방면의 이야기를 듣고 오복점에 설립되어 있던 유행회의 전진이라고 할 만한 회합을 자주 열었다고 한다. 고요도 그중 한 사람이었는데, 그는 회합 이외에도 종종 오복점을 방문해서 다양한 충고를 했던 것 같다. 그는 상점을 방문할 때에 몇 개의 문구를 남겼다. 그중에는 미쓰코시의 그림 엽서 등에 사용된 유명한 구절도 있다.

> 흰 빛이여 찬 달과 같은 스루가초(駿河町 : 도쿄 니혼바시에 있는 지명. 미쓰코시 백화점이 위치한 곳－역주)
> 밝은 달이여 후지산처럼 고요한 스루가초[18]

이러한 오자키 고요와 미쓰코시 사이의 경위를 살펴볼 때, 오자키 고요가 만일 살아 있었다면 유행회의 중심적 존재가 되어 활약했을 것이다. 그러나 유감스럽게도 오자키 고요는 그 2년 전인 1903년 10월 30일에 암으로 37세의 젊은 나이에 죽고 말았다. 그렇지만 고요의 사후 그의 친구와 제자들, 이른바 '고요 일파'가 그의 뒤를 이어 미쓰코시와 밀접한 관계를 맺었다. 이들이 앞에서 거론했던 이와야 사자나미, 이시바시 시안을 비롯한 기자들이었고, 고요와 마찬가지로 유행에 민감한 인물들이었다. 이들이 『지코』의 단골 기고자가 되어, 사적으로 자주 회합을 가지면서 미쓰코시에 충고하곤 했다. 그렇게 되면서 『지코』가 영업 목적의 카탈로그 잡지로 변질되어버렸고, 더욱이 기고를 한다든가 모임을 갖는다든가 하는 사람의 수가 증가하면서 마침내 점내에 〈유행연구회〉라는 회합이 조직되었다. 이렇게 유행회가 결성되기까지, 겐로쿠연구를 비롯한 다카하시의 여러 시도들, 고요나 그 일파와의 관계 등 메이지 후기의 유행을 말하는 데 있어 빼놓을 수 없는 몇 가지 사건들이 미쓰코시 안에서 진행되었던 것이다.

---

18) 위의 책, 9면.

3) 유행회의 발회 취지와 규약

1905년 6월에 결성된 유행회에서는 구체적으로 어떤 연구 활동이 이루어졌을까. 그 기본이 되는 활동으로 매월 1회 정례모임이 열렸는데, 이곳은 각종 주제를 논하면서 유행담을 나누는 장이었다. 회에는 규약이 있었고, 이후 몇 번인가 개정되었다. 이 규약의 전모는 현존하지 않기 때문에 『미쓰코시』 혹은 『미쓰코시 타임즈』 기록을 통해 추측할 수밖에 없다. 1913년 10월에 실시된 유행회 제4회 공개강연회에서 유행회 간사 지지카 레이스이渥塚麗水가 말한 개회사에 그 규약의 일부가 소개되어 있다.[19] 제1조는 "본회는 동서고금의 유행을 연구하고, 시대의 기호 향상 도모를 목적으로 한다"였다. 여기서 말하는 '유행'이 유행회에서 어떤 의미로 다루어졌는가에 대해서는 뒤에서 서술할 것이다. 일단 구체적인 활동내용에 관한 규약을 살펴보고자 한다. 레이스이에 따르면 유행회의 목적을 실행하는 방법으로 규약 안에 다음 4개조가 포함되어 있다고 말한다.

① 현상공모를 실시할 것
② 공개적으로 개최할 것
③ 과제를 고안하고 연구할 것
④ 강연을 열 것

첫 번째 "현상공모를 실시할 것", 이것은 앞서 논한 대로 다카하시 요시오의 영업개혁 중의 하나였는데, 오복의 문양 개선 추진의 일환으로 시작되었다. 유행회가 추진한 현상공모도 당연히 오복 도안이 대부분이었다. 미쓰코시에서 매년 봄가을 두 차례 실시한 옷자락문양 현상공모는 그 계절의 유행을 좌우하는 가장 큰 영향력을 가진 이벤트였다.

---

19) 『三越』 第3卷 第11號, 1913.11, 13~14면.

미쓰코시 공중정원에 모인 유행회 회원, 1907

매회 이 심사를 담당한 것이 유행회였고, 유행회의 정기 활동으로 지속되었다. 게다가 의복뿐만 아니라 문예작품의 현상공모 심사 등도 유행회가 맡아 하였다.

　미쓰코시가 예술가들을 지원한다는 발상은 다카하시, 히비 등과 오자키 고요의 교류 안에서 생겨난 것이라고 추측된다. 『빗자루의 흔적』에서 다카하시가 기술한 것에 의하면, 고요는 문사라고 하는 사람들의 생활의 곤란함과 낮은 지위에 대해 다카하시에게 얘기해주었던 것 같다.[20] 고요의 호소를 들은 다카하시는 당시 문사들의 실정을 알고 있었다. 그 뒤

---

20) 좁은 집에서 낮에는 일을 할 수가 없어 늦은 밤 가족이 잠든 후에 집필을 시작하는 고요는 차마 보기 어려울 정도로 안색이 나쁘고 건강이 안좋은 상태였다. 게다가 고요 자신은 이미 상류층에 입성했지만 자신의 제자들의 경우는 서점에서 원고료를 가불하지 않으면 안 되는 생활을 강요받고 있었다. 이 사실을, 다카하시에게 "일본에서도 문사의 보수가 이제 조금이라도 향상되어 역작 한 편을 쓴다면 일 년은 놀고 지낼 정도가 되어야지. 그렇지 않다면 우리들의 처지는 가여울 뿐이오"라고 다카하시에게 호소하였다.

얼마 지나지 않아 불섭생이 원인이 되어 사망한 고요에 대해 다카하시나 히비는 대단히 동정하면서 그의 죽음을 애도하였다. 그들이 문예나 포스터 등에 당시로서는 파격적인 상금을 준비한 것은 이러한 사정에 처한 예술가들의 생활을 고요를 통해 알게 되자 그들에게 힘을 실어주려고 했을 가능성이 크다.

백화점이 적극적으로 현상공모 제도를 주최한 것은 그 무렵 구미의 백화점에서도 예를 찾기 어려울 것이라고 생각한다. 현상공모를 실시하기 위해서는 백화점 내의 사람들뿐만이 아니라 사회 각계의 지식인·문화인으로 간주되는 인사들의 힘이 필요했다. 그들의 이름으로 심사가 이루어졌기 때문에 그 가치가 높았으며 광범위한 영향을 미치는 유행을 만들어낼 수 있었던 것이다.

오복의 문양도안 현상공모는 매년 두 차례 실시되었고 그 사이의 활동들은 나머지 3개조 안에 포함되었다. 제2조는 "공개적으로 개최할 것", 이것은 비교적 나중에 추가된 사항인 것 같다. 유행회는 1910년 이후 매년 10월에 공개강연회를 열었다. 더욱이 다이쇼기에 들어서자 유행회는 많은 전람회를 주최하고 그 기획을 직접 맡았다. 이것들은 일반대중을 향한 계몽적 활동인 동시에 백화점의 선전효과를 의도한, 다분히 저널리즘의 반응을 의식한 기획이었다.

제3조는 "과제를 고안하고 연구할 것"인데, 이것은 유행회 결성 초기부터 계속된 활동이었다. 그러나 그 테마의 변천을 살펴보면 당초에는 반금(半襟: 여성용 속옷의 깃 위에 다는 장식용 깃―역주)·코트·넥타이 등 비교적 상품연구적 색채가 강한 주제가 설정되었으나, 유행회의 활동이 다방면에 걸쳐 이루어지면서 차츰 에도 시대를 비롯한 시대풍속연구에 관한 테마가 많아졌다. 그 결과 유행회 내부에는 '에도취미'나 '신취미'를 특별히 연구하는 소위원회가 만들어져 독자적인 연구를 진행하였다. 이러한 전개가 의미하는 것은 유행회의 유행관, 또는 당시 시대배경과도 관계있는 문제로, 뒤에서 서술할 것이다.

제4조는 "강연을 열 것", 유행회에서는 지명받은 회원이 강연을 실시했다. 1908년 조직개편 후에는 거의 매회 여러 명의 강연이 행해졌고, 그 후 공개강연회도 개최되었으며, 또 외부에서 출장강연을 의뢰받기도 하였다. 그 내용은 다양한 전문적인 입장에서 유행회에 상응하는 내용을 선별한 각양각색의 주제로 이루어졌는데, 그중에는 상당히 학제적인 것도 포함되어 있었다.

유행회는 이들 규약에 기초하여 운영되었는데, 결성 13년 후인 1917년 『중앙공론』 2월호에는 「취미모임」라는 제목의 유행회 소개글이 게재되었다. 집필자는 유행회 회원인 '흑두건黑頭巾' 요코가와 겐도横山建堂였다. 1916, 1917년 당시의 유행회를 알아보기 위하여 다음의 글 일부를 옮겨보았다.

◎ 미쓰코시의 유행회는 광범위한 취미와 회원을 망라한다는 점에서 필시 도쿄의 으뜸이라 할 수 있으며, 회원은 5, 60명인데, 미쓰코시의 주요 인사와 학문·예술을 비롯한 여러 방면의 인사가 한자리에 모였다.
◎ 유행회의 이름은 동서고금의 유행을 연구하는 데 두루 걸쳐 있다. 유행을 쫓는 것이 아니다. 오히려 유행의 근본을 만들고자 한다. 애초에 시간과 공간이 있었다면 반드시 유행이 있었을 것이다. 필경 취미라고 하는 것은 유행회의 주제가 됨에 마땅하다.[21]

이러한 유행회의 존재방식은 발회 당시에 어느 정도 마련된 것이었다. 그것은 유행회의 전신이라고 할 수 있는 겐로쿠연구회와 미쓰코시 내부의 상담회에 잠재적으로 자리잡고 있었던 사고방식인데, 다만 아직 명확한 방향을 가지지는 못했던 것이었다. 그것이 유행회 활동을 추진하면서 점차적으로 회원들 사이에 하나의 방향으로 분명히 드러났고 그 후에 앞서 말한 것과 같은 취지가 만들어졌다.[22]

---

21) 『三越』第7卷 第3號, 1917.3, 13면.
22) 덧붙여 말하자면 다른 백화점에서도 미쓰코시의 영향을 받아 비슷한 형태의 자문연

2. 유행회의 궤적

현존하는 자료들을 통해 이 유행회의 활동을 더듬어보면, 모임의 활동상황을 몇 개의 시기로 구분할 수가 있다. 여기서는 그 내용에 따라 1905년부터 1923년까지의 모든 활동을 네 개의 시기로 나누어보려고 한다.

1) '멋의 연구' 시대−제1기

제1기는 1905년 6월 결성 시점부터 1908년 10월까지로, 여명기의 활동이라고 할 수 있겠다. 이 시기에는 주로 현상문양 도안의 심사와 상품연구가 진행되었다. 상품연구는 상품화의 이전 단계로 복식품服飾品이나 잡화 등 주제를 정해서 논의하고, 백화점 신제품에 대한 비평도 했다. 거의 매회, 다음 모임의 주제가 숙제로 회원들에게 전달되었고, 그들 각자는 다음 모임까지 참고의견을 준비해왔다. 주제가 된 대상은 넥타이와 반팔옷,23) 두건,24) 양산,25) 중국풍 도안26) 등 다양했는데, 여기서 교환된 논

구회를 만들었다. 예를 들면, 다이마루大丸에서는 1906년에 의장연구회가 발족되었으나 단명하고 말았다. 미쓰코시 유행회와 견줄 만한 연구 조직으로 대표적인 것은 1913년부터 지금까지 계속되고 있는 다카시마야의 백선회百選會 활동이다. 오복의 문양 연구발표의 장이었던 결성 당시 회의 운영에는 菅原教造・中井宗太郎・和田三造・堀内大學・与謝野晶子가 고문으로 있었는데, 매년 신문양 '취의서'를 작성하고, 강연회를 개최하는 등 정력적인 활동을 전개하였다. 다만 백선회의 경우 철저하게 오복도안 연구를 중심으로 한 주제만을 일관했다는 점에서, 취미의 광범위계몽활동을 전개한 미쓰코시 유행회와는 차이가 있다. 『大丸二百年史』, 株式會社大丸, 1967; 『高島屋百年史』, 1941; 『百選會百回史』, 株式會社高島屋本社業務部, 1971 참고
23) 『時好』第3卷 第11號, 1905.10, 46면.
24) 『時好』第5卷 第3號, 1907.3, 37면.
25) 『時好』第5卷 第6號(臨時增刊號), 1907.5, 70면.
26) 『時好』第5卷 第9號, 1907.7, 34면.

의의 결과가 백화점 상품에 그대로 반영되는
경우도 적지 않았다. 유행회의 활동이 백화점
상품 관리에 직접적으로 관여했던 것이다. 그
중에서도 1906년 1월에는 그해의 슬로건勅題
인 '신년의 강新年の河'에 맞추어 유행회에서
신제품 넥타이를 고안했고 점두店頭판매를 했
는데 아주 평판이 좋았다고 보도되었다.[27] 게
다가, 1907년에는 간간이 두건에 대한 토론이
있었는데, 이것이 점차 베일에 대한 연구로
발전되어 다음 해인 1908년 봄, '미쓰코시베
일三越ベール' 발표로 이어진 것 같다. "시대의
풍속에 매치되는 실용적이고도 멋스러운 상

「미쓰코시베일」, 1908

품"[28]으로 고안된 '미쓰코시베일'은 얇은 명주로 만든 제품인데, 일본인
의 머리를 장식했던 화양절충和洋折衷의 베일이었다. 색·크기 등에서 종
류도 다양했는데, 머리 형태를 흐트러뜨리지 않고 길가의 먼지가 머리에
앉는 것도 막아주고, 게다가 이것을 두르고 있으면 우아해 보이기까지
해서 대유행이었다. 그 외에, 코트·양산 등도 일찌감치 기모노 차림의
여성들에게 받아들여진 양품洋品이었다. 유행회의 연구에서 발견되는 공
통적인 특징은, 서양 물품을 그대로 받아들이는 것이 아니라 서양 복식
이나 장식 소품류들을 어떻게 해서 일본풍의 취미에 결부시킬까, 또는
일본 고래古來 유품이나 문화에 융합시킬 수 있을까라는 과제로 모아졌
다는 점이다.
　또 이 시기에는 강연 형식의 활동은 거의 없었고 일반적으로 연구회
내부 사람들의 유행 담소를 중심으로 하는, 다분히 사적인 성격의 회합
이었다. 초기 멤버는 이와야 사자나미, 이시바시 시안, 지즈카 레이스이,

27) 『時好』 第4卷 第2號, 1906.2, 12~13면.
28) 『株式會社三越85年の記錄』, 50면.

마쓰이 쇼요松居松葉, 이노우에 겐카보井上劍花方, 오니 다로岡鬼太郎, 이사카 우메유키伊坂梅雪 외에도, 오자키 고요와 친교가 있는 인사 등이 참여했고, 연극평론 관계자를 중심으로 한 신문·잡지의 기자들이 다수를 차지했다. 미쓰코시 측에서는 다카하시의 후임으로 경영을 맡은 히비 오스케, 후지무라 기시치, 의장부意匠部의 모미야마 도슈籾山東洲, 구보다 베이사이 등이 참여했고 1907년부터는 당시 광고계에서 활약했던 하마타 시로浜田四郎의 이름도 보인다. 1908년 2월부터는 당시 잡화부에 있었던 도요이즈미 마쓰조豊泉益三도 회원은 아니지만 참석해서 상품을 회원들에게 보여주고 검토를 받았고, 동시에 모임에서 나온 의견을 상품구매에 참조하였다. 백화점 측에서 참석한 회원은 고위층 외에도 이와 같이 상품의 구성·디자인·광고에 직접적으로 연관성이 있는 이들이 중심이 되었다. 초기 유행회에는 안팎의 멤버 모두가 구체적인 상품의 최첨단 유행 경향을 실질적으로 얘기할 수 있는 인재로 구성되어 있었고, 협의의 '유행' 연구가 진행된 시기였다.

2) '학속협동'의 시대—제2기

유행회는 1908년 11월부터 새로운 활동기에 접어든다. 조직이 개편된 그 달부터 미쓰코시 신관이 낙성落成되고 유행회가 공식적으로 활동할 기회가 증가했던 1914년 10월 직전까지를, 제2기로 나누고자 한다. 1908년 10월 월례회에서 유행회 조직변경건에 대한 회의를 해서, 이와야·지즈카·구로다·구보타久保田·가사하라笠原 등 5명이 위원이 되었고, 유행회의 새로운 규약 제정을 결정했다. 11월 28일 월례회에서는 신조직탄생회가 개최되었다. 이후, 모임에는 상임 간사를 두었는데 초대 간사로 앞서 말한 다섯 명이 취임하였다. 새로운 규약에 따르면 "본 회는 동서고금의 유행을 연구하고, 시대기호의 향상을 도모하는 데 목적을 둔다"29)고 명문화하였다. 이 무렵부터 유행회의 목적이 보다 명확해졌고, 회원들 스스로도 이를 정확히 의식하게 되었다. 그에 따라 '유행'이라는 말이 지시하는 범위가 확대되었고, 의복장식服飾이나, 소품에 그치지 않고 사회풍속의 제반 현상에 대해 말하는 것이 가능할 정도로 변화되어갔다. 동시에 이 무렵부터 유행회의 내부에서는 현상으로서의 '유행'을 분석적·과학적·심리학적 견지에서 해명해보고자 하는 경향이 일부에서 눈에 띄게 생겨났다. 이러한 연구내용의 다양화가 '유행'이라는 말을 확대시켰다. 그 결과 회원 수가 증가했고, 여러 방면에서 활약하는 지식인들을 영입했던 것도 바로 이 시기였다.

유행회 최전성기의 기반을 다졌던 사람은 히비 오스케와 하마다 시로였다고 말할 수 있다. 대체로 제2기에 들어서는 시점에서 히비의 '학속협동'이라는 유명한 이념이 유행회에 깊숙이 반영되기 시작했다. 조직개편 후의 규약에도 있는 것처럼, 이 시기부터는 강연이 상당히 빈번하게 시행되었다. 1910년 6월부터는 『미쓰코시 타임즈』 지상에 그 내용이 게재되었고 같은 해 10월에는 제1회 공개강연회가 개최되었다. 유행회로서는 일반인을 대상으로 한 최초의 대외활동이었다. 이후 매년 10월에 공개강연회가 꾸준히 열렸으며, 유행회는 사회를 향해서, 일반 대중의 교화라고 말할 수 있는 경향을 뚜렷이 보여주기 시작했다. 한편으로는, 연구주제의 확대와 학제적인 경향을 강하게 띠면서 유행회 내부에 특별연구소를 설치했고, 특별회원들은 보다 전문적인 연구를 실행했다. 이중에서 대표적인 것은 1912년 12월에 시작한 〈에도취미연구회江戸趣味研究會〉의 활동이다. 유행회 회원들 중에서 선출된 몇 명의 위원이 정례회와는 별도의 날을 잡아 연구를 진행해 나갔다. 제2기에는 조직개편의 결과로 활발한 활동이 시작되었다.

제2기의 회원으로는 초기 멤버였던 이와야 사자나미·지즈카 레이스

---

29) 주 18 참조.

이 등이 계속 적극적으로 참가하는 한편, 신입회원에는 연구자를 비롯한 각 분야의 저명한 문화인사가 이름을 올렸다. 1909년 1월, 일본 인류학의 아버지라 불리는 쓰보이 쇼고로坪井正五郎, 국문학자 삿사 세이세쓰佐々醒雪＝佐々政一, 역사소설가면서 『도쿄니치니치신문東京日日新聞』 기자인 쓰카하라 주시엔塚原澁柿園,塚原靖, 『아사히신문朝日新聞』 기자로 히구치 이치요樋口一葉와의 관계 때문에 유명해진 나카라이 도스이半井桃水, 와세다 대학의 교가와 「철도창가」를 작곡한 음악가 겸 배우 도기 뎃테키東儀鐵笛, 문사이면서 원예가로서도 알려진 마에다 쇼잔前田曙山 등, 전부 8명이 입회했다. 1909년 4월에는 색채론으로 알려진 미학자 스가와라 교조菅原敎造가, 1910년 5월에는 아동심리학자 다카시마 헤이사부로高島平三朗가 영입되었다. 더욱이 같은 해 10월에는 11명의 회원 후보자가 이름을 올렸다. 이것은 10월의 정례회 기록에 "오늘밤, 간사회의 전형銓衡에 맞는 현대의 저명한 학자·문사 11명에게 입회를 권유하고, 본회의 발전을 도모할 것을 결정했다"[30]고 보고된 것에서 알 수 있는데, 입회했던 자들의 구체적인 인명은 밝히지 않았다. 하지만 11월 정례회에는 "이번에 새로 가입한 회원들도 출석해서 근래에 없는 성황을 이루었다"[31]고 기록되어 있고, 그 뒤에 정례회 출석자 명단이 첨부되어 있다. 새롭게 추가된 사람들 중에 니토베 이나조新渡戸稲造, 모리 오가이森鷗外, 건축가인 쓰카모토 야스시塚本靖, 도쿄미술학교장인 마시키 나오히코正木直彦 이름이 보이는데, 사회적으로 저명한 인물들에게 입회를 의뢰했음을 알 수 있다. 이 시기는 유행회의 권위를 구축해가려는 히비日比의 엄청난 노력이 계속되던 해였다고 할 수 있다. 이외에 중요한 입회자로는, 1911년 4월에 입회한 의학박사 이노우에 미치야스井上道泰, 1913년 1월 입회한 소설가이자 극평론가인 아에바 고손饗庭篁村, 1914년 2월에 입회한 우치다 로안内田魯庵 등이 새로운 회원으로 가세했다. 미쓰코시측에서는 도요

---

30) 『みつこしタイムス』第8卷 第12號, 1910.11, 36면.
31) 『みつこしタイムス』第8卷 第13號, 1910.11, 11면.

이즈미 마쓰조(1909년 4월), 이쿠도 나가이幾度永(1910년 5월) 등이 신입회원이 되었다. 이상 신입회원들의 면면만을 보더라도 히비의 '학속협동' 노선이 유행회에 반영되었다는 것을 알 수 있을 것이다.

이 시기의 주요 활동이었던 현상문양 도안의 심사는 계속해서 봄과 가을 연 2회 실행되었다. 그중에서 1909년 봄에는 고린식光琳式 '메이지' 문양,[32] 1914년 봄에는 천황즉위식 대전大典을 기념한 '다이쇼식大正式' 문양[33]을 각각 모집했다. 조직개편 후 실시한 적극적인 강연활동에는 여러 분야의 사람들이 참여했다. 강연 내용을 보자면, 각자의 전문분야에 관한 이야기, 귀국한 인사들의 구미 이야기와 여행담, 그리고 에도 문화에 관한 이야기, 이 세 가지 내용이 대부분이었다. 특히 의욕적으로 강연활동을 했던 회원을 대표해서 쓰보이 쇼고로와 다카시마 헤이사부로高島平三郎를 중심으로 소개하고자 한다.

(1) 쓰보이 쇼고로의 풍속측정

훗날 일본 인류학회 회장을 역임했던 쓰보이 쇼고로坪井正五郎[34]는 제국대학을 졸업하고 대학원생 시절이었던 20대 중반에 이미 '풍속측정'이라고 이름 붙인, 후에 곤 와지로今和次郎의 고현학考現學 채집의 기원이

---

32) 『みつこしタイムス』第7卷, 1909.
33) 『三越』第4卷 第2號, 1914.2, 8면.
34) 쓰보이 쇼고로(坪井正五郎, 1863~1913). 일본 인류학의 기초를 만든 인물로, '일본 인류학의 아버지'라고도 불린다. 에드워스 모스Edward Sylvester Morse의 영향을 받아 도쿄 제국대학 이학부에서 동물학을 전공한 그는, 1886년에 대학 졸업 후 인류학으로 전향했고, 영국 유학을 마치고 귀국한 후에 도쿄이과대학 교수로 취임했다. 1913년 5월, 러시아 페테르부르크의 학회 출장 중 객사했다. 오늘날에는 일부 전문가를 제외하고는 '고로보쿠루コロボックる전설'의 제창자로만 이름이 알려져 있고 그의 다수 업적들은 잊혀졌다. 그러나 실제로는 인류학을 비롯하여 민속학·고고학·언어학에 이르는 분야까지 선구자적인 연구를 행하며 넓은 영역에 걸쳐 활동했다. 1971년에 우메사오 다다오梅棹忠夫가 그의 '풍속측정風俗測定'을 재발견하면서 그의 업적이 평가될 수 있었다. 그의 주요 연구는 『도쿄인류학보고東京人類學報告』(1887년 18호부터 『도쿄인류학잡지東京人類學雜誌』로 제목 바꿈)에 발표되었다.

되는, 풍속연구법을 개발했다. 이 일련의 연구결과는 1887년부터 1889년까지 『도쿄인류학잡지東京人類學雜誌』에 수차례 보고되었다. 1887년 4월에 발표된 「풍속점화風俗漸化를 측정하는 간단법」35)에서는 길모퉁이에 서서 행인들의 머리모양・복장・신발 세 부분에 대해 관찰한 결과를 통계화했다. 이것을 발전시켜 「중등 이상의 학력자 900명의 풍속 조사결과」36) 「도쿄 산카쇼三ヵ所와 사가미相模, 미자키三崎에서 시행된 풍속측정」37) 「풍속측정 결과 및 신고안」38) 「도쿄, 시쿄西京 및 다카마쓰高松의 풍속측정 결과」39) 등을 발표하며 약 3년 사이 상당한 속력으로 정력적인 연구활동을 했다.

쓰보이의 풍속측정의 근간이 된 것은, 풍속에 있어서 '일본'과 '서양'이 어떻게 배분되어 일반 대중 속에 녹아 들어갔는지를 밝히는 것, 즉 '양풍화洋風化'의 배합률을 밝히는 것이었다. 길거리에서 스쳐지나가는 사람들의 모습을 머리모양・복장・신발 세 가지 부분에서 조사했고, 그때 기록의 편의를 위해 점차 기호를 고안해서 사용했다. 예를 들어 일본풍＝E, 서양풍＝W라고 표시하고 머리・몸・발의 순서대로 EWW라든가, EEW라는 식으로 그 상태를 표기하였다. 눈앞에 보이는 풍속을 있는 그대로 기록하고자 하는 이 방법은 그대로 곤 와지로에 계승되었다. 곤 와지로는 지금의 고현학을 만든 후에야 쓰보이의 이런 연구가 있었음을 알게 되었고 그것을 접할 수 있었다.

　　일본에서도 우리 연구의 선배가 있었다는 것을 나중에 듣고서 기뻤다. 메이지 중엽이라고 생각되는데, 우리나라 인류학의 개척자로서 존경받고 있는 쓰보이 쇼고로 박사가, 일본 문물이 점점 서구화되는 상황을 길거리 측정에 의

---

35)『東京人類學報告』第2卷 第14號, 東京人類學會, 1887.4, 172~174면.
36)『東京人類學報告』第2卷 第16號, 1887.6, 221~224면.
37)『東京人類學雜誌』第2卷 第18號, 1887.8, 281~284면.
38)『東京人類學報告』第3卷 第28號, 1888.6, 244~251면.
39)『東京人類學報告』第4卷 第35號, 1889.1, 138~144면.

해 수집하고 통계내는 것을 시도했다고, 박사님의 친구였던 쓰카모토 야스시 박사가 직접 알려주었다. 상세한 방법은 알려지지 않았지만, 행인의 머리, 몸, 그리고 다리 각각이 화和와 양洋 중 어느 쪽인지 통계 내고, 지방도시에서도 조사를 시도해보려고 했었다는 것이다. 그 결과가 옛 인류학 잡지에 게재되었다고도 들었다. 이런 까닭에 쓰보이 쇼고로 박사는 우리나라 '고현학' 이전의 고현학자였던 것이다. 그리고 모처럼의 쓰보이 쇼고로 박사 고안이 인류학계에서 중단된 것은 정말 유감이다. 만일 박사의 이 작업에 후계자가 있어서 충분히 연구되고 수행되었더라면 메이지 시대의 풍속사, 나아가서 문화사를 빛낼 수 있는 자료들이 집성되었을 것이다.[40]

지금은 쓰카모토 야스시에게 들은 쓰보이의 이야기가 전해지는데, 쓰보이와 쓰카모토는 같은 시기에 유행회에 관여했고 쓰카모토를 포함한 당시의 회원은 모두 이 풍속측정법을 알고 있었다. 이시이 겐도石井硏堂도 그의 저서 『메이지사물기원明治事物起原』에서 쓰보이의 측정결과를 이용한 부분이 있다.[41] 이시이는 미쓰코시의 하마다 시로의 친형이고, 또 이시바시 시안을 비롯한 그의 많은 친구들이 유행회 멤버였다. 유행회에서 쓰보이가 강연한 날 이시바시도 같이 강연을 했는데, 그런 관계로 쓰보이의 연구가 이시이의 귀에 들어가지 않았을까 생각한다. 즉 쓰보이의 풍속측정법은 메이지 말기 유행회의 커뮤니티를 통해 일부 사람들에게 알려졌던 것이다.

쓰보이의 '풍속측정'은 1889년 1월 『도쿄인류학잡지』 제35호의 보고를 끝으로 돌연 중단되었다. 이것은 그해 5월부터 쓰보이가 유럽(영국)에 유학을 가게 되었기 때문일 것이라고 추측한다. 그는 3년간의 유학에서 돌아와 고고학과 인류학 연구에 전념했으며 풍속측정은 두 번 다시 실시되지 않았다. 그 후 쓰보이의 이 업적은 1971년 우메사오 다다오梅棹忠

---

40) 今和次郎, 「考現學總論」, 『考現學採集』, 建設社, 1931, 13면.
41) 石井硏堂, 『明治事物起原』 上卷, 橋南堂, 1966(초판)(본서에서는 「束髮の初め」, 『明治文化全集 別卷 明治事物起源』, 日本評論社, 1969, 102면을 참조했음).

夫에 의해 재발견되기까지, 완전히 잊혀졌던 존재였다. 우메사오梅棹는 「고현학과 세상사·상─현대사 연구에 대한 인류학적 접근」[42]에서 쓰보이의 연구를 처음으로 상세히 소개하고, 곧 와지로의 고현학과 비교했다. 나아가 1977년에는 이노우에 다다시井上忠司가 「정점定點 관측의 방법─기상과학에서 풍속과학으로」[43]에서 역시 쓰보이의 풍속측정을 집중 조명했는데, 그 측정방법에 다소 결점이 있었지만 현대 풍속연구에 기준을 제시해주고 있다고 평가했다. 쓰보이의 연구를 알고 있는 사람들 중에서 우메사오 이외에도 많은 이들이 연구가 돌연 중단되었던 사실에 지금도 아쉬워하고 있다. 현재로서는 1889년에 이 연구가 사실상 종지부를 찍었다고 말한다. 하지만 쓰보이는 약 20년이라고 하는 긴 중단 이후, 다시 풍속연구를 재개했다. 이 사실은 그것이 미쓰코시라는 한 기업이 주최하는 회합에서 발표되었기 때문에 누구에게도 알려지지 않은 채 묻혀버렸던 것이다. 이 연구재개를 통해 그의 연구는 메이지 20년대와 메이지 40년대라고 하는 서로 다른 두 시공간의 측정점을 갖게 되었고, 둘을 비교함으로써 보다 새로운 국면을 보여주기 시작했다.

쓰보이 쇼고로가 유행회에 입회했던 때는 1909년 2월로, 젊은 시절의 풍속측정 이후 약 20년이 지났을 때였다. 그는 자신의 최후의 이 5년간을 미쓰코시와 밀접하게 관계 맺으면서 지냈다. 폭넓은 취미와 지식 때문에 그는 나중에 유행회에서도 강연을 청탁받게 되었다. 주요 강연은 다음과 같다.

> 「카라후토(사할린 지역)의 미술樺太の美術」(1909년 2월 월례회)
>
> 「신쥬信州 야마토의 석촉(石鏃: 돌로된 화살촉─역주)채집 및 스와호(諏訪湖: 일본 혼슈 나가노현에 있는 호수─역주)에 관련된 전설 등」(1909년 5월 월례회)
>
> 「곡선과 직선ピくとツー」(1910년 7월 월례회)

---

42) 『季刊人類學』 第2卷 第1號, 1971.
43) 『現代風俗』 創刊號, 現代風俗研究會, 1977.10.

「여러 인종의 복식諸人種の服飾」(1910년 10월 제1회 공개강연회)

「여러 인종의 의복諸人種の衣服」(1911년 2월 아동연구강연회)

「해외여행 선물海外旅行みやげ」(1912년 5월 월례회)

「여러 인종의 친자諸人種の親子」(1912년 11월 장난감회 강연회)

강연 횟수가 많은 것을 보면 이 시기에 유행회는 쓰보이의 영향을 상당히 강하게 받았다고 할 수 있다. 그 내용은 「여러 인종諸人種의 ……」이라는 제목에서 보듯이, 일본과 세계 각지 민족의 풍속과 관계된 것들이 대부분이었는데, 이것들은 그 무렵 쓰보이가 다른 잡지들에 발표하기 시작한 그의 연구주제와 같은 것이었다. 그중에는 1910년 7월에 강연한 「곡선과 직선」[44]이라는 독특한 제목도 눈에 띤다. 이 강연에서 그는 약 20년 전에 자신이 만들었던, 그리고 돌연 그만두었던 풍속측정을 재개하고 그 결과를 발표했다. 강연석상에서 그는 이전 자신의 연구방법과 그 결과를 소개하면서, 나아가 새로운 조사 결과를 공표했고, 시대에 따른 풍속의 추이를 밝혀냈다. 기본적인 측정방법은 이전처럼 행인들의 머리모양·복장·신발 세 부분을 나누어 관찰하고 그 스타일이 화풍和風일까 양풍洋風일까 조사했다. 기입방법은 1888년 6월에 발표했던 '풍속부風俗符'를 채용했다. 이것은 직선과 곡선을 조합한 것으로 일본풍은 직선ツ一, 서양풍은 곡선ヒく으로 표시하고, 서양·일본·일본조합이라면 (∩_), 서양·일본·서양의 조합이라면 (∩_∩) 식으로 간단히 기입하기 위해 그가 개발한 기호였다.

새로운 측정은 1910년 6월에 실시되었다. 채집인 수는 119명으로, 1887년경의 조사량도 1회당 1,000명 전후였음을 감안할 때 이번의 조사가 단순히 강연을 위한 데몬스트레이션이 아닌, 본격적인 조사였음을 알 수 있다. 그는 이 결과를 메이지 20년대의 조사와 비교하여 서술했

<hr/>

44) 『みつこしタイムス』第8卷 第10號, 1910, (附錄)1~9면.

다. 이를 정리해서 표로 만들면 다음과 같다.

≪남성≫	메이지 20년		메이지 43년
	도쿄	미자키	도쿄
‿, ‿, ‿	0(5)	54	0
∩, ‿, ‿	36(66)	40	86
∩, ∩, ∩	53(20)	2	12
∩, ‿, ∩	12(8)	3	2

≪여성≫	메이지 20년		메이지 43년
	도쿄	미자키	도쿄
‿, ‿, ‿	71(84)	99	57
∩, ‿, ‿	25(10)	1	43
∩, ∩, ∩	3(2)	0	0
∩, ‿, ∩	1(4)	0	0

(숫자는 백분률이며 괄호안의 숫자는 절대치의 측정값을 가리킴)

  1887년의 측정에는 서양화 현상의 진행상태를 도쿄와 지방을 비교하는 것으로, 즉 "같은 시간, 다른 장소에서 측정"하여 보다 객관적인 서양화 수치를 구하고자 했다. 그는 1888년에도 똑같이 도쿄 우에노上野 공원에서 측정했는데 "같은 장소를 다른 시간에 측정"하는 조사도 했다. 이 측정을 추가함으로써 시대의 변화를 확실히 부각시키는 결과를 가져왔다. 남녀 모두 완전한 서양풍 차림이 감소했는데, 문명개화의 물결이 지나갔음을 분명히 보여주는 것이었다. "이것은 우리들이 여러 모임에 나가서도 느끼는 것인데, 최근에는 남자의 일본복 착용이 상당히 늘었습니다. 대학 등에서 근무하는 사람들 중에도 일본복을 입고 오는 사람이 몇몇은 되는 것으로 봐서 이 통계의 수집 방법이 틀린 것은 아니며 실제 상황을 말해주고 있다고 생각합니다"라며 쓰보이가 추출해 낸 문명개화기의 서양화 정책과 그 반동反動에 의한 쇄국화鎖國化라는 풍속은, 그저 조감하면서 상황인식을 한 것이 아니었다. 측정을 통해 드러난 수치는 언제나 자기의 실제 체험을 기반으로 해서 이해되었던 것이다. 좀 더 세밀하게 들여다보면, 풍속의 경향이 전부 일본풍으로 되어버렸다고 말하려는 것이 아니었다. 머리모양의 경우 일본 남성들은 거의 모두가 단발이고, 여자도 속발(묶은 머리)이 증가했다. 그는 이렇게 머리모양만 서양화된 것이 일본의 가옥형태에서 기인한 것이라고 보았다. 즉 머리모양을 바꾼다고 해도, 사람들의 생활방식에 영향을 미치지 않지만, 서양풍의 의복과 신발로 종래의 삶의 방식을 이어나가는 것은 실질적으로 곤란하기 때문에, 이런 측정결과가 나왔다고 분석했다. 물론 그의 조사방법은 이노우에(井上)의 논문이 지적하는 것처럼 측정 기준에 있어 명료하지 못한 부분이 있다. 쓰보이의 조사 목적이 "서양화 현상을 파악한다"였기 때문에, 측정대상을 한정시켜버리고 말았다. 예를 들어, 1887년의 조사에서는 노인들은 거의 순일본풍이고 서양화되지 않기 때문에 조사해도 무용하다는 이유에서 "20~30세의 중류 이상"으로 한정해서 조사했다. 한편 1910년의 조사에서는 20년 전에 젊은이였던 사람들이 나이를 먹었다는 이유로, 유아를 제외한 모든 연령대를 대상으로 했다. 혹은 제복은 거의 대부분이 서양풍이기 때문에 모두 조사대상에서 생략했다. 이 방법으로는 측정지점에서 총체적인 양(量)으로서의 서양·일본의 밸런스가 나타나지 않는다. 이 점이 후의 곤 와지로의 고현학과 비교되는 부분이기도 하다.

우메사오(梅棹)의 논문에 따르면, 쓰보이의 풍속측정은 문명개화와 그에 대한 반동으로 요동치던 메이지 중엽에 사람들의 '서양화 현상'을 막아보려 했다는데 특징이 있었다. 또 눈앞의 객관적인 사실을 수량으로 제시하는 고현학과는 차이가 있다고 보았다.[45] 우메사오의 논문과 이노우에의 논문은 쓰보이의 풍속측정 중단의 최대 이유를 다음과 같이 서술하고 있다.

---

45) 梅棹忠夫 , 앞의 책, 97면.

그들로 하여금 풍속측정이라는 시도를 밀어붙이게 한 원동력은 눈앞에 진행되고 있는 급격한 서양화에 대한 경이로움이었다. (…중략…) 서양은 처음부터 서양이었고, 서양화도 아니었다. 그것은 단지 풍속 일반에 대한 추상적인 흥미에서 나온 것이 아니었다. (…중략…) 실은 그것이 오히려 나중에 풍속측정학風俗測定學이 진행되지 못한 원인이 된 것은 아닐까 생각한다. 인류학을 공부하면 할수록, 서양에서 개발된 화제들이 태산처럼 솟구쳐 나온다. 쓰보이를 비롯한 초기 인류학자들은 (…중략…) 초기에 가졌던 신선한 호기심을 점점 동결시켜갈 수밖에 없었을 것이다.46)

하지만 1910년의 시점에서 쓰보이의 이런 사고방식은 보다 외향적으로 발전하고 변화할 수 있었다. 그가 이 시기에 강조하고 있는 것은 "옛날부터 변화 없이 곧장 전해 내려오는 직선棒을 쓰ッ라고 하고, 휘익하고 휘는 것을 피쿠ピ라고 말한다"는 것이었다. 그의 관심은 이전과 같은 단순한 '서양화'가 아니라 한 시대의 풍속에 있어서 새롭게 유입된 것은 무엇인가라는 것이었는데 이것은 그 자신이 직접 한 말이기도 했다. 그는 계속해서 이렇게 말했다. "한 가지 더 말해두지 않으면 안 될 것은, 피쿠가 언제까지라도 피쿠인 것은 아니고, 그것이 일반적인 것이 되어버리면 쓰가 되는 것은 당연하다는 것이다." 즉 남성의 단발 스타일도 일본 전역에 침투해서 일본 풍속으로 정착하게 되면 '쓰'가 되는 것이다. 일본의 모든 사람들이 양복 착용을 예사로 여기는 때가 되면, 이것도 '쓰'가 되는 것이다. 더욱이 그는 아이누족을 예로 들면서, 아이누 사람에 있어서 일본의 게다는 '피쿠'이며, 심지어 서양인이 일본인의 모습을 하는 것은 역시 '피쿠'라고 말했다. 정리하자면, 토착과 외래라고 하는 개념을 상대적이고 유동적으로 받아들임으로써, 이 측정방법을 세계의 풍속연구에 적용가능한 것으로 삼았다.

우메사오가 말했듯이 20대의 쓰보이는 확실히 서양화에 대한 경이驚

---

46) 위의 책, 99면(이노우에 논문에서도 우메사오 논문의 이 부분을 인용하면서, 이 견해에 동조하고 있다).

異 때문에 이 연구를 시작했을 것이지만, 그 후에 풍속측정에 대한 그의 태도는 우메사오의 견해를 전면적으로 부정하는 것이었다. 어쩌면 쓰보이는 1889년 이후로도 풍속측정법을 사용해 여러 가지 풍속을 관찰했을 것이다. 최초의 풍속측정이 "풍속 일반에 대한 추상적인 흥미에서 나온 것이 아니었다"고 하더라도, 그 후 그는 서양화西洋化라는 흥미만으로는 더 이상 앞으로 나가지 못할 것을 실감했던 것일까. 아니면 자신의 확장된 학문적 영역에 이 방법을 쓰고 싶어 했던 것일까. 어쨌든 그는 연구대상을 풍속 일반으로 확대하였다.

세계 각지의 민속연구로 자신의 전문영역을 넓혀갈 무렵 쓰보이는 이 토착과 외래문화의 생성과정을 보다 넓은 시야에서 모든 지역에서 발견할 수 있는 공통 현상으로 인식하였다. 쓰보이는 이 측정방법을 인간 이외에도 응용해보자고 제안했다. 예를 들자면 주택에서부터 식사·편지·서책에 이르기까지 여러 방면에 걸쳐 있었다. 더욱이 일본인 이외에 아시아와 유럽에서도 이 방법을 이용해서 풍속의 변화를 조사할 것을 권유했다. 젊은 시절, 급격한 서구화와 그 반동의 물결을 목격한 쓰보이로서는 그 지역의 풍속이 외부의 영향을 받아 지금까지와는 다른 모습으로 '휘익' 변하는 것에 항상 관심을 가지고 있었을 것이다. 이때부터 쓰보이의 풍속측정 정신은 그 후 모든 연구의 근간으로 자리잡았다.

쓰보이는 왜 긴 침묵을 깨고 또 다시 풍속측정을 공식적으로 재개했을까. 쓰보이의 말에 따르면, 지난달 월례회에서 그가 풍속측정에 대한 이야기를 하자, 재미있겠다며 그에게 강연을 의뢰했다고 한다. 강연 중에 "피쿠와 쓰라는 개념을 사용하는 것이 여전히 많은 사람들에게 통하는 방법이 아니었음에도 불구하고, 나는 혼자서 그 개념을 썼다"라는 부분에서, 쓰보이가 풍속측정에 흥미를 잃어버린 것이 아니었음을 알수 있다. 어떤 이유로 인해 계획한 측정을 실시하고 발표하는 것이 불가능하게 되었어도 분명 이 방법을 사용해서 여러 가지 풍속을 조사했을 것이다. 이러한 시기에 유행회에 입회한 쓰보이의 입장에서는 큰 의미가 있었을 것이다. 유행회의 목적은 "동서고금의 풍속, 유행을 연구하여 백화점에 충고하도록 한다"였다. 그것은 필연적으로 일본과 서양의 취미문제로 귀착되었다. 유행회에서 논의된 각종 주제와 화양절충 상품의 비평 등은 왕년의 풍속연구를 부활시킬 정도로 쓰보이를 환기시켰다. 그리고 풍속측정과 같은 주제를 아주 재미있다고 말하는 경향이 이시바시石橋・마쓰이松居 등의 고요紅葉 일파 안에서 크게 생겨난 것도 간과하지 않았다.

그 후 풍속측정은 유행회 안에서는 다시 발표되지 않았다. 이미 학계의 권위자로서 분주한 날들을 보내는 그의 지위가 그것을 허락하지 않았다. 1911년 6월 관명官命에 따라 구미외유를 떠난 그는, 다음 해인 1912년 봄에 귀국하여, 유행회의 열렬한 환영을 받은 것도 잠시, 그 다음 해인 1913년 국제학술대회에 참가하기 위해 다시 출국했다. 유럽으로 갔던 쓰보이는 그해 5월에 러시아 페테르부르크에서 객사하고 말았다. 1910년의 강연 「피쿠와 쓰」는 불의의 죽음만 아니었다면, 연구가 더욱 진전될 가능성을 보여준 귀중한 발표였다.

(2) 다카시마 헤이사부로의 유행론

다카시마 헤이사부로高島平三郎47)와 미쓰코시의 관계는, 다카시마의

---

47) 다카시마 헤이사부로(高島平三郎, 1865~1946)는 일본 아동연구의 선구자로 오늘날까지 이름을 남기고 있다. 에도 혼고本鄕 구마고메駒込에서 태어난 다카시마는, 메이지 유신 후 가족과 함께 고향인 히로시마廣島로 돌아갔다. 이후, 그는 히로시마에서 교직에 있다가, 1887년에 상경하면서부터 도쿄고등사범학교, 니혼여자대학 등, 다수의 학교에서 교편을 잡았다. 1898년에 창간된 『아동연구兒童研究』를 발간할 때, 고문으로 참여했다. 그 후 그 잡지를 중심으로 활약하면서, 〈일본아동연구회日本兒童研究會〉 설립에도 가담하게 된다. 또 그 사이, 도쿄 우문관東京右文館 편집장으로 교과서 편집에도 관여했다. 다카시마는 1897년경부터 구미의 아동학・심리학이 성행하면서 그것이 일본에 소개되고, 국내에서 아동연구에 대한 관심이 고조되는 가운데, "아동의 본성에 기초한 가정교육의 필요성을 주장한 아동심리학자・교육자"(『敎育人物事典』)로서,

전공분야가 아동연구였기 때문에 유행회보다도 오히려 뒤에서 서술할 아동용품연구회 쪽과 관련이 깊다. 당시 미쓰코시의 자문조직이었던 아동용품연구회는 유행회에 필적할 만한 세력을 갖고 있었다. 그러나 본고에서는 주로 유행회를 고찰대상으로 삼고자 한다. 왜냐하면 아동용품연구회는 '어린이'라는 한정된 연구주제를 가지고 있었기에, 총체적인 미쓰코시취미가 어떻게 만들어져가는가라는 질문에 대한 대답이 부분적인 것에 그치고 있기 때문이다. 유행회에서는 '유행'이라는 모호한 주제를 대상으로 하고 있었으므로 다양한 분야의 사람들이 거기에 다양한 해석을 첨가해갈 수 있었다. 그 결과 한 방향으로 수렴되지 않는 유행회의 존재방식이, 다양한 모순요소를 포함한 미쓰코시의 취미를 이해하는 데 중요해졌다.

이상에 근거해보면 다카시마의 유행회 활동은 쓰보이 쇼고로坪井五郎와 함께 이 시기의 유행회의 특색을 알려준다는 점에서 빼놓을 수 없는 것이 되었다. 다카시마는 1910년 5월 유행회에 입회한 직후, 6월 정례회에서 강연을 했다. 다음은 강연 「유행의 원리」[48]의 개요이다. 내용의 구성은 다음과 같았다.

① 유행의 문학적 해설
② 유행의 정의
③ 유행의 동기
④ 전파의 심리
⑤ 변화의 심리
⑥ 유행과 문화

"과학적 기초에 입각한 가정교육론"을 전개했다. 그는 아동의 심리적 특성에 대한 이해라고 하는 자신의 입지점에서 가정교육의 중요성을 제창했는데, 1903년에 니혼여자대학의 교수가 되고부터는 특히 가정교육·여자교육 등으로 연구범위를 확대했다. 주된 업적은 『아동연구』에 발표된 논문 외, 『가정과 가정교육家政び家政教育』(1911), 『가정에서의 아동교육家政に於ける兒童教育』(1922) 등이 있다.
48) 「附錄」, 『みつこしタイムス』第8卷 第7號, 1910.7, 1~17면.

그는 우선 fashion(英), mode(仏), はやり(日)라고 하는 각국의 '유행'을 표현한 말의 의미를 검토했다. 그것들은 각각 "한 때 사용된 장소와 물건과 형식을 의미", "움직이면서 변해가는 의미", "그 사회의 인심을 지배해 나가는 의미"를 포함하고 있음을 보여준다. 거기에서 "어떤 사회에서 비교적 짧은 시간에 행해지고 있는 풍속을 유행이라고 한다"는 정의를 이끌어냈다. 다카시마는 더욱이 유행이 취미와 가장 밀접한 관계에 있다고 덧붙였다. 그는 '취미'를 풍속·습관·유행의 세 가지로 나누어 이해하고, 그중에서도 유행은 토착의 풍습과는 달리 일시적 취미라고 위치를 부여했다. 이렇게 유행의 정의를 명확하게 세운 후, 유행은 어떻게 생겨나는지 그 동기에 대해 고찰해 나갔다. 거기에 따르면 유행의 근원에는 본인이 무의식중에 유행시키는 경우와 어떤 사람이 의식적으로 유행시킨 경우가 있다고 한다. 그리고 그는 "유행이 왜 전파되어 가는가"를 살피면서 사회정신, 이를테면 사회심리의 이해가 필요하다고 주장했다. 그 사회정신이라는 것은 일반적으로 암시에 걸리기 쉬운 감정적인 성질을 가지고 있다. 더욱이 유행과의 관계에서 사회정신을 고찰하려면 모방·호기심·동정·신용·판단이라는 성질을 살펴야 한다.

　　다음으로 유행이 왜 빠른 속도로 변화하는가를 설명하기 위해 그는 '변화'가 사람 마음의 본질이라는 것을 강조하고, 마음의 세 가지 움직임인 지·정·의의 역사를 보면 그것들이 늘 변화하고 있음을 지적했다. 유행이 발생하는 때에는 인심이 감정적인 경우가 많은데, 주관적이고 감정적인 요소는 일시적인 현상으로 끝나버리기 때문에 하나의 유행은 어떤 경우에도 계속 되지 못하고 변화한다는 것이 그의 의견이다. 그리고 마지막으로 유행이라는 현상은 문화를 통속적으로 타락시키는 것이 아니며, 오히려 "문화와 유행은 서로간에 결과가 되고 원인이 되어 보완해 나간다"고 주장했다. 유행은 국민성이 크게 관여한 것이고, 또 그 국가의 경제발전 정도를 드러내는 지표이기도 하다. 그러므로 국가의 문화 발전을 위해서는 유행이 크게 번성하는 사회가 불가결하다고 결론지었다.

이상과 같은 다카시마의 강연을 보면, '유행'이라는 현상의 메커니즘을 심리학적 수법을 이용해 과학적으로 설명해보고자 했던 점이 큰 특색이었다. 이것은 다카시마의 모든 연구에 공통된 특징이다. 그런데 대상을 과학적으로 분석한다고 하는 그의 방법론은, 눈앞에서 벌어지는 현상 그 자체에 흥미를 갖고 우선 그것을 기록하는 것에서부터 연구를 시작했던 쓰보이 쇼고로와 상당히 대조적이다. 물론 쓰보이도 조사결과를 수치로 제시했다는 점에서 새로운 과학적 수법을 보여주었다. 또 반대로 다카시마의 아동연구도, 당시 주목받고 있던 아동생리학·아동심리학이라는 전문연구의 흐름과는 꽤 다르게, 오히려 "어린이에 대한 종합적이고 원초적인 관심"[49]에서 연구를 시작했다는 점에서 두 사람 모두 과도기를 살았던 학자였음에 틀림없다.

쓰보이와 다카시마가 모두 과학적이었으면서도 거기에 철저하지 못했던 것은 그들의 흥미가 너무나 다방면에 걸쳐 있던 데 원인이 있었다. 다카시마는 본래 아동심리학자였는데 가정환경을 중시하고 가정교육의 필요를 주장하면서, 가정에서의 취미의 중요성을 말하는 자신의 이론을 전개시켰다. 이 강연에도 그는 유행과 취미의 관계를 강조했다.

쓰보이에 의해 유행과 취미 관계가 명확해짐으로써 이 시기 유행회의 한 경향이 보다 강해졌다. 이를테면, 제2기부터 제3기에 걸친 유행회의 최고 전성기 때, 유행회 내부에서는 연구대상의 중심이 유행의 문제에서 취미의 문제로 옮겨갔다. 그것은 이후에 에도취미연구, 신취미연구라는 형태를 취하게 되었다. 그러나 개개의 취미연구발표 대부분에서 유행과 취미의 관계를 전체적인 시야에서 규정해보고자 한 것은 다카시마뿐이었다. 그의 이론은 추상적인 개념규정으로 일관하고 있기 때문

---

49) 橫須賀薰, 「解說－兒童觀의 展開」, 『近代日本敎育論集』第5卷, 國土社, 1969, 26면.

에, 백화점에서 창출하는 유행에 직접적인 시사점을 부여해주지는 않았다. 그러나 이 시기에 히비가 제창했던 '학속협동'을 실현하기 위해서는, 다카시마처럼 유행에 대한 학제적인 접근이 필요했다고 생각한다.[50] 유행을 장려한다는 것은 당시 사람들 사이에서는 "이익만을 추구하는 것", "부르조아 중심적인 사고"라는 윤리적인 이유 때문에 많은 비난이 있었다. 백화점의 이익을 사회에 환원한다는 히비의 이념과 유행을 창출하는 것은 병립할 수 없는 것이었다. 다카시마에 의해 유행이 취미와 결부될 수 있었다. 그는 취미가 진보하지 않으면 유행도 생길수 없으며 또 경제도 발전하지 못한다고 보았다. 그리고 유행이 차츰생겨나면 그 시대의 취미가 발달하게 되는 상관관계가 성립한다고 주장했다. 이에 따라 처음으로 유행이 고차원의 문화적 가치를 가지고 있는 것으로서 정당화되었다. 다카시마는 이 주장의 연장선상에서 1910년 10월 「취미의 심리」를 강연했고, 다시금 취미의 고찰을 진행했다. 그는 취미가 인간의 품성을 드러내는 것이기 때문에 국민성을 발달시키기위해서는 배제할 수 없는 것이라고 서술했다. 그의 주장은 제1장에서서술한 쓰보우치 쇼요坪內逍遙의 취미운동사상과 공통된 것이었다. 이런사실들을 통해 판단해보건대, 이 시기 유행회에서 취미의 문제가 부각된 배경에는 유행＝취미라는 도식을 성립시켜서 유행연구를 '학속협동'의 자세에 상응하는 고상한 것으로 만들려는 의도가 작동하고 있었을 것이다.

(3) 에도취미연구회의 발족

1912년 2월 정례회에서 연극 평론가인 오니 다로岡鬼太郎는 유행회의

---

50) 다카시마와 히비는 사는 곳이 가까웠기 때문에, 미쓰코시를 통해 서로 알게 된 후, 개인적으로도 교류가 있었다. 다카시마와의 교제로 인해 히비는 더욱 '학속협동'의 자세를 강조하게 되었을 것이라고 생각된다.

존재방식에 대해 이런 제안을 했다.

　　유행회 회원, 특히 미쓰코시 점원은 유행을 설명하는 데 그칠 것이 아니라, 다가올 유행에 대한 연구도 해야 한다.[51]

　　유행회가 주체가 되어 유행을 만들어낸다고 하는 자세가, 여기서 다시 한 번 환기되었다. 이러던 중, 유행회에서는 제2기의 후반에 들면서부터 하나의 경향이 현저해지고 있었다. 에도문화연구에 대한 관심이 증가한 것이다. 1912년 12월 월례회에서, "에도江戸취미를 이루는 진수를 본 회에서 연구하고, 동시에 그것을 현대에 적용시킨다"[52]는 취지 하에 회원 중에 특별위원을 선발하고, 에도연구를 위촉하기로 결의하였다. 위원으로는 고다 로한辛田露伴, 삿사 세이세쓰佐々醒雪, 무라타 단료屯田丹陵, 쓰카하라 주시엔塚原從柿園、塚原靖, 나카우치 조지中內蝶二, 이노우에 겐카보井上劍花坊, 사이토 류조齋藤隆三, 구보타 베이사이久保田米齊 그리고 신입회원으로 아에바 고손饗庭篁村 등 이렇게 9명이 선발되었다. 모두 다양한 입장에서 에도 시대를 연구한 유명한 인물들이다. 이렇게 1912년 12월 유행회의 특별위원회로 〈에도취미연구회〉가 발족했다. 이 연구회의 결성에는 다음과 같은 배경이 있었음을 유의해야만 한다.

　　메이지 말기 에도취미가 융성한 데에는, 다음과 같은 커다란 몇 개의 경향이 있었다. 하나는 나가이 가후永井荷風에서 시작해서, 기노시타 모쿠다로木下杢太郎, 기타하라 하쿠슈北原白秋 등의 〈판의 모임パンの會〉으로 이어지는 에도 정서에 대한 취미의 계보이다. 구미유학(1903~1908)에서 귀국한 나가이 가후는 자신의 눈으로 목격한 서양문명에 비해, 일본의 근대화가 너무나도 중도반단中途半端적인 서양문화 모방으로 귀결되었고, 속악한 풍속을 만들어냈다는 것에 낙담하여 세태를 비판했다. 당시

---

51) 駿河町人(松居松葉),「流行會の記」,『三越』第2卷 第3號, 1912.3, 6면.
52)『三越』第3卷 第1號, 1913.1, 12면.

는 대역사건으로 대표되는 시대상황 속에서 세태가 점차 체념의 분위기로 흘러갔고, 에도 시대의 난숙爛熟한 문화에 경도됨으로써 현재 상황에 대한 불만족을 해소하는 현실 도피의 세계관이 채택되었다.53) 가후가 이상화하고 미화시킨 에도 정서는 '정서'를 중시하는 탐미주의 · 향락주의 문학의 하나로 대표되었고, 특히 〈판의 모임〉 멤버들 안에서 많은 추종자가 생겨났다. 기노시타 모쿠다로木下杢太郎는 〈판의 모임〉에 대해 "구습에서 벗어나지 못하는 봉건시대의 유풍에 반대하는 구화주의歐化主義 운동이었다"고 말하고, "고아미초小綱町나 니시카시西河岸 등 다른 지역에서도 히로시게(廣重 : 안도 히로시게安藤廣重, 1797~1858, 에도 시대 화가, '우키요에浮世繪' 유파에 속하는 채색 목판화의 마지막 대가 가운데 한 사람, 연작 판화 〈도카이도 53차東海道五十三次〉가 유명하다—역주), 기요치카(淸親 : 고바야시 기요치카小林淸親, 광선화로 불리는 빛과 음영의 판화가로 유명. 대표작으로 1880년 작 양국화화지도兩國花火之圖가 있다—역주)와는 다른 의미에서 애호된다"고 술회한 것처럼,54) 이국정서 즉 엑조티시즘exoticism을 구하는 입장에서 에도문화를 애호했다. 노다 우타로野田宇太郎는 이것을 두고 "그들의 에도 정서는 일본인에게는 없는 것이고, 오히려 외국인이 오래된 도쿄를 바라보는 것과 같은 각도에서 그것을 진기한 눈으로 조망하는 정서였다. 즉 에도 정서도 그들에게는 회고취미가 아니라 이국 정서에 지나지 않았다"55)라고 서술하고 있다. 이를테면, 그들은 니혼바시日本橋나 오가와 강가에 모여, 옛 에도의 자취와 새로운 도시미가 교착하는 지점에서 특유의 정서를 발견했던 것이다. 이러한 에도취미에 대한 재평가가 일련의 반자연주의적인 문학동향 안에서 생겨났던 때가 메이지 말기였다.

게다가 메이지기에는, 에도에 대해 보다 강렬한 애착을 가진 사람들,

---

53) 吉田精一, 『永井荷風』(吉田精一著作集 第5卷), 櫻楓社, 1979; 『明治文化史 第7卷 文藝』, 原書房, 1980.

54) 木下杢太郎, 「石井柏亭君」, 『冬柏』, 1932.2(野田宇太郎, 「パンの會略說」, 1952).

55) 野田宇太郎, 「パンの會略說」, 『明治反自然派文學集 1』(明治文學全集 74), 筑摩書房, 1966, 404면(初出 : 『パンの會』, 三笠書房, 1952.9).

즉 '에도코'에 의해 에도문학을 계승하려는 경향이 생겨났다. 당시 도시에서 사라지고 있는 에도취미처럼 에도의 취미인趣味人, 즉 에도문화를 직접적으로 알고 있는 사람들이 급속히 사라지고 있었다. 남아 있는 소수의 에도의 직접적 계승자들, 예를 들자면 에도에서 태어나서 에도를 중심으로 한 역사소설을 많이 썼던 쓰카하라 주시엔塚原澁柿園, 또는 이와야 사자나미巖谷小波에게 "에도코 취미의 화신權化"으로 불렸던 오자키 고요[56] 이들에게 '에도'는 단절된 과거의 문화가 아니었다.

가후와 고요로 대표되는 두 가지 입장 모두는 사라져가고 있는 에도취미에 대한 동경이라는 점에서 공통되지만, 전자가 엑조티시즘 안에서 에도 정서의 가치를 발견한 '서양인'의 눈을 가지고 있었다면, 후자는 고전의 가치를 어디까지나 '일본인'의 눈으로 평가하기 때문에, 각각의 시각에는 근본적인 차이가 있었던 것이 분명하다.

위와 같은 취미는 문학자·연구자 중심의 경향이었지만 실제로는 여기에 더해, 당시 일반인들의 기호 안에 에도취미가 뿌리 깊었고 시장이 에도취미를 수용하기 쉬운 토양에 있었던 것도, 에도취미연구회 발족의 배경으로서 빼놓을 수 없는 요인이었다. 이것은 미쓰코시(미쓰이오복점)에도 반영되었다. 미쓰코시에서 이미 메이지 30년대부터 PR지『하나고로모花ごろも』나『지코時好』에 에도 풍속에 관련된 기사를 다수 게재하고 있었음을 발견할 수 있다. 당시 기사는 겐로쿠 시대의 풍속에 관한 내용이 대다수였다. 이것은 앞서 말했던 '다테문양伊達模樣' '겐로쿠문양元祿模樣'의 유행과 호응하는 것이며, 공전의 히트였던 겐로쿠붐을 백화점이 만들어낼 때, 그 포석으로 삼기 위해 의도적으로 기사화시켰던 것이라고 추측할 수도 있겠다. 오복이라는 상품 자체는 메이지 유신 전부터 일본의 전통적인 의복이었기 때문에, 이런 일본취미와 관련이 있었던 것은 당연했다. 그러나 겐로쿠라고 하는 특정 시대의 문화에 한정시켜

---

56) 岡保生,『明治文壇の雄尾崎紅葉』, 新典社, 1984.

오복 도안을 만들어냈고 그것을 넘어서 겐로쿠게타元祿下駄, 겐로쿠넥타이, 겐로쿠○○처럼 하나의 스타일을 통해 본래의 시대적 문맥과 분리된 키치Kitsch적인 것이 되었다는 점에 이 유행(붐)의 근대성이 있었다. 겐로쿠연구회는 이러한 붐을 표면적인 유행으로 그치지 않도록 전문가와 지식인들을 모아서 토론하게 하고 의견을 수렴한 하나의 시도였다. 겐로쿠연구회는 훗날 히비 오스케가 제창한 '학속협동'으로 이어지는 사례가 되었다. 이러한 메이지 30년대 풍속 전반의 에도취미 유행을 미쓰코시와 소비자가 경험했다는 것은, 유행회 내부의 에도취미연구회가 깊이 관여했기 때문임을 추측할 수 있게 한다. 단 이러한 다카하시 요시오의 '겐로쿠' 취미와 후에 탐미주의 문학 안에서 성황리에 채택되었던 '에도 정서'는 에도 시대였다는 점만 같을 뿐, 이질적인 것으로 보아야만 한다. 전자에는 후자와 같이 중도반단적인 서양 모방으로 귀결되었던 메이지 문화에 대한 비판 등은 없었다. 메이지의 문화적 상황을 탄식하는 것은 일부의 지식인이었고, 그 외의 일반 대중의 기호는 오히려 오자키 고요의 고전취미 쪽에 있었을 것이다. 미쓰이오복점이 고요와 관계 맺고 있었던 사실이 그것을 뒷받침한다. 그러나 백화점으로 재탄생한 미쓰코시에서 '학속협동'이 내세워지자, 고요적인 에도취미와 함께 새로운 취미로 '외국인의 눈'에서 에도 정서를 포착하고 학술적인 연구를 수행하려는 경향이 첨가되었다. 이렇게 모순적인 요소가 미쓰코시의 에도취미에 동시에 존재하였다. 이것을 이해하려면 소비경제 시스템 안에서는 그런 문학상의 이념이 제거되고 표층적인 유행현상을 만들어내려는 수단으로 에도취미가 사용되고 있었다는 해석이 필요할 것이다. 그리고 이러한 소비행동을 전제로 한 유행의 부분과 학제적인 부분이 하나가 되었던 것이 유행회의 에도취미였다.

1909년 2월 유행회에서는 쓰카하라 주시엔塚原從柿園 塚原靖57)과 삿사

---

57) 쓰카하라 주시엔(塚原澁柿園(靖), 1848~1917)은 소설가이자 신문기자였다. 1848년 에도에서 태어난 그는 1878년에 『東京日日新聞』에 입사했고, 거기서 후쿠치 오치福地

세이세쓰[58]가 입회하면서 에도취미의 경향이 한층 강화되었다. 이 두 명의 에도연구가가 유행회에 가입했고, 기이하게도 똑같이 1917년에 죽기 이전까지 유행회의 한 조류였던 에도연구가 성행했다. 다음은 두 사람이 유행회에서 시행했던 주요 강연과 담화이다.

1910년 9월 「막부 말기의 풍속소견」(쓰카하라)
1910년 10월 「에도시대의 수습사장手習師匠－막부 말기의 에도풍속」(쓰카하라), 제1회 공개강연회
1910년 11월 「에도시대 도검장식刀劍裝飾의 연혁 변천」(쓰카하라)
1910년 12월 「막부 말기 시대 무사가문 정월풍습에 대하여」(쓰카하라)
1912년 2월 「에도취미담」(삿사)
1912년 10월 「무사도 이전의 일본취미」(삿사)(제3회 공개강연회)
1913년 4월 「사이카쿠(西鶴 : 하이쿠 작가－역주)의 영대장흥산용永代藏胸算用 등에 나타난 겐로쿠 시대의 의상」(삿사)
1915년 6월 「에도특유의 취미」(삿사)

櫻痴의 인정을 받았다. 1888~1890년에 출간된 오치와의 공저 『곤타이야기昆太物語』(디즈레일리, 『콘타리니 플레밍(Contarini Fleming)』의 번역)를 계기로 기자생활을 하는 한편 창작활동에도 입문했다. 전국 시대 및 에도 시대의 역사소설을 다수 지었고, 그 시대의 고증을 위해 에도연구도 열심히 해나갔다. 대표작으로 『유비정설由比正雪』(1897~1898) 등이 있다. 에도 시대를 직접 알고 기록을 남긴 몇 안 되는 인물로서, 메이지 말기 유행회에서 에도문화를 후대에까지 이어지게 하기 위해 적극적으로 활동했다. 1917년, 신문사를 퇴직하고 창작활동에 전념하려고 했는데 바로 그때 병에 걸려 같은 해 7월 6일에 죽었다.
58) 삿사 세이세쓰(佐々醒雪(政一), 1872~1917)는 국문학자이며 하이쿠 시인이고 문학박사였다. 교토에서 태어난 그는 제국대학 국문과에 재학 중이던 1894년, 오노 샤치쿠大野酒竹・사사카와 린부笹川臨風 등과 쓰쿠바회筑波會를 결성했고, 하이쿠 시단俳壇에서 주목을 받았다. 졸업 후에는 1901년부터 『문예계文藝界』의 편집주임을 맡은 후, 1906년부터 동경고등사범학교의 교수로 취임했다. 전공은 에도문학연구였는데『속곡평석俗曲評釋』(전4권, 1908~1911년 발간)과 『근세국문학사近世國文學史』(1911) 등의 저서를 남겼다. 그 외 하이쿠俳句 등 작문・수사학에 관한 업적도 많다. 메이지 말기 에도연구자들 중에서는 젊은 그룹에 속했다. 1917년 11월 25일에 죽었는데, 사후 『삿사유고醒雪遺稿』(전1권, 1918)가 출판되었다.

그들의 강연은 주로 1910년부터 1913년에 집중되어 있다. 이 당시 유행회의 강연회에는 쓰보이 쇼고로坪井正五郎의 인류학, 다카시마 헤이사부로高島平三郎의 심리학, 그리고 이 에도풍속연구가 가장 많이 등장했다. 확실히 모든 분야의 지식인을 망라하는 것을 목표로 한 '학속협동'이 실천되었던 시기였다. 에도에 관한 이야기들이 계속되는 가운데, 1912년 추계 옷자락문양春季裾模様 현상에는 "에도취미를 보여주는 것"이라는 테마가 선정되었다.59) 겐로쿠붐의 시기에는 우선 오복의 무늬로 겐로쿠문양이 만들어지면서 그것이 다양하게 파급되어 갔고, 최종적으로 연구회가 결성되었다. 에도취미가 발흥하고 있는 사회의 움직임에 유행회가 가장 빠르게 호응했는데, 여러 가지 물건을 통해 유행을 전개시키려는 의도를 분명히 드러냈다.

이러한 배경에서 생겨난 에도취미연구회는, 1912년 12월 20일 미쓰코시 내에서 제1회 모임을 열었다.60) 첫 모임에서는 우선 에도의 어느 시대를 압축적으로 연구할 것인지 검토하였다. 그 결과 교호享保부터 분카文化 분세이文政에 걸친 18세기, 약 100년간을 연구대상으로 삼고, 그중에서도 그 정수라고 할 수 있는 덴메이天明 시대에 힘을 모아 연구하기로 결정했다. 게다가 제2회 모임부터는 이하라 세이세이엔伊原青々園도 위원으로 참여하면서 꾸준히 주제에 대해 토의한 결과, 연구주제로 덴메이 원년(1781)에 대유행했던 기뵤시(黄表紙 : 에도시대 희작戯作의 한 종류─역주)가 선택되었다. 그리고 기뵤시 약 40종에서 당시의 언어·풍속의 특징을 보여주고 있는 대목을 수백 군데 발췌하고, 이것을 연극·음악·유곽·음식·유희·복식 등 10여 개의 항목으로 분류한 후 위원들 각자가 맡고 싶은 분야를 담당해서 연구하기로 했다. 이 당시의 보고자는 나중에 이렇게 서술한 바 있다.

---

59) 『三越』第2卷 第2號, 1912.2, 4~5면.
60) 『三越』第3卷 第1號, 1913.1, 12~13면.

당초의 예상보다 어느 정도 과학적이고, 어느 정도 조직적으로 실행되어가면서 서광이 비치는 것을 보고 있습니다. 기자는 이 모임이 머지않아 학회 및 기미계嗜味界에 위대한 공헌을 하게 될 날이 올 거라고 확신합니다.[61]

유행회가 회의 운영에 관한 규약을 세우고, '유행'이라는 애매한 주제 안에서 단순한 세상사 잡담으로 끝나버리는 것이 아니라 실제적인 성과를 만들어냈던 것과 같이, 에도취미연구회에서도 에도 호사가들의 집결에서 그치는 것이 아니라 눈앞에 보이는 연구성과를 내려고 했다. 미쓰코시의 이익에 어떠한 식으로든 관련이 있어야 하는 미쓰코시 자문기관이라는 사실이 이러한 연구진행방식을 촉발했을 것이다. 그렇기 때문에 다양한 영역이 교차하면서 당시로서는 새로운 연구를 성립시킬 수 있었던 것이다.

구체적인 연구 주제를 각 위원이 분담함으로써 보다 '과학적·조직적'으로 진행된 에도취미연구는 그때부터 몇 개월 후, 「유행회 편찬 에도취미연구자료」를 세 차례에 걸쳐 『미쓰코시』 잡지에 발표하였다.[62] 이것은 위원들이 열람했던 덴메이 원년의 기뵤시 56종 중에서, 풍속·관습·유행 등에 관한 부분을 발췌·채록하고 그 분야의 담당위원이 다양한 주해를 덧붙인 것이었다. 제1회 자료에서는 조사했던 모든 기뵤시의 서명·작자·화가 등을 열거해 표기했고, 제2회 자료에는 아에바 고손饗庭篁討·사이토 류조齋藤隆三·구보타 베이사이久保田米쓰의 '음식'에 관한 글이 소개되었다. 매회 자료는 분량이 상당했는데, 이렇게 에도풍속연구에 초점을 맞춘 상세한 자료는 현재로서도 여전히 높이 평가할 수 있는 것들이었다. 그것이 백화점의 연구회에서 작성되었던 것인데, 다이쇼 초기에 이러한 자료가 만들어졌다는 사실이 지금까지 간과되었

---

61) 『三越』第3卷 第3號, 1913.3, 15~16면.
62) 第1會 資料 『三越』第3卷 第7號, 1913.7.
　　第2會 資料 『三越』第3卷 第9號, 1913.9.
　　第3會 資料 『三越』第3卷 第10號, 1913.10.

던 것이다. 오늘날 에도학의 열기 안에서, 메이지 말기부터 다이쇼 초기에 걸쳐 진행된 이런 에도연구의 동향을 재평가하는 것은 대단한 의미가 있다고 생각한다.

『에도취미 연구자료』가 발표되고 그 다음 달 『미쓰코시』 제3권 11호에는 위원의 한 사람이었던 이노우에 겐카보井上劍花坊가 쓴 「에도취미와 10월의 미쓰코시」라는 기사가 게재되었다.[63] 이노우에는 "미쓰코시의 유행회에서 에도취미연구가 시작된 이래로 여러 방면에서 에도취미라는 말을 많이 들을 수 있었던 것은 의심의 여지가 없는 사실이며, 결코 자화자찬하려고 드리는 말은 아닙니다"라면서 "소생 등은 (…중략…) 다른 여러 사람의 지혜를 거저 얻어서 각자의 견문을 넓힌 것에 불과합니다"라고 말했다. 한 백화점의 자문기관에서 왜 이 정도로 많은 지식인들이 모여 열심히 연구에 가담했던 것일까. 백화점의 이익을 사회에 환원하고, 문화 향상에 노력한다는 히비 오스케의 높은 이념에 모두가 찬성했던 것은 틀림없는 사실이었다. 그러나 실제로는 그러한 전문분야의 틀을 넘어서 탈영토적 연구의 장에서 얻을 수 있는 지식이 회원들에게 대단히 큰 매력이었다는 사실이 연구회의 활동에 참여한 그들의 속내였다고 추측할 수도 있을 것이다. 이곳의 정보네트워크를 회원들은 각자의 일에 접목시켜 적절하게 사용했을 것이다. 각각의 학문영역들이 유행회 활동의 영향을 받은 부문에 대해서는 개별적으로 고찰할 필요가 있지만, 이것은 이후의 연구로 남겨두고자 한다. 여기서는 이러한 일련의 에도취미연구가 있었다는 사실만을 명확하게 밝혀낼 것이다. 그렇지만 이노우에도 서술하고 있듯 '에도취미'가 문예를 중심으로 한 일부 지식인의 기호로만 끝나지 않고 일반 사람들에게 유포되었던 것은, 미쓰코시에서 의도적으로 '유행'을 퍼뜨렸기에 가능했다는 것을 주목해야 한다. 미쓰코시에서는 겐로쿠문양에 필적할 새로운 유행을

---

63) 井上劍花坊, 「江戸趣味と10月の三越」, 『三越』 第3卷 第11號, 1913.11, 29면.

구하고 있었다. 미쓰코시에서 만들어진 취미가 동시대의 문학운동 등에서 만들어진 취미와 크게 다른 점은 이렇게 일반인에 대한 침투력에 있었음을 확인할 수 있다.

　에도취미연구회에서 발표되었던 성과를 수렴하여, 1913년 10월에는 미쓰코시백화점 내에 에도취미연구의 재료를 모아 일반인들 앞에 진열하였다.[64] 처음에는 의복이나 장식품을 시대별로 대규모 진열할 예정이었지만, 당시의 공간 문제로 인해 전시품은 머리장식품과 휴대소품에 한정되었다. 에도취미연구회는 그 후에도 계속되었고, 에도취미의 상품이 백화점에 진열되는 경우도 많았다. 그리고 이것들은 제3기에 접어들어 미쓰코시의 에도연구 집대성이라고 할 만한 〈에도취미전람회〉를 통해 불특정 다수의 사람들 앞에 전시되었다.

제1회 아동박람회, 전경, 1909

(4) 아동용품연구회와 이와야 사자나미

미쓰코시가 백화점화를 추진하던 상황에서 연구회로부터 받은 충고들은 불가피한 것이었고 동시에 연구회의 사회교육적인 기능은 결과적으로 백화점의 '권위'를 보증해주었다. 메이지 말기부터 다이쇼기에 거쳐 유행회와 함께 사회에 큰 영향을 끼친 것이 〈아동용품연구회〉였다. 유행회와 아동용품연구회는 간토대지진이 일어날 때까지 나란히 백화점의 2대 자문기관으로 존재했고, 두 개의 연구회에 중복해서 참가하던 사람들도 많았다. 미쓰코시에서 아동연구가 어떻게 진행되었는지는 그 활동량이 너무 많아서 여기서 전부 논하는 것이 불가능하지만, 이 시기 미쓰코시의 '아동'이라는 테마는 '유행'과 함께 피해갈 수 없는 중요한 관심사였음에 분명하다. 그렇기 때문에 유행회의 활동과는 비껴나 있지만 미쓰코시 내에 또 하나의 세력이었던 아동연구활동과 그 중심멤버인 이와야 사자나미嚴谷小波[65])에 대해서 살펴보고자 한다.

고요와의 인연으로 인해 미쓰코시의 문화활동에도 이른 시기부터 관여했던 이와야 사자나미는, 유행회 결성 때부터 일관되게 연구회 중심멤버 중 한 사람으로서 유행회 운영에 적극적으로 참여했다. 이와야는 1909년에 백화점의 요청에 따라 아동부 고문을 맡았다.[66] 미쓰코시가 〈아동부(아동용품부)〉를 신설한 것은 그 전해인 1908년 3월이었다.[67] 이

---

[65] 이와야 사자나미(嚴谷小波, 1870~1933)는 아동문학자이자 소설가이며 하이쿠 시인이었다. 도쿄 출생으로 본명은 李雄, 별호는 漣山人, 배호(俳號:하이쿠를 쓸 때의 이름)는 樂天居였다. 젊었을 때 문학에 뜻을 품었던 그는, 1887년경 고요紅葉의 겐유샤(硯友社)에 들어가 창작활동을 시작했다. 1891년 박문관에서 발간된 『소년문학총서』의 제1편에 『고가네마루こがね』를 발표한 이후 아동문학의 길로 나섰다. 일본의 아동문학을 부흥시킨 인물이라고 평가받는데, 1895년에 창간된 『소년세계』의 주필을 맡았고, 또 『모모타로桃太郞』, 『사루카니갓센猿蟹合戰』 등 24편을 수록한 『일본옛이야기日本昔噺』(1894~1896)를 통해 일본의 동화를 집대성하는 등, 일본문학계에 많은 업적을 남겼다. 고요와의 우정은, 고요가 세상을 뜰 때까지 변하지 않고 지속되었고, 고요는 이와야를 모델로 해서 『금색야차金色夜叉』를 썼다고 한다.
[66] 『みつこしタイムス』第7卷 第2號, 1909.2, 24면.
[67] 『株式會社三越85年の記錄』, 50면.

미 아동문학계의 권위자였던 이와야를 고문으로 영입했다는 것은 미쓰코시가 당시로서는 최첨단의 연구분야였던 '아동'에 주목하면서 아주 이른 시기부터 상업적 기반 위에서 그것을 전개시키기 위해 힘을 쏟았다는 것을 말해주는 것이다. 이런 중에 1909년 4월 제1회 〈아동박람회〉가 한 달간 개최되었다. 신관 건설을 위해 구점포를 헐었던 자리에 박람회장이 들어섰다.『주식회사 미쓰코시 85년의 기록』에 따르면 "그것은 아동의 생활문화에 대한 관심이 고조되는 것에 주목했던 〈유행회〉의 제안에서 비롯된 것"[68]이었다. 그런데 이 시기 유행회의 활동기록이 많이 남아있지 않기 때문에 유행회에서의 발의가 어느 정도로 아동박람회에 이어졌는지 그 과정에 대해서는 확실하게 알 수 없다. 그러나 당시 지식인들 사이에서 '아동'에 관한 언급 기회가 많아졌던 상황을 고려해보면 유행회와 아동박람회의 연관관계는 충분히 짐작할 수 있다. 1909년 3월『미쓰코시 타임즈』에는 다음과 같은 박람회 개설 취지가 게재되었다.

「아동박람회 개설취지」
　　최근 아동에 관한 제반 사업은 융성하게 영역을 넓혀가고 있고, 각 방면의 연구조사가 한층 정도를 더하는 것은 실로 매우 놀랄 만한 일이다. 그리고 그 개선·발달의 결과로 어디까지 진보해왔는지를 보려면, 각 분야에서 고심 끝에 만들어진 제작품을 우선 한 곳에 모아 그것을 세상에 소개하는 것이 가장 적당한 방법이라고 믿는다. (…중략…)
　　소위 아동박람회는 아동관련 제작품을 진열하는 것이 아니라, 아동 그 자체를 진열한다. 남녀 아동이 일상에서 앉고 눕고 움직이고 놀 때, 잠시도 없어서는 안 되는 의복·가재도구 및 오락기구류를 동서고금에 걸쳐 수집하고 특수한 신제품을 모아 이것을 공중公衆 앞에 전람하여 이로써 오늘날 메이지 신가정에 청신한 취趣를 첨가할 것을 기획하며 (…중략…) 또 출품작 중에서 신의장·신고안의 제작에 관해서는 유명한 대가들에게 심사를 의뢰하고 우수·탁

---

68) 위의 책, 5면.

월한 것들에는 특별한 기념상을 증정한다. 이번에 심사위원직을 기꺼이 승낙한 사람들은 다음과 같다(이로하 순).

제일第一고등학교장, 농학박사, 법학박사 니토베 이나조新渡戶稻造씨
대일본아동연구회 다카시마 헤이사부로高島平三朗씨
도쿄제국대학교수, 이학박사 쓰보이 쇼고로坪井正五郎씨
도쿄고등사범학교교수 쓰보이 겐도坪井玄道씨
도쿄제국대학교수 겸 농상무성 특허국조사관, 공학박사 쓰카모토 야스시塚本靖씨
여자고등사범학교교수 나카무라 고로쿠中村五六씨
도쿄미술학교교수 구로다 세이키黑田淸輝씨
도쿄제국대학교수, 공학박사 남작 시바 주자부로斯波忠三郞씨
도쿄제국대학강사, 의학박사 미시마 쓰료三島通郞씨
문학사 스가와라 교조菅原敎造씨
농상무성 특허국 조사관 오노 긴우지小野喜惣治씨
여자고등사범학교교수 미야가와 스미코官川壽美子여사

많은 분들이 부디 본점의 진의를 헤아려주시고 이 일을 칭송해주시기를 소망하는 바이다.

도쿄 니혼바시 스루가초 미쓰코시오복점 내
1909년 3월 아동박람회
회장 히비 오스케
고문 이와야 사자나미[69]

박람회장에는 완구를 비롯해 어린이와 관련한 온갖 물건들이 전시되었고 외국의 산과 호수의 모형과 오락시설 등이 설치되었다. 취지에 따르면 "아동 관련 제작품을 진열하는 것이 아니라, 아동 그 자체[70]를 진

---

69) 『みつこしタイムス』 第7卷 第3號, 1909.3.
70) 이러한 '아동 그 자체'라는 표현은 어른과는 다른 독자적인 세계를 가지고 있는 아동의 존재를 깨닫게 되는 분위기가 고조되면서 어린이란 어떤 존재인가, 어떤 행동을

미쓰코시 소년음악대, 1909

열"하고 "공중들 앞에 전람하여 이로써 오늘날 메이지 신가정에 청신한 취趣를 첨가할 것을 기획"했다. 미쓰코시는 사회공헌의 일환으로 교육활동을 위해 이러한 아동박람회를 개최한다는 의식을 표명했다. 하지만 요시미 순야吉見俊哉는 『박람회의 정치학』에서 이 아동박람회는 아동의 작품 전시가 아니라 "아동이 구입해야 할 상품"을 전시하는 곳이었다고 말한다. 즉 "생산자로서 아동이 아닌 소비자로서의 아동"에 주목했던 점이 새로웠다고 지적했다.[71] '학속협동'은 이렇게 이익추구가 내세워진 초기에 성립한 것이었다. 박람회라는 형식을 취하고 상품에 의한 별세계 창조가 일단 진행되면서, 많은 사람을 그곳에 끌어들이는 것이 가능하게 되었다.

아동박람회는 큰 평판을 얻었고 연일 많은 관람객들이 밀려들었다.

하는가, 어떤 심리가 있는가 등에 대한 연구가 이루어졌는데, 당시 상황을 의식해서 사용한 것이라고 생각된다.

71) 吉見俊哉, 『博覽會の政治學』, 中央公論社, 1990, 162면.

또 이 박람회 개최를 위해 히비 오스케는 이와야 사자나미와의 의논을 통해 이와야의 친구이자 해군악대출신이었던 히사마쓰 고타로久松鑛太郎를 악단장으로 한 〈미쓰코시 소년음악대〉를 결성했다. 이 박람회에서 초연을 한 소년음악대는 미쓰코시의 명물 중 하나가 되어, 이후 백하점 내외 행사에 출연하였다. 일반인들에게 아직 친숙하지 않았던 당시 양악을 널리 보급했다는 점에서 음악대의 활동이 동시대 사람들에게 끼친 영향은 상당히 컸고, 백화점 선전효과에도 큰 역할을 했다.[72]

아동박람회는 1915년까지 총 7회에 걸쳐 백화점의 춘계 대이벤트로 매년 개최되었다. 박람회가 성공하면서 1909년 5월에 상설 연구조직인 〈아동용품연구회〉가 시작되었다.

[아동용품연구회 규정]
1. 목적
학술상 및 실용상의 연구를 통해 일반아동용품의 개량보급을 도모하는 데 목적이 있다.
1. 사업
(1) 모든 아동을 본위로 하여 제작한 기계기구 및 이것과 관련된 도서를 수집하는 일
(2) 새롭게 고안창작하고 그것을 보조하거나 장려하는 일
(3) 좋은 아동용품을 사회에 추천장려하고 이를 보급하는 일
(4) 상기 목적을 달성하기 위해 수요자나 공급자의 상의商議를 받아들이고 감사鑑査하는 일
회원

---

[72] 미쓰코시소년음악대는 음악평론가 오타 구로모토大田黒雄, 호리우치 게이조堀內敬三, 지휘자 고노에 히데마로近衛秀麿 등의 음악관계자를 배출했다. 미쓰코시음악대에 대항해서 시로키야에서는 1911년에 소녀음악대를 결성했고, 후에 시로키야소녀가극으로 발전했다. 이것을 모방해서, 고바야시 이치조小林一三는 간사이 지역에서 다카라즈카寶塚소녀가극단을 만들었다. 참고 : 小松徹三, 『大三越の歴史』, 日本百貨店調査所, 1941 ; 『白木屋三白年史』, 株式會社白木屋, 1957 ; 濱田四郎, 『百貨店一夕話』, 日本電報通信士, 1948 ; 津金澤聰廣, 『寶塚戰略』, 講談社, 1991.

간사 의학박사 미시마 쓰료三鳥通良군, 간사 다카시마 헤이사부로高島平三郎
군, 간사 문학사 스가와라 쿄조菅原教造군, 간사 이와야 사자나미岩谷小波군
(후략, 이하 회원은 박람회의 심사원과 동일)

1909년 7월 미쓰코시오복점[73]

아동용품연구회는 이와야 사자나미와 다카시마 헤이사부로를 간사로
해서 주 1회 회합을 정기적으로 열면서 완구를 비롯한 아동용품에 대한
비평이나 연구개발을 주로 실시하였다. 연구회가 결성되면서 아동연구
는 유행회에서 독립한 별개의 조직으로 추진되었다. 유행회와 마찬가지
로 쓰보이 쇼고로를 비롯한 각계의 대가들이 열심히 참가하였다.

연구회의 성과로는 앞서 개최한 아동박람회 외에도 1912년에 〈미쓰
코시장난감회みつこしオモチャ會〉를 조직하고 연구회에서 엄선한 완구를 중
심으로, 신제품에서 향토완구, 해외완구 또는 옛날완구에 이르기까지
진귀한 장난감 수십 종을 월 1회씩, 1년에 걸쳐 포회布會하는 형식으로
판매한 것 등이 있다.[74] 1916년에는 7회에 걸쳐 계속되어온 아동박람회
를 대체한 〈아동용품전람회〉를 개최하였다. 이외에도 여러 다른 아동박
람회 등에 출품하는 등 연구회의 활약은 매우 두드러졌다. 그 가운데
이와야는 미쓰코시의 고문이라는 입장 때문이었는지 공적인 자리에서
강연 등은 거의 하지 않았다. 그러나 히비 오스케가 창도했던 '학속협
동'에 대한 이와야의 신뢰는 아주 깊었고 아동용품연구회와 유행회의
간사를 오랜 기간 계속하면서 연구회의 권위를 세우는 데 중요한 역할
을 했다.

미쓰코시는 왜 그렇게까지 '아동'에 중요한 위치를 부여하고자 했을
까. 첫째는 메이지 30년대경부터 다카시마 헤이사부로를 중심으로 구미
의 연구동향을 수용했던 아동연구운동이 성황을 이루었던 것에 기인한

---

73) 『みつこしタイムス』 第7卷 第9號, 1909.
74) 『三越』 第2卷 第6號, 1912.6, 8면.

바가 크다.[75] 다카시마의 활동에 의해 일본인들 사이에 '아동'이란 개념이 생겨났고 아동의 존재를 어른과는 다른 독자적인 것으로 인식해야 한다는 풍조가 메이지 말기가 되면 강력해졌다. 하지만 오늘날의 관점에서 보면 이 메이지 시기의 운동은 거의 논리상으로만 전개되었기 때문에 일반 대중과는 괴리가 있는 탁상공론에 그치고 말았다는 평가가 대부분이다.[76] 그러나 실제로 미쓰코시에서 연구성과가 나오고 일반인들에게도 높은 평가를 받을 수 있었던 것은 지금까지 소개된 다른 연구와 마찬가지로, 백화점이라는 아주 통속적인 상업공간의 내부에서 이루어졌기 때문이기도 하고, 전혀 없었다고 해도 좋을 정도로 그간 고려된 적이 없었기 때문이기도 하다. 이와 같은 미쓰코시의 아동연구를 이해하고 그것을 받아들였던 것은 당연하게도 상류가정에 한정되었다는 것과 연구회가 신제품을 개발한 것 등은 오복점의 영리목적을 위해 활동했던 것이라는 배경은 유행회와 같았다. 하지만 그것들을 고려하더라도 그 의의는 아주 크다고 생각한다. 부연하자면 이러한 아동연구에서 아동과 그 부모까지도 포함한 교육을 실현한 것은 '영리회사'이면서도 국가사회에 공헌해야 한다는 히비의 이념을 가장 충실하게 제시한 것이라고 할 수 있다. "전문가의 협력을 바탕으로 아동의 위생·교육·취미·향상심의 발양에 이바지한다"는 히비의 주장에 대해 백화점 내외에서는 비난의 목소리도 있었다. "국민사상의 선도랄까, 유소년 교육에

---

75) 다카시마의 아동연구에 대해서는 橫須賀薫, 「解說－兒童觀の展開」, 『近代日本教育論集』 第5卷, 國土社, 1969; 高島平三朗, 「我國に於げる兒童研究の發達－兒童觀の展開」, 『近代日本教育論集』 第5卷 國土社, 1969; 高島平三朗, 「解說」, 『教育に應用したる兒童研究』(『日本兒童問題文選集』 29), 日本圖書センター, 1985 등을 참조했다.

76) 이 중에서도 다카시마와 같은 초기의 연구자는 아동을 세분화하지 않은 채로 종합적인 관심을 가졌는데, 그것이 그의 활동에 다양성을 확보해주었다. 그러나 연구대상을 확실히 정하지 않았고 자의적으로 사례를 사용한 미숙한 연구에 그치고 말았다는 반성이 다음 세대에서 나왔다. 아동연구는 생리학·심리학의 방법을 받아들임으로써 보다 전문적이고 학제적인 방향으로 나아가게 되었다(橫須賀薫, 앞의 책).

기여하는 것에는 다른 분야도 있을 것이고, 영리를 목적으로 하는 백화점이 그것을 담당하지 않아도 괜찮을 것이다"[77]라며, 아동연구가 이익에 직결되지 않는다고 난색을 표하는 사람도 있었다. 그런데 결과적으로 그런 간접적인 노력이 백화점의 선전효과로 이어졌고, 장래에도 백화점의 이익에 관계된다는 사고방식은 이미 19세기 후반 프랑스의 백화점에서도 채택된 바 있다. 〈봉마르셰〉와 〈루브르〉 등에서는 즉각적인 선전효과와 함께 십 수년 앞을 예측하고 아이들에게 자기 백화점의 이미지를 심어줌으로써, 아이들의 입장에서 "봉마르셰에 가서 물건을 산다"는 행위에 하나의 가치가 부여되는 것을 겨냥했다. 구체적으로는 어린이 대상 이벤트, 어린이용 무료 선물, 어린이용 그림엽서 발송 등 다양한 시도를 이미 실시하고 있었다.[78] 구미 백화점의 스타일을 적극적으로 수용했던 이 시기 미쓰코시가 이러한 전략도 당연히 도입했을 것임은, 남보다 한발 앞서 이례적으로 이른 시기에 '아동부'를 신설했던 것에서도 알 수 있다. 이러한 일련의 연구가 이익을 완전히 도외시하면서 진행된 것이 아니라는 것은 분명했다.

어린이를 좋아하는 히비의 입장에서 사회에 공헌하기 위해서 아동을 교육·지도하려고 했던 것은 결과적으로 당시 '아동연구'가 지닌 또 하나의 의미를 분명하게 해주는 것이 되었다. 앞선 에도취미연구 등과 비교해볼 때, '아동연구'를 한 시대의 유행현상으로 파악했던 시기에 그것은 서양 사상에 기반한 '양풍洋風' 바로 그것이었다. 메이지 말부터 다이쇼 초기에 걸친 문화적 상황은, 미쓰코시라는 장에 한정해서 보더라도 '화풍'의 취미와 '양풍'의 취미가 병존하면서 양자가 균형을 유지하려는 상황으로, 혹은 두 개가 융합된 새로운 취미를 만들어내려는 경향이 있었음을 보여준다. 당시 풍속 안에 좀처럼 양풍이라는 것이 보급되지 않았던 사실은 쓰보이 쇼고로의 풍속측정 등에서도 실증되어 있는데, 이

---

77) 星野小次郎, 앞의 책, 141면.
78) 拙稿, 「オ・ホ゛ ヌ─ル・テ・タ゛ ム」, 筑波大學修士論文, 1990.

러한 상황에서 양풍의 생활을 가장 잘 수용하고 계몽·교육하기 쉬웠던 대상은 고정관념을 갖지 않은 어린이였다. '어린이'를 하나의 인격으로 취급하는 서양풍의 개념에는 '양풍 생활'이라는 막연한 이미지가 부여되었다. '어린이'에 대한 사고방식 자체가 서양의 것인 이상, 어린이들의 '양풍'을 부모들도 그만큼 저항 없이 당연한 것으로 받아들였던 것이다. 그리고 부모가 백화점에서 전시되는 '어린이의 라이프스타일'을 보는 것은, 양풍 생활을 배우기에 좋은 기회이기도 했다. 그런 점에서도 백화점의 '아동'이라는 테마는 그 시대의 새로운 취미를 형성하는 중요한 역할을 해냈다고 말할 수 있다.

3) 계몽의 시대─제3기

1914년 9월 15일, 4년의 세월에 걸쳐 공사한 미쓰코시 본점 신관이 낙성되었고, 10월 1일에 개점했다. 요코가와 다미스케橫河民輔의 설계에 따른 르네상스식 5층 철근 건축물 신관은 미쓰코시가 목표로 했던 구미형 백화점의 상징이라고 할 만한 양풍의 최신 설비를 갖춘 건물이었다. 이 신관을 완성했기 때문에 그때까지 사용된 인근 가영업소(목조 르네상스식 3층 건물)는 그대로 각종 행사장으로 활용되었다. 이에 따라 유행회의 활동은 새로운 국면을 맞이했다. 신관이 개점한 1914년 10월부터 유행회 주최의 마지막 전람회가 열렸던 1917년 10월까지는, 활동의 최전성기였던 제3기 활동으로 나눌 수 있다.

우선 이 시기의 대표적인 활동을 꼽자면, 계속되어 온 현상모집 오복도안의 심사, 강연회 활동, 그리고 에도취미연구도 꾸준히 진행되었다. 그리고 무엇보다도 이때 유행회의 가장 두드러진 활동은 유행회 주최로 열렸던 수많은 전람회였다. 제3기 활동의 특징은 강연회보다도 한층 시각적이고 누구라도 알기 쉬운 '전람회'라는 형식을 취하면서, 대중을 향한 계몽적인 색채를 한층 강조했다는 데 있었다. 그때까지 유행회에서 논의의 비중을 두었던 '좋은 취미'라는 것이 어떤 것인지를 눈에 보이는 형태로 표현했던 것이 이들 전람회였다. 더욱이 이 시기의 특징으로 새로운 특별연구회인 〈신취미연구회新趣味研究會〉가 발족되어 서양풍의 취미연구가 시작된 것을 들 수 있다. '에도취미'에 대항할 수 있는 양풍의 '신취미'가 부각되면서 화양和洋취미연구가 연구회에서 커다란 위치를 차지하게 되었다. 처음으로 데파트먼트스토아화를 도모했던 이 시점에서 양풍의 상품을 대대적으로 취급하는 것은 미쓰코시로서 피할 수 없는 것이었다. 유행회에서도 양풍 상품의 연구와 비평이 여러 차례 실시되었다. 이 시기에 이르면 그것이 '신취미'라는 하나의 스타일로 에도취미와 어깨를 나란히 할 수 있을 정도가 되었다. 새로운 취미, 새로운 스타일을 모색했던 이 시대를 상징하는 것이 바로 두 연구회의 활동이었다.

유행회를 설립하고 '학속협동'이라는 이름 아래 지식인들을 백화점으로 모았던 히비 오스케는 1911년경부터 병에 걸려 백화점에 드나드는 일이 줄었다. 히비는 그 후 1918년에 이사를 사임하고 미쓰코시 경영에서 완전히 손을 뗐다. 히비가 유행회에 직접 관여했던 것은 1911년까지였지만, 그 후에도 그의 의지는 회원들에게 계승되었고 히비가 완전히 은퇴할 때까지 그의 이념은 유행회에 관철되었다. 이것은 히비가 자신의 사고방식에 찬성하는, 자신의 수족과도 같은 부하를 평소에 양성했기 때문이었다. 이를테면 중요한 신입회원으로 1915년 10월에 오가사와라 다이스케小笠原長幹, 야나기타 구니오柳田國男, 쓰루미 사키치오鶴見左吉雄,79) 1916년 5월에 구로자카 가쓰미黑板勝美, 오쿠다 세이이치奧田誠一,80) 그리고 1916년 10월에는 사사가와 린푸笹川臨風, 사자가와 미오조笹川三男三81) 등의 인물이 입회하였는데, 그 인선人選에도 "각계의 권위를

---

79) 『三越』 第5卷 第11號, 1915.11.
80) 『三越』 第6卷 第6號, 1916.8.

망라한다"는 히비의 사고방식이 반영되었던 것을 알 수 있다.

(1) 신취미과위원회의 발족

1914년 7월호 『미쓰코시』에 게재된 유행회 6월 월례회 기록에는 "에 도취미연구회가 실행을 계속함과 동시에 또 다른 세계의 신취미를 깊이 연구함으로써 장래 유행계에 공헌할 만한 기관을 만들지 않으면 안 된다는 안건을 내놓았다. 이 역시 위원을 특별히 촉탁하기로 결정"했다는 부분이 있다.[82] 같은 해 9월호에는 「유행회의 일대 비약」이라는 제목으로 "유행회에서 특별히 태서泰西의 최신 유행 및 취미 등을 연구할" 특별위원을 유행회에서 선출했다고 기사화했다.[83]

멤버는 이와야 사자나미・이시바시 시안・하마다 시로・도요이즈미 마쓰조・쓰카모토 야스시・우치다 로안・구로다 세이키・마쓰이 쇼요・스가와라 교조였고, 그 외 니토베 이나조도 멤버로 위촉할 예정이라며 총 10명의 이름을 내걸었다. 유행에 민감하고 새로운 물건을 대단히 선호하는 고요 일파와, 해외에 다녀온 경험이 있고 구미 사정에 밝은 사람만으로 구성되었다. "구주 대란은 세계의 인심에 크게 영향을 주었고, 문예・미술에서부터 신취미유행 등에 엄청난 변화를 보여준 계기였음에 틀림없습니다. 이러한 때에 연구모임이 생겨난 것은 정말 시기 적절하고 또 가장 효과를 얻을 수 있는 일이라고 믿습니다"라고 말하고 있듯이, 제1차 세계대전이 발발한 1914년, 유럽의 혼란은 일본인에게도 큰 충격이었다. 일본인들은 그때까지 일본이 모방해온 서양 문화가 크게 변동하고 기성既成의 가치관이 전복되면, 거기서부터 새로운

---

81) 『三越』 第6卷 第11號, 1916.11.
82) 『三越』 第4卷 第7號, 1914.7.
83) 「流行會の一大飛躍」, 『三越』 第4卷 第9號, 1914.9, 5면.

문화가 생겨날 것이라고 생각했다. 미쓰코시가 구미형 백화점으로 변신을 도모한 때부터, 서양취미는 피할 수 없는 문제였다. 순서양식 신관을 열면서 명실공히 근대 백화점이 된 미쓰코시에서, 유행회는 서양취미연구를 에도취미의 그것과 대비할 수 있을 때까지 강화시켜 나가는 것이 긴급한 과제였던 것 같다. 다만 사람들 사이에서는 단지 서양스타일 모방에서 그치지 않고 거기에서 일본인이 새로운 취미를 만들어내는 것이 중요하다고 여기는 인식이 고양되었다. 같은 시기에 쓰보우치 쇼요가 주도한 취미보급운동에서 서양문화의 바른 수용은 개인이 그것을 소화하는 능력, 즉 취미를 키우는 것을 비롯해서 그것을 실현한다는 사고방식을 의미했다. 서양취미 그 자체가 아니라 새로운 취미를 창출하는 것이 새로운 일본에 필요했고, 이렇게 조직된 〈신취미과위원회〉는 유행회와는 별도로 월 1회 정도의 회합을 열었다. 그 활동기록 모두가 『미쓰코시』 지면을 통해 보고되었던 것은 아니지만 기록이 남아 있는 한에서 그 활동의 실태를 밝혀보려고 한다.

신취미과위원회 활동이 『미쓰코시』에 게재된 것은, 1914년 10월부터 1916년 9월까지이다.[84] 매회 몇 개의 주제를 정해서 각자가 조사하거나 생각해온 것을 바탕으로 토론하였다. 초기 유행회에서 발견할 수 있는 연구회 스타일을 채택하고 있었다. 1914년 11월, 12월의 주제는 「문양연구紋の研究」였다.[85] 회합이 계속되는 가운데 일본 고래古來의 전통적인 무늬, 담쟁이넝쿨蔦·오동나무桐·명자나무木爪, 동그라미에 두 줄 무늬 문양을 "신양식으로 변화시키고자" 각 위원이 디자인을 고안해서 제출하고 그것들을 서로 비평했다. 도요이즈미 마쓰조가 많은 도안을 제출했는데, 그중에서도 분리파풍secession의 오동나무문양 등이 호평을 받았다. "분리파풍문양이 옷자락문양이나 남녀 일본옷의 허리띠(오비) 등에 이르기까지 멋스러운 조화를 이룬다면 예상 외로 대다수 귀부인들에게 환영받

---

84) 『三越』第4卷 第11號, 1914.11, 16면에 제1회의 정례회 보고가 실려 있다.
85) 『三越』第4卷 第12號, 1914.12, 11~12면.

을 수 있다고 생각한다"[86]고 서술하고 있듯이, 여전히 일본 전통옷和服이 대부분이었던 일반 여성들에게 '양풍의 취미'는 옷감이나 일본식 옷의 소품 안에서만 허용할 수 있는 것이었다. 당시 생활에서 문양이 사용될 수 있는 물건으로 보자기 · 명주수건 · 기와瓦 · 커프스 단추 등의 여러 예들이 회합 중에 거론되었다. 회원 중에서 니토베 이나조는 금시계에, 이시바시 시안 등은 외투의 등쪽에 문양을 그려넣었는데, 다양한 부분에서 이용된 것을 알 수 있다. 1915년 1월에는 하오리羽織의 끈(紐 : 아이들 옷의 중동에 매단 끈−역주)을 주제로 했고, 위원들은 참고품이나 신제품을 제출했다. 그중에서도 이시바시 시안石橋思案이 출품한 고요尾崎紅葉의 유품이 가장 주목받았다고 한다.[87] 고요는 유행에 정통했고 새로운 물건을 선호했었다고 앞에서도 말한 바 있는데, 하오리의 끈도 그런 고요가 스스로 고안한 물건 중 하나였던 것 같다. 이와야 사자나미는 강연 「고요 선생紅葉山人과 유행」(1915.10.27)에서, 다음과 같은 에피소드를 소개했다.

특색이 있는 일체의 긴 하오리 끈을 싫어했습니다. 간단히 말하자면 셔츠를 단추鈕와 같은 것으로 고정시키는 것, 그것이 전부입니다. 비단 하오리에도 싸구려 하오리에도 문양이 새겨진 하오리에도 이 방식을 이용했는데, 우리들이 볼 때 우습다는 생각이 들기도 하지만 동시에 선생에게는 주의주장이었습니다. 하오리의 끈이 긴 것이 촌스럽지는 않지만 정말 불편합니다. 가끔 물건에 걸리기도 하고 더러워지며, "여보게, 버터 좀 주게" 하면서 손을 뻗으면, 끈의 끝부분이 스프에 빠져서 더러워집니다. 놀라서 끝을 입으로 쪽쪽 빠는 것은 그다지 좋아 보이지 않습니다. (큰 웃음) 아침에 양치질을 할 때에도, 치약이 묻거나 물에 젖거나 합니다. 결국 끈이 길기 때문에 생기는 일들로, 실제로는 길 필요가 없고, 경제적으로 보더라도 반 정도 길이면 충분하지 않겠느냐고 그는 말했습니다. 고요 선생은 6척 길이를 3척이나 2척으로 하자면서, 경제상으로도 하오리의 끈을 짧게 해야 한다고 주장했던 사람이었습니다.[88]

---

86) 『三越』 第5卷 第1號, 1915.1, 17~18면.
87) 『三越』, 第5卷 第2號, 1915.2, 23면.
88) 巖谷小波, 「紅葉山人と流行」, 앞의 책, 10~11면.

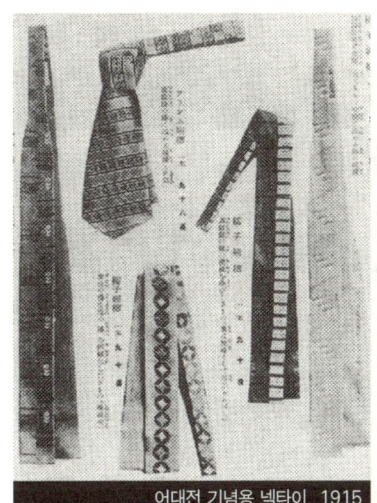
어대전 기념용 넥타이, 1915

신고린식 문양현상 입선 도안, 1915

　새로운 서양풍 생활 스타일이 수용되면서, 의복이나 취미도 기능상
의 이유로 변화가 요구되었다. 이 무렵 일본식 복장和裝이 일시적으로
늘었다고는 해도 양풍 생활이 많은 부분 증가된 게 사실이고, 서양풍
식사에도 적용할 수 있는 사례연구가 필요했을 것이다. 위의 에피소드
는 통속적이기 때문에 오히려 사람들의 일상적인 속마음을 알 수 있게
해준다. 1915년 2월의 회합 주제는 넥타이연구였다. 넥타이에 관해서는
일찍이 유행회에서도 연구가 이루어졌는데, 서양취미연구에 가장 잘 어
울리는 주제 중의 하나라고 여겼던 것 같다. 이 시기에 도요이즈미 마
쓰조가 백화점용 신상품 견본을 제출했고, 마쓰이 쇼요가 파리풍의 옛
날 넥타이를 출품한 것을 제외하고는, 그다지 회의가 진전되지 않았던
것 같다.89) 그러나 이 시기의 연구를 근거삼아 같은 해 9월에는 어대전
(御大典 : 천황 즉위식－역주) 기념용 넥타이를 위원회에서 고안했다. 이것을
백화점 입구에서 판매했는데 기념품 중 가장 잘 팔렸고, 대성공을 이뤘

---

　89) 『三越』, 第5券 第3號, 1915.3, 51면.

다고 전해진다.[90] 이외에 남성용 일본식 외투연구(1915년 10월, 12월)나 미쓰코시 참고실에 있는 프랑스 직물 도안에서 쓸 만한 것을 선택했다는 (1915.1) 등의 연구기록이 남아 있다.

이 신취미과위원회 활동 중 가장 눈에 띤 것은 1915년 3월부터 4월까지 논의된 '고딕식 도안' 연구였다고 할 수 있다. 위원의 한 명인 건축가 쓰카모토 야스시[91]가 제기한 고딕 도안이 1915년 3월 회합의 주제가 되었던 것이 그 발단이었다.

미쓰코시가 의도적으로 유행을 만들어냈던 것은, 앞서 말했듯이 다카하시 요시오가 만든 다테문양, 겐로쿠문양 이래의 일이었다. 근대적 백화점의 모습으로 변화한 이후, 미쓰코시가 가장 힘을 기울여서 유행을 만들고자 했던 분야는 오복문양이었다. 그리고 1915년 봄, 다이쇼라는 새로운 시대에, '신고린식新光琳式' 문양이 발표되어 호평을 받았다. 이 해가 고린(光琳 : 오가타 고린. 에도 중기의 화가이자 공예가. 대담하고 독특한 화풍으로 근세 장식화의 최고봉으로 평가받는다—역주) 사후 200년이 되는 때였고, 에도취미연구회에서도 대대적으로 고린연구를 시행하면서 이것을 유행시키고자 했다. 이런 상황 속에서 "신고린식新光琳式이라는 순일본적이고 순국수적인 유행과 대비되는 것, 그 근원을 서양에 둔 유행 하나를 만들어내는 것은 어떨까"[92]라는 의견이 신취미과위원회에서 터져나왔다. 이 시기에 쓰카모토가 제안한 것이 '고딕식'이었다. 이 '고딕식'

90)『三越』第5券 第11號, 1915.11, 16, 46면.
91) 쓰카모토 야스시(塚本靖, 1869~1937)는 건축가이며 공학박사였다. 교토에서 출생하였고, 1893년에 도쿄제국대학 공과대학 조각학과를 졸업한 후 구미제국에서 유학하였다. 귀국 후 공과대 교수에 취임하였으며 논저에『일광묘장식론日光廟裝飾論』등이 있다. 일본 건축학의 권위자이면서 취미가 많은 것으로도 유명하다. 소수의 호사가들을 위한 기호잡지嗜好雜誌『견효大梟』를 주재했는데, 유행회 회원이면서도 이 잡지에 기고하는 사람들이 많았다. 야스시의 방대한 지식은 다양한 영역에 걸쳐있었고, 유행회에서도 발휘되었다. 특히 신취미과위원회에서는 자기가 디자인한 도안을 발표하거나, 고딕양식의 유행을 제창하는 등, 정력적으로 활동했다.
92)「やがて流行すべきゴシツク式」,『三越』第5卷 第4號, 1915.4, 44면.

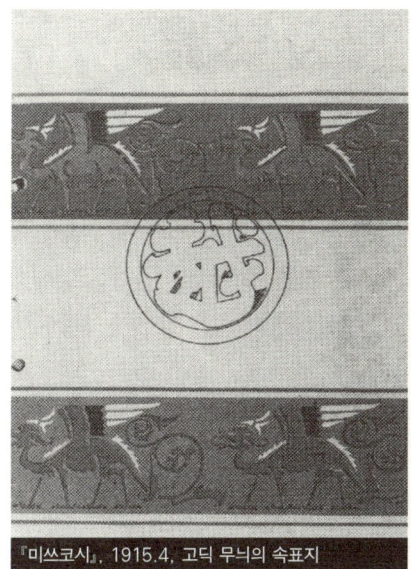

『미쓰코시』, 1915.4, 고딕 무늬의 속표지 　　『미쓰코시』, 1915.4, 고딕 무늬의 목차

을 일본에 유행시켜보자는 의견은 곧바로 다른 위원의 찬성을 얻어 상세한 연구가 시작되었다. 쓰카모토는 3월 8일 정례회에 참고서와 유럽의 고딕양식 건축 및 장식 사진, 그리고 자신이 손수 스케치한 수십 장의 도안을 가지고 왔다. 그리고 고트인(Goth人, 동게르만의 한 부족—역주)의 기원에서부터 고딕장식의 특징에 이르기까지, 고딕양식에 대해 상세하게 설명하였다.[93] 쓰카모토는 일본에 고딕식이 적당하다고 생각하는 이유를 몇 가지 꼽았는데, 그것은 대략 다음과 같다.

　①고딕양식이라는 봉건적이고 강건한 양식은 일본 전국시대의 무사기질과
　　상통하는 것이다. 일청·일러전쟁에 승리한 일본 국민에게는 이러한 기
　　질·기호가 필요하다.
　②고딕양식의 특징적인 색깔은 아주 차분한 중간색이 많고, 마르코프식의 원
　　색이 전혀 아니기 때문에, 그 여유閑寂있는 취미가 일본인의 기호에 맞다.

---

93) 위의 글, 45~49면.

③ 서양에서 황제 취임식이 고딕식으로 거행된 것에 착목하여, 1915년에 어대전御大典이 거행된 것에 맞춰서 고딕연구를 하는 것은 시기적절하고도 재미있다.

  지금 보면 억지스러운 느낌이 들기도 하지만, 여하튼 근대 천황제 아래 부국강병이 장려되던 일본에서 가장 어울리는 서양식이란 어떤 것일까라는 질문에 대한 대답이 '고딕양식'이었던 것이다. 문명개화기와는 차원이 다른 서양문화 수용의 새로운 국면을 여기서 발견할 수 있다. 위원들 사이에서는 이 정도로 일본 취미에 잘 어울리는 것이 없다는 의견이 다수를 차지했다. 이제부터 고딕양식을 어떻게 일본화해서 상품으로 전개해 나갈지가 과제였다. 여기서의 '서양'은 '일본인의 취미'라고 하는 가치판단의 기준 위에서 선택된 것이고, 그 위에서 일본취미에 잘 융화할 수 있도록 일본풍으로 조정arrange한 것이었다. 어디까지나 신취미위원회의 근저에 있는 것은 '일본의 새로운 취미'였다.

  도안실의 스기우라 히스이杉浦非水, 그리고 제도실의 하야시 고헤이林幸平가 고딕양식 연구에 각각 참가하면서 한층 구체화되어 갔다. 1915년 4월호 『미쓰코시』에는 고딕건축의 사진과 고딕장식 등, 온갖 다양한 고딕양식이 소개되었다. 쓰카모토 야스시는 5월에, 미쓰코시에 출입하는 상공업자들의 단체〈삼정회三正會〉석상에서도 고딕양식을 보급시킬 것을 호소했다. 삼정회 측에서도 여기에 동조하고 상품을 만들 것을 약속했다.[94]

  그때까지의 오복문양과 마찬가지로 고딕식도 대유행할 것처럼 보였다. 그러나 채 1년도 되지 않아 이 운동은 돌연 사라져버렸다. 1916년 1월의 『미쓰코시』에 "고딕양식 도안은 일시적으로 크게 식자층의 호평을 받았다. 하지만 어떤 사정 때문에 충분한 반향을 얻지 못한 채 끝나버린 것은 몹시 유감이다. 그러나 한 번 떨어진 겨자 종자는 다시 싹터서 일

---

94)「三正會に於ける流行會の記」, 『三越』 第5卷 第5號, 1915.5, 50~52면.

본의 아름다운 꽃으로 피어날 것을 믿는다"
라고만 기술되어 있다.[95] 이 어떤 사정이라
고 하는 것은 무엇일까. 이 글만으로는 판단
하기 어렵지만, 신취미과위원회에서 다시 고
딕양식이 화제가 된 적은 없었다.

다음 해 1916년 5월, 신취미과위원회에서
는 다시 한 번 새로운 스타일을 창조하고자
도전했다. 이번에는 문양으로서의 문자에
관한 것이었다. 구로이타 가쓰미黒板勝美의
강연에서 소개된 덴코보대사傳弘法大師의 그
림문자繪文字를 착목해서 이것을 하나의 응
용도안으로 유행시키려고 한 것이었다.[96]
곧바로 이 그림문자가 『미쓰코시』 지면 여
기저기를 장식했지만, 이것도 지식인들에게
호평을 받은 것에 비해서는 진전없이 시들
고 말았다.

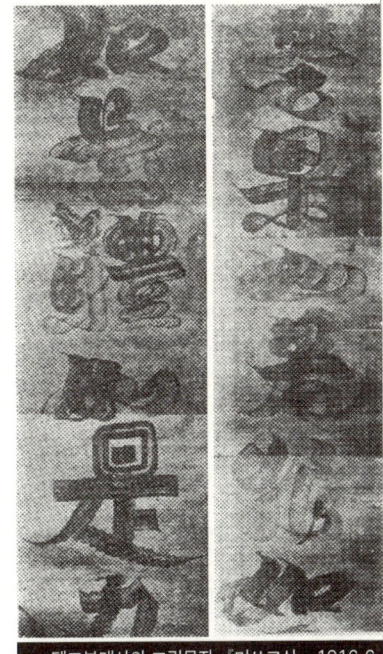

덴코보대사의 그림문자. 『미쓰코시』, 1916.6

1916년 9월, 미쓰코시에서 시행될 〈명가名家 고안품 진열회〉에 위원
회의 이름으로 뭔가를 출품하자는 의견이 모아졌다. 위원회 석상에서는
요일별 넥타이, 야마토 모자 등 여러 가지 의견이 나왔다.[97] 이 보고를
마지막으로 『미쓰코시』 지면에서 신취미과위원회의 활동보고는 자취를
감추었다. '신취미'연구는 이렇게 최후에 아주 키치적인 고안품을 남기
고 끝이 났다. 이처럼 신취미연구의 경우, 극히 표면적인 문제의식에서
만 유행을 다루었던 지점에 그 실체가 있었다. 그리고 이것이야말로 당
시 미쓰코시 전체의 취미의 특징이었다.

---

95) 『三越』第6卷 第1號, 1916.1, 27면.
96) 「三正會に招がれたる流行會の記」, 『三越』第6卷 第6號, 1916.6, 5~8면.
97) 『三越』第6卷 第10號, 1916.10, 29면.

이러한 신취미, 에도취미라는 이름을 바탕으로 연구되고 창출된 새로운 유행은 어떻게 미쓰코시 상품에 반영되었을까. 연구회에는 점원, 특히 의장이나 매입에 관여하는 자가 항상 참여했고, 실질적으로는 그들의 보고로 백화점 상품에 대한 지시가 내려졌던 것이다. 이외에 미쓰코시에 출입하던 상공업자 단체 삼정회三正會가 유행회와 몇 번의 교류기회를 가졌던 기록이 남아 있다. 이것은 190명 정도의 회원을 가진 삼정회의 강력한 요망에 따라 삼정회 회합에 유행회 사람들을 초대하면서 이루어졌다. 그 자리에서 유행회의 대표자 여러 명이 강연을 했는데, 내용은 '유행에 관하여' '예술에 관하여' 등이었다. 그중에서도 1915년에 초대받은 쓰카모토 야스시가 제창한 고딕문양이과 1916년에 구로이타 가쓰미黑板勝美가 소개한 문자문양이, 곧바로 상품화할 수 있는 귀중한 의견이라며 환영받았다. 그러나 실제로 이러한 모양은 단지 신기한 것에 불과했고, 일반인들에게 널리 상품으로 알려질 정도는 아니었다. 하지만 이들 삼정회에서의 강연내용만 봐도, 유행회가 항상 좋은 취미를 지도하는 입장을 취하려고 했던 것이 분명하다. 그리고 그 계몽활동이 보다 일반인들을 대상으로 해서 행해진 것이 바로 유행회 주최의 전람회였던 것이다.

(2) 유행회 주최 전람회에 관하여

다카하시 요시오가 오복점을 개혁할 무렵 연 2회의 신문양진열회新柄陳列會를 주최했던 것을 비롯해서, 미쓰코시 점내의 전시회와 진열회는 항상 사람들의 주목을 받았다. 그것은 상품진열에 그치지 않았고, 1904년 10월에는 〈고린유품전람회〉를 개최해서 고린光琳의 인물화・화조화・산수화 등을 모아 전시했고, 고린풍 옷자락문양琳風裾의 현상공모도 동시에 실시하였다. 이것이 미쓰코시가 개최했던 초기의 문화전람회였다.[98] 게다가 1907년에는 미술부가 신설되면서, 진열장소에 간잔觀山・

다이칸大觀·춘양회春陽會·이과회二科會 등 미술사상 중요한 작가와 단체의 전람회가 개최되었다.99) 도쿄 내에서는 우에노 공원上野公園의 다케노다이竹之台 문전회장文展會場과 일본미술협회의 진열관 이외에는 아직 전람회장으로 사용할 수 있는 공간이 거의 없는 시대였는데, 백화점이 그 장소를 제공했다는 것은 미술 관계자나 일반 감상자에게 충격이었다. 메이지 말부터 백화점에서는 미술전을 비롯해 전람회·박람회가 다수 개최되었다. 그것들은 하마다 시로가 추진한 '백화점의 박람회화'의 일환이었다. 메이지에서 다이쇼로 접어들자, 미쓰코시에서는 그때까지의 아동박람회와 같은 대규모의 전시는 장소 문제 때문에 열리지 않았고, 범위를 좀 좁힌 주제의 전람회가 빈번해졌다. 미쓰코시 신관 개점 후, 가영업소는 전람회·진열회·기타 강연회장 등으로 활용되었다. 이것을 계기로 유행회는 자신들이 주최하는 기획전을 차차 발표하였다. 이것은 그때까지처럼 단지 연구에 열중하는 것만이 아니라, 사회를 향해 좀 더 능동적으로 활동하며 공적 활동을 하려는 하나의 시도로 보인다. 1914년부터 1917년에 걸쳐, 유행회가 주최한 전람회는 다음과 같다.

1914년 11월 20일~11월 28일	광고의장전람회
1915년 2월 20일~3월 7일	극劇에 관한 전람회
1915년 6월 1일~6월 3일	고린 유품전람회(미쓰코시·유행회 합동기획)
1915년 6월 1일~6월 20일	에도취미전람회
1915년 7월 2일~7월 15일	여행에 관한 전람회
1915년 12월 5일~12월 8일	코요산인 유품전회
1916년 7월 7일~7월 20일	산수전람회
1917년 10월 10일~11월 5일	(전도奠都 50년을 맞이한) 메이지풍속전람회

---

98) 『株式會社三越85年の記錄』, 43면.
99) 1914년 12월부터는 매년 봄 가을로 유명한 화가의 작품을 전시·판매하는 〈미쓰코시 회화전〉도 상설 개최하였는데, 이후 약 20년 동안 계속되었다.

<극에 관한 전람회> 팜플렛 표지, 1915

이미 1914년 8월 유행회 정례모임에서 가을의 신관 낙성을 기념해 유행회 주최의 "뭔가 취미있고 유익한 참고품의 전람회를 개최하자"[100]는 의견이 나오면서, 다양한 의견들을 서로 제안했다. 그때 나온 제안은 "시국과 관련한 구주 병장歐州兵裝의 모형" "우키요에浮世繪에 나타난 대표적인 풍속인물화 연혁전沿革展" "에치고야越後屋가 직·간접적으로 국가에 공헌했던 고대 제작품의 진열" "의식주에 관한 것" "연극에 관한 것" "광고그림 진열" "오쿠로카이大黑會모임" 등 다종다양했지만, 협의 결과 <광고의장전람회廣告意匠展覽會>를 열게 되었다. 이것은 "동서고금의 상품·상점·연극·기타 간판·인찰引札·책이 그려져 있는 전단·포스터 등, 일체의 광고에 관한 진기한 것을 망라해서 진열"[101]한다는 기획 아래, 출품점 수가 271점에 달했다. 출품자가 서양에서 모아온 포스터와 일본 간판, 인찰引札 등 진귀한 것이 다수 출품되었다. 광고의장을 전람한다는 기획은 당시로서는 새로운 발상이었고, 신문에서도 일제히 전람회를 보도해서 큰 평판을 얻었다.[102] 이 기획의 배후에는 미쓰코시가 광고의장에 전력을 기울이기 위해 스기우라 히스이를 영입하고 일찍부터 의장부를 설치했던 것, 포스터를 현상모집해서 사람들의 주목을 끌었던 것, 더욱이 하마다 시로가 입사해서 백화점 광고에 관한 새로운 기획을 내놓은 것 등, 미쓰코시가 광고의장에 대해

---

100) 『三越』第4券 第9號, 1914.9, 4~5면.
101) 『三越』第4券 第10號, 1914.10, 6면.
102) 『三越』第4券 第12號, 1914.12, 7~10면. 『고쿠민신문國民新聞』·『호치신문報知新聞』·『도쿄아사히신문東京朝日新聞』 등에 전람회 평이 실렸다.

엄청난 노력을 기울였던 것들이 관련되어 있다.

1915년 2월에는 〈극에 관한 전람회〉가 개최되었다. 유행회 회원 중에도 극평론가·극작가 등 연극 관계자가 꽤 많았다. 이전에 가부키좌나 자유극장이 동일한 기획을 시도했던 적이 있었다. 그런데 유행회는 가부키좌가 일본에, 자유극장이 서양에 편중되어 있었다고 그 내용을 지적하면서, 이번 전람회에서는 "'동서고금'의 온갖 극을 망라"할 필요가 있다는 것을 강조했다.[103] 가부키부터 서양연극에 이르기까지, 의상·소도구·인기배우의 초상화나 사진, 배우들의 반즈케(番付 : 연예의 프로그램이나 배우의 역할, 줄거리 등을 쓴-역주), 무대장치 등이 한 자리에서 전시되었다. 전람회의 목적은 연극연구자만을 위한 것이 아니라, 버터냄새가 나는 서양극까지도 포함해서 연극에 대한 사회의 관심을 환기시키고 사회를 계몽시키려는 것이 가장 컸다. 사람들이 관심을 갖는 테마라는 점에서 많은 인기가 있었기 때문에 전시기간을 일주일 연장할 정도였다고 전해진다.[104]

유행회 주최 전람회는 연극을 비롯해서 일반 대중의(여기에서는 중류 이상을 가리키지만) 생활 속 오락과 거기에 얽힌 취미에 관한 것이 대부분이었다. 이즈음 사람들에게 연극과 함께 가장 인기있는popular 오락은 여행이었다. 메이지 시대가 되자 철도 보급을 통해 일반인들도 부담없이 멀리 여행할 수 있게 되었다. 1886년 영국 선교사가 별장을 지었던 것이 계기가 되어 가루이자와輕井澤는 고급 별장지가 되었다. 오이소大磯·쇼난湘南·우치보소內房總 등의 해수욕장에도 별장 건축이 줄을 지었고, 1897년 오자키 고요의 『금색야차金色夜叉』가 빅히트되면서 아타미熱海가 일약 유명한 곳이 되었으며, 온천여행이 유행하게 되었다. 에도 시대에는 신사참배를 목적으로 하는 여행 형식이 일반적이었지만 메이지기에 이르면 신앙적인 여행이 아니라 레저로서의 여행이 주류를 이루었다.[105] 미쓰코시가

---

103) 『三越』第5券 第2號, 1915.2, 14~15면.
104) 『株式會社三越85年の記錄』, 67면.

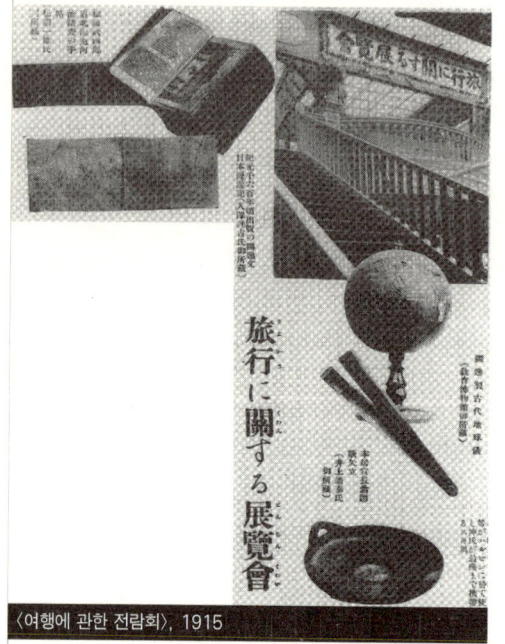
〈여행에 관한 전람회〉, 1915

〈여행에 관한 전람회〉를 개최한 것은 1915년 7월인데, 바로 피서여행의 계절에 맞춘 기획이었다. 전람회장의 각 방마다 의장들을 모아두고, 저명인사의 여행 관련 회화·서적·인쇄물·용구·휴대품·기념품·채집품 등 2,000여 점을 전시하였다. 그 출품 목록을 보면, 일본 전통의 여행도구부터 출품자가 해외에서 사용했던 물건을 가지고 들어온 것까지 다방면에 걸쳐있고, 전람회장 입구에는 여행용구를 실제로 진열하면서 판매도 했다. 게다가 전람회장 안에는 일본 알프스의 대형 사진을 배경으로 철도·기선회사 등의 안내서, 온천 피서지 안내서 등을 비치한 휴게실도 마련해두었다.106) 이 전람회에서 '레저로서의 여행'은 주로 서양의 피서·등산에 사용되었던 물품을 통해서 표현되었다고 말할 수 있다. 출품목록들은 피서라는 서양풍의 풍습을 보급하면서 동시에 이런 물품이 사람들의 생활 속으로 들어와 있었다는 사실을 알려주고 있다. 물론 이러한 여행스타일이 일반화됐다고 하더라도 당연히 일부 상류계급만 그것을 즐겼음이 분명하다. 그러나 당시 발흥해가던 중류계급을 중심으로 한 중산층들이 전시를 관람한 사실에서, 중산층의 생활 속으로 서양풍 취미가 조금씩 수용되고 있었다는 것을 알 수 있다.

〈여행에 관한 전람회〉와 같은 취향이 1년 후, 1916년 7월 〈산수전람회〉

---

105) 『江戶東京學事典』, 三省堂, 1987, 860면.
106) 『三越』第5卷 第8號, 1915.8, 13~31면(이 중에서 15~31면은 출품 목록).

에서 되풀이되었다.107) 전국의 유명한 여행가나 여행에 관계한 공공단체·여관·신사불각神社佛閣 등으로부터 일본을 비롯한 세계 각국의 명산명수名山名水에 관한 물품을 수집해서 전시했는데, 그 수가 총 2,000점에 달했다. 후지산에 관한 수집가로 알려진 소가베 이치코曾我部一紅가 내놓은 것이 168점, 하라후쿠 다로原富太郎가 소장하고 있던 간잔觀山·다이칸大觀·시코紫紅·미세이未醒, 이렇게 4명의 대가四大家가 합작한 유명한 도카이도고주산쓰기東海道五十三次의 그림두루마리, 그리고 시미즈 시스이小原紫水를 비롯한 분경연합회盆景連合會의 사람들이 만든 분세키(盆石 : 盆景과 비슷한 뜻으로 쟁반 같은 것에 돌로 자연풍경을 모방해 놓은 장식품 또는 그런 돌을 가리킴—역주)의 진열 등 지금까지 전례가 없을 정도로 온갖 영역을 망라해 놓은 것이었다. 이러한 기획전에서는 박람회나 파노라마관의 수법을 도입한 전시가 많았다. 전년도 〈여행에 관한 전람회〉에서 파노라마 휴게실이 호평을 받았기 때문에 이 전람회에서도 일본 알프스의 파노라마 모형을 제작해서 전람회장의 분위기를 고조시켰다. 메이지 시대가 되면 사람들의 여행이 오락으로 정착했고 이즈음에는 '알프스'가 사람들 사이에서 일종의 유행이 되었다고 『미쓰코시』는 기록하고 있다.108) '일본 알프스'

〈여행에 관한 전람회〉, 전시품

107) 『三越』第6券 第7號, 1916.7, 6~7면; 『三越』第6券 第8號, 1916.8, 6~9면.
108) 『三越』第6券 第8號, 1916.8, 8면.

會覽展水と山

節時の行旅御は今

산수전람회, 1916(위부터 일본 알프스의 파노라마, 전람회 입구).　　　　『미쓰코시』 게재광고, 1916

라는 명칭 자체는 영국인 콜란드가 유럽의 알프스에서 따와 붙인 것인데, '알프스' 유행에서 피서 여행과 비슷한 서양취미를 볼 수 있다. 1916년 8월호 『미쓰코시』에 실린 여행용품의 광고가 그 같은 사실을 알려준다. 광고는 백양나무白樺 숲과 호수가 있는 고원高原 풍경을 배경으로 해서 상품 사진을 솜씨있게 합성시켜놓았다. 파라솔·중산모자(山高帽: 산 모양으로 중앙이 높고 둥근 예장용 모자—역주)·사냥모자·피크닉·바구니 등이 되는 대로 널려 있고, 한쪽 구석에는 일본 조리草履가 보이는데, 전체적으로는 서양풍으로 통합되어 있었다. 이것은 당시 사람들의 여행에 대한 시선의 일면을 엿볼 수 있게 해주는 것이다. 이즈음 유행회의 활동은 이러한 '취미'를 일반 사람들에게 심어주겠다는 방향을 분명히 제시했다. 유행회 주최의 전람회는 유행회 내부에서 고안해낸 '좋은 취미'를 눈에 보이는 형태로 만들어냈다고 할 수 있을 것이다. 그리고 이 두 전람회는 영업 목적의 색채가 보다 강하게 드러났다는 공통점이 있다. 백화점이 박람회라는 형식을 전시보다 판매목적을 위해서 이용했다는 사실은 이미 서술한 바 있는데 여행관련의 전람회는 그것이 확실하게 드러났다.

'취미'의 계몽활동 중에는 유행회의 '에도취미'도 포함되어 있었다. 1915년은 도쿠가와 이에야스德川家康의 3백

에도취미전람회, 1915 (위부터 고전무용 의상류, 니혼바시어하안산차)

년제祭가 도쿄에서 거행되었는데, 동시에 오가타 고린尾形光琳의 200년 기일忌을 맞이한 해이기도 했다. 그것을 위해 〈에도취미전람회〉와 〈고린유품전람회〉라는 두 개의 전람회가 6월에 개최되었다. 에도취미연구의 집대성이라 할 만한 〈에도취미전람회〉는 "에도취미에 관련한 것은, 문학이라고는 말할 수 없고 예술이라고도 말할 수 없는, 사회 전반의 사물을 여러 집안에서 출품 받아, 에도 문명의 정수精華를 한 자리에 모아놓고 보고자"[109] 한 것이었다. 출품수는 총 15,000점 가량이었고 출품자는 총 186명에 달하는 대규모의 개최였다. 입구의 후키누키(吹き抜き :

---

109) 『三越』 第5券 第5號, 1915.5, 8면.

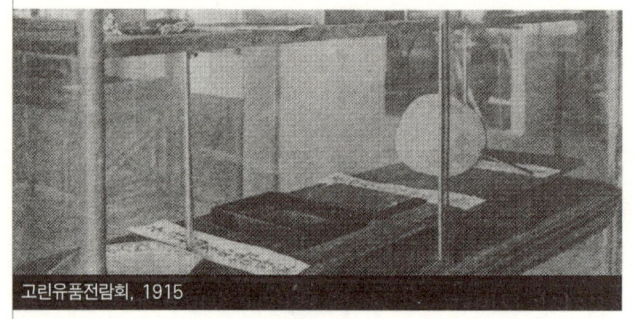
고린유품전람회, 1915

기둥 사이에 벽이 없는 구조로 일종의 베란다와 같은 곳—역주)에는 3층까지 닿을 만한 높이의 니혼바시日本橋어하안산차日本橋魚河岸山車가 장식되었고 전람회장에는 그때까지 존속하고 있던 에도취미의 물품들, 아오야마 하치스카靑山蜂須賀 가문 소장의 의상과 즈지타나(廚子棚:불상·사리 등을 안치하는 장 모양의 불구佛具—역주)를 비롯한 세간품·그림 등 에도 시대의 물건, 더욱이 에도의 연중행사를 소개하기 위한 전시 등 에도의 서민생활을 알 수 있는 물건을 곳곳에 진열해두었다.110) 이 시기 '에도취미'의 배경에 대해서는 앞에서 서술했지만, "에도취미가 차츰 사라져가는 오늘날, 이런 행사가 있는 것이 너무나 기쁘다"(『世界新聞』)111)라는 전람회 평이 보여주듯이, 일반 대중을 상대로 전개되었던 '에도취미붐boom'은 사라져가는 에도 문화의 흔적을 아쉬워하는 회고취미를 전제로 한 것이었다. 에도 정서를 엑조시티즘exoticism 안에서 비춰보았던 일부 문학자들과는 달리, 일반인들의 일상 생활 속에서 에도는 비연속적인 것이 아니라 여전히 생활의 일부로 남아 있는 부분이 많았다는 것을, 이 미쓰코시의 에도취미붐이 보여주고 있다. 그리고 또, 한때 소멸해버린 것처럼 보였던 서양취미가 이번에는 국가 차원의 정책상 양풍화洋風化가 아니라 극히 사소한 일상의 차원, '물건もの'의 차원에서 차츰 생활 속으로 침투해갔던 것 역시 이 시기였다. 이런 가운데 에도취미가 새로운 취미로 자리잡으며 하나의 '유행 취미'로 부상하였던 것도 그 배경으로 고려해두어야 할 것이다.

110) 『三越』 第5券 第7號, 1915.7, 23~24면.
111) 위의 책, 24면.

전람회 기간을 연장할 정
도로 대호평을 얻은 〈에도취
미전람회〉 기간 중, 6월 1일
부터 3일까지 3일간, 전람회
장의 한 공간을 〈고린유품전
람회〉에 할애했다. 고린의 사
후 200주년을 맞이해, 미쓰코
시와 유행회가 합동으로 유
품전람회를 기획한 것이다.
발기인은 이마이즈미 유사쿠

고요산인 유품 전시회, 1915, 정면은 고요의 초상

今泉雄作, 하라 도미타로原富太郎, 오쿠라 기하치로大倉喜八郎, 다카하시 요
시오高橋義雄 등 28명으로 모두 당시 유명한 대가들이었고, 미술의 조예
도 깊은 미술 애호가들이었다.112)

처음 미쓰코시가 개최한 최초의 문화전람회가 1914년 10월의 〈고린유
품전람회〉였다는 사실은 앞에서도 말한 바 있다. 미쓰코시가 고린연구
를 한 것은 이 시기부터였고, 겐로쿠연구와 부수하는 형태로 실시되었
다.113) 유행회와 겐로쿠연구회의 관계를 생각한다면, 유행회 입장에서도
고린은 관련없는 주제가 아니었던 것이다. 6월 2일 밤에는 고린기일기념
강연회가 열렸다. 강연은 이마이즈미 유사쿠의 「고린과 다실茶室」, 삿사
세이세쓰佐々醒雪의 「에도 특유의 취미」 등이었는데, 청중은 500명이 넘
었으며 대단히 큰 반향이 있었다고 『미쓰코시』에 보도되었다.114) 에도
취미연구의 조사대상이었던 덴메이天明기에 비해서 겐로쿠 시대의 화려
한 문양은, 유행 주기를 단축시켜서 이익을 얻고자 하는 백화점이 항상

---

112) 그들이 세상에 그 존재를 드러내지 않고 개인적으로 소장하던 작품이 다수 출품되
    었고, 그 외 다른 곳에서 비밀소장품도 빌려왔다.
113) 『三越』第5券 第7號, 1915.7, 5～11면(9～11면에는 출품 목록이 실림).
114) 위의 책, 2～21면.

메이지풍속전람회, 1917

어떤 형태로든 채택하고 싶어했던 문양이었다. 미쓰코시가 고린을 평가하는 다양한 활동을 의욕적으로 실행했던 것도 이런 배경과 무관하지 않을 것이다. 문양이 화려해지면, 거기에만 사람의 시선이 모이게 되어 싫증을 느끼는 것도 빨라지고, 사람들은 다음 유행을 찾으려고 한다. 다테문양·겐로쿠문양·고린문양·신고린문양[115]을 비롯한 유행을 만들어내고 "유행은 미쓰코시에서 나온다"고 말하게 만든 배경에는, 이렇게 이벤트를 기획하는 등의 의도적인 조작이 있었다.

　1915년은 유행회 주최 행사가 가장 많이 열렸던 해였는데, 그해 연말을 장식한 〈고요산인 유품전시회〉가 12월에 개최되었다.[116] 메이지 30년대에 고요와 미쓰코시는 대단히 깊은 관계였고, 이와야 사자나미, 이시바시 시안을 비롯한 유행회 회원 가운데에는 생전의 고요와 친했던 사람도 많았다. 심지어 고요 자신은 직접 PR지를 편집하기도 했다. 이해 10월, 유행회 강연회 자리에서[117] 이와야가 "고요 자신이 유행 그 자

115) 『三越』 第5券 第3號, 1915.3, 12~13면에 따르면, 이해 봄에 '신고린식 문양'을 미쓰코시에서 유행시켰다고 한다.
116) 『三越』 第5券 第12號, 1915.12, 7면.

체였다"고 언급했던 것처럼, 만약 생존했더라면 분명히 유행회의 중심
인물이 되었을 것이다. 1915년에는 오자키 고요의 사후 13회 기일에 맞
추어, 유행회는 이를 기념한 유품 전시회를 기획했다. 전시회장 정면에
는 오자키 가문 소장의 고요 초상화가 걸렸고, 친구인 이와야를 비롯한
관계자 63인이 출품한 유품과 유고 등, 약 230점이 전시되었다.[118] 이
전람회가 높은 평가를 받은 사실은 미쓰코시에만이 아니라 당시 사회
에 고요가 남긴 큰 영향을 말해주는 것이었다.

　　1917년 10월 13일, 히비야 공원에서 천도 50년을 기념하는 경축회가
개최되었다. 그 경축회를 협찬했던 미쓰코시는 같은 해 10월, 오래간만
에 유행회 주최 〈메이지풍속전람회〉를 개최했다.[119] 메이지의 풍속 변
천을 다음과 같이 여덟 장면으로 나누고 인형과 파노라마 사진을 이용
해서 표현했다.

천자가 타는 수레 타기鳳駕御着輦	1868년
술마시기御酒頂戴	1868년
에치고야越後屋 초봄初春의 활기	1868년 무렵
만세이바시萬世橋 개통	1873년
우에노上野박람회	1879년
일청전쟁 장병개선將兵凱旋	1895년
겐로쿠춤	1904, 1905년
어대전御大典의 니혼바시 부근	1914년

　　"인형의 머리모양·의상·소지품 그리고 배경 건축, 거리 가옥의 경
치, 그 시대를 전부 연구해서 오류가 없도록 도모하였습니다. 때문에 단
순히 호기심의 시선으로 즐기려고만 한 것은 아니었다고 알고 있습니

---

117) 嚴谷小波, 앞의 책.
118) 『三越』第6券 第1號, 1916.1, 9~14면.
119) 『三越』第7券 第11號, 1917.10, 23면.

전시장면(헌법 발포식)

다"[120)라고 말하는 것에, 단순한 구경거리가 아니라 지식인들의 풍속연구에 기반하여 기획한 '학속협동'의 고급문화지향이 표현되었다. 그리고 이 전람회를 끝으로 유행회 주최의 전람회는 모습을 감췄고, 유행회 자체의 활동도 최전성기를 지나 축소되어 갔다.

4) 유행회의 쇠퇴와 사회적 배경

〈메이지풍속전람회〉를 끝으로 유행회의 외부적인 공식 활동은 찾아볼 수 없다. 유행회의 활동은 제2기, 제3기에 절정에 달했는데, 1918년을 기점으로 해서 그때까지 왕성하게 개최되었던 공개강연회나 유행회 주최 전람회는 돌연 그 활동기록에서 자취를 감추었다. 이후 유행회의 활동은 현상도안의 심사, 정례회 내부의 강화講話, 그리고 미쓰코시 신제품 비평 등과 같은, 거의 초창기 활동으로 되돌아갔다. 유행회는 그 후에도 정례회를 중심으로 활동을 계속했지만, 1923년 관동대지진 이후

---

120) 『三越』 第7券 第10號, 1917.10, 37면.

활동은 사실상 종결되었다. 대지진 후인 1925년 1월, 초기 회원을 중심으로 〈지코구락부時好俱樂部〉가 조직적인 활동을 재개했다.[121] 하지만 이 구락부는 이미 유행회와 다른 성격을 지닌 채로 문예지향이 강한 회합이 되어버렸기 때문에, 유행회는 대지진을 겪고 나서 사실상 종결되었다고 보는 것이 적절할 것이다. 1923년 8월까지의 제4기 활동은 강연의 내용도 점차 '유행'과는 별 관계가 없는 것이 많아졌고, 내부인들끼리만 즐기는 회합의 성격이 강해졌다. 이러한 경향은 이미 그전부터 나타나기 시작했던 것이었다. 1916년 2월 정례회에 초대받은 오사타케 다케키尾佐竹猛가 「만비키(万引き : 물건을 사는 척하고 몰래 훔치는 것−역주)에 대하여」라는 강연을 했을 때부터는 유행회에 직접적인 관계가 없는 것도 연구해보자는 말들이 나오기 시작했다.[122] 유행회가 이렇게 돌연 위축된 갑작스러운 배경이 무엇이었는지를 여기에서 검토하고자 한다.

첫 번째 원인으로 우선 생각할 수 있는 것은 그때까지 유행회 주최의 전람회장으로 사용했던 본관 옆의 임시 영업소가 헐렸고, 1919년 말부터 거기에 서관을 신축하는 공사가 시작되었던[123] 물리적인 이유가 있다. 일반적으로는 이것이 유행회 활동을 축소시킨 주요 원인이라고 생각한다. 그러나 실제로는 장소의 문제뿐만 아니라, 다음에 거론할 몇몇 원인이 관련되어 있다고 생각한다. 즉 두 번째 원인으로 생각해볼 수 있는 것은 1918년에 히비 오스케가 이사를 사임하고 완전히 미쓰코시로부터 은퇴한 것이다. 히비는 이미 1911년경부터 병에 걸려 백화점을 지휘하는 일이 불가능한 몸이 되었다. 1915년에는 노자키 고타野崎廣太가 사장으로 취임했고, 히비는 이름뿐인 이사에 불과하게 되었다. 그러나 메이지 40년대부터 다이쇼 초기에 걸쳐 미쓰코시를 지배했던 '학속협동'이라는 백화점의 이념은 원래 히비가 주장한 것이고 히비 개인의 생

121) 『三越』第15券 第2號, 1925.10, 12면.
122) 『三越』第6券 第3號, 1916.3, 36면.
123) 『株式會社三越85年の記錄』, 75면.

각이 농후하게 반영된 방침이었다. 히비가 백화점에 모습을 드러내는 횟수는 줄었지만, 히비의 사상은 그가 이사로 재직하던 시기까지는 백화점에서 유지되었다. 히비가 재직하던 당시 백화점에 필요한 인재를 양성하기 위해 힘을 쏟았고, 히비가 부재했을 때도 그가 키웠던 점원들이 그의 의지를 계속 이어갔던 것이다. 그렇기 때문에 히비가 완전히 백화점에서 은퇴했어도 그 영향력은 약화될 수 없었을 것이다.

세 번째 원인을 생각할 때 당시 미쓰코시와 사회의 관계에 주의해야 할 필요가 있다. 1917년경부터 시작되었던 쌀값 폭등은 다음 해인 1918년이 되자, 전국적인 쌀소동으로 번져나갔다. 그리고 8월에는 대도시에서 저렴한 쌀값을 요구하는 폭동이 잇달아 발생하는 사태가 벌어졌다. 이즈음부터 제1차대전 후의 물가상승이 사람들의 생활을 압박하였다. 1920년에는 주가가 폭락했고, 대전 후의 반동으로 공황이 발생했다. 각지에서 파업이 빈번하게 일어났던 것도 이때이다. 이러한 상황에서 미쓰코시는 1919년 10월, 오사카점에서 '번영의 날さかえ日'을 개최했다. 이것은 대중을 대상으로 실용 오복과 일용잡화를 초특가로 제공하려는 기획이었다. 계속해서 11월에는 도쿄에서도 '목면木綿데이'라고 이름붙인 대매출전이 열렸다. 두 번의 개최 모두 신기할 정도로 성황이었고 도쿄에서는 연일 수만 명의 사람들이 쇄도해서, 개장 전의 혼잡을 순사가 정리하지 않으면 안될 정도였다고 기록하고 있다.[124] 이것을 계기로 미쓰코시는 대중지향적인 경향을 강화시켜 나갔다.[125] 유행회의 활동 중에서 특히 제2기와 제3기의 활동은 당시 미쓰코시의 고급지향에 맞춘 것이었고, 백화점의 이미지를 확립하는 중요한 역할을 담당했다. 그러나 이처럼 백화점의 대중화가 진행되면서 유행회의 필요성이 사라졌

---

124) 『株式會社三越85年の記錄』, 74면.
125) 이러한 경향은, 가구판매의 특징이었다. 다이쇼 중기 무렵부터 미쓰코시를 필두로 한 백화점에서 가구라고 하면 그때까지 상류계층을 대상으로 고급가구가 아니라 대중을 상대로 한 합리적인 가구가 중심을 이루었다. 또한 품질에 비해서 값이 저렴한 가구의 진열도 성행하게 되었다.

을 것이라고 추측할 수 있다.

또 하나의 원인을 생각해볼 수 있을 것 같다. 유행회의 목적인 "동서고금의 유행을 연구한다"는 최종적인 목표가 일반 대중의 좋은 취미를 형성하는 것에 있다고 한다면, 일련의 공개강연회, 전람회가 상당 정도 개최되었기 때문에 그 임무는 일단락되었거나, 어쩌면 이 시기에 한계에 도달했다고 생각할 수도 있겠다. 이 부분에서 전람회의 성과가 계몽활동의 종착점이었다는 인상을 받는다. 그리고 이것은 동시대에 만들어진 "사람들의 취미를 좋게 한다"는 동향과 공통되는 큰 특징이면서 그 한계를 보여주는 것이다.

이런 배경을 고려할 때, 백화점 미쓰코시는 1917~1918년경에 처음으로 커다란 전환점을 맞이했다고 할 수 있다. 그에 따라 미쓰코시취미, 미쓰코시 이미지라는 것도 이전과는 다른 것으로 변해갔다. 거기에는 유행회가 가장 흥성했던 메이지 말기부터 다이쇼 초기에 걸친 미쓰코시취미와 어떤 다른 것이 있을까. 유행회의 활동을 당시의 문화적 배경과 조응시켜가면서 다시 살펴보고자 한다.

3. 유행회에서 미쓰코시취미의 탄생으로

유행회 활동의 기조가 된 것은 다른 무엇보다도 "동서고금의 유행을 연구하고 시대 기호의 향상을 도모한다"는 것이었다. 유행회의 취지가 드러내고 있는 것처럼 유행회는 다양한 분야의 상이한 가치관을 가진 사람들이 모여 있고, 여러 의견을 교류하는 곳이라는 점에 그 특색이 있었다. 그것은 필연적으로 유행회의 근간이 된 주제 '유행'에 대해서도 다양한 견해를 산출하게 했다. 그리고 유행회 활동기록을 세밀하게 따라가다 보면, 그 목표가 "최신 유행의 연구"에서 차츰 "사람들에게 '좋은 취미'를 지도한다"는 쪽으로 변해간 것을 발견할 수 있다. 그런 배경 속에, 보다 순수하게 도덕적인 가치관에 기초해 취미의 향상을 도모하고자 한 회원들의 의식이 엿보이는 것도 사실이다. 이런 경향은 1908년 경부터 농후해졌고, 대중을 상대로 취미가 좋은 라이프스타일은 어떠한 것인가에 대해 강연회나 전람회 등을 통한 적극적인 계몽활동이 전개되었다. 여기서 키워드가 된 '취미'는 제1장에서 서술했듯이 메이지 말기에 일반에 널리 확산되면서 사용되기 시작했던 말이었다. 유행회에서 에도취미연구, 신취미연구가 활발하게 행해졌던 것도, '취미'에 대해 말하는 것이 유행했음을 보여주는 것이다.

1) 회원의 유행관 · 취미관

유행회의 '유행'관은 회원들이 각기 다른 가치관을 갖고 있었기 때문에 아주 다양한 양상을 띠었고, 유행회의 성격이 변함에 따라 유행회의 유행관도 변해갔다. 이 시기 미쓰코시의 취미는 이렇게 유동적인 가치관 안에서 생겨나고 있었다. 이제부터 회원들의 유행관 변천에 대해서 살펴볼 것이다.

초기의 유행회에서 '유행'은 백화점의 상품진열에 직접 반영되는, 복식의 유행으로 생각하는 경우가 많았다. 초기 회원의 다수는 오자키 고요와 그의 일파였다. 그들은 유행 풍속에 대해 큰 흥미를 가지고 "새로운 것을 좋아하는 하이칼라"였는데, 그것은 〈알고있는회知ってる會〉에서 가장 잘 드러났다. 〈알고있는회〉는 당시 박문관 편집국에 있었던 이시바시 시안 · 이시이 겐도 등이 모여 놀면서 시작한 '새로운 유행물을 모으는 모임新しい流行物の特寄り會'이었다. 이시이[126]에 따르면, 죽은 오자키 고요가 새로운 유행물을 발견하면, 그들에게 "이거 알고 있어?"라고 묻던 것이 버릇이어서, 고요의 사후 그의 말투를 모임의 이름으로 삼아 즐겼던 것 같다. 그들은 '셀룰로이드제 붉은 코안경', 신식 '향수 뿌리개', '요로콘부よろこんぶ 조미료를 가미한 곤약', '제프토セプト 고체 치약' 등, 온갖 특이한 상품을 가지고 와서 자랑했다. 이 모임에 대해서는 훗날 이시바시도 유행회 석상에서 소개한 적이 있었는데,[127] 이렇게 통속적인 유행에 흥미를 보이는 경향은 고요 일파의 큰 특징이었다. 그리고 이런 풍속에 대한 관심은 유행이라는 풍속 현상 자체에 흥미를 갖는 것으로, 쓰보이 쇼고로坪井正五郎가 풍속측정을 하고 기록으로 남겨둔 것과 공통된 부분이 많아 보인다. 고요와 쓰보이 두 사람의 관심사에 공통점이 있었기 때문에, 쓰보이의 풍속측정은 고요 일파에 의해 재평가되면서 측정이 재개되었다. 또 유행회 내에서 늘 교환하였던 신풍속에 관한 화제가, 쓰보이에게 20년 전의 연구를 재개할 기운을 불러일으켰다고 말할 수도 있을 것이다.

다카시마 헤이사부로高島平三郎가 유행회에 관심을 가졌던 방식은 이것과는 상이했다. 그에게서는 '유행'이라는 하나의 현상을 과학적·심리학적으로 분석해보려는 의식이 강하게 표출되었다. 그의 논리 속에서 유행은 취미와 관계되었고 더욱이 국민의 문화정도를 표시하는 지표로 여겨졌다. 그의 관심은 '유행했던 것'에 있는 게 아니라 '유행이란 무엇인가'라는 사실이었다. 그에 따르면 유행은 저속한 차원의 이야기에서 탈피해야 할, 보다 학술적 연구가 필요한 주제였다. 이런 식의 사고방식이 '학속협동'을 추진하기 위해 필요했다는 것은 앞서도 강조했던 바이다.

"유행이란 무엇인가"라는 질문은 다카시마가 강연형식으로 말했던 것 외에도, 당시 회원의 한 사람이었던 모리 오가이가 『미쓰코시』 지면

---

126) 石井研堂, 「知ってる會記事」, 『みつこしタイムス』 第7券 第10號, 1909, 14~22면.
127) 石橋思案, 「知ってる會の話」(1910.7.9 流行會 講演), 『みつこしタイムス』 第8券 第9號, 1910, 18~19면.

에 발표했던 단편『유행流行』128) 속에서 발견할 수 있다. 유행회를 중심으로 한 오가이와 미쓰코시의 관계에 대해서는 야마사키 구니노리山崎國紀가「『유행流行』과 『사헤즈리さへづり』의 주변」129)에서 처음으로 명확하게 해주었다.『유행』의 전체적인 내용은 유행의 발원지인 한 남자의 이야기이다. 남자가 입었던 옷이나 사용했던 물건, 방문했던 상점 등은 그 사실 자체만으로도 순식간에 평판을 얻게 된다. 상점들은 유행시키고 싶은 물건이나 등급을 매기고 싶은 상품을 뇌물과 함께 끊임없이 그에게 보내주었기 때문에, '주인男'은 아무 일도 하지 않고 유복한 생활을 보낸다. 그 광경을 본 '주인'의 친구(그)는 경탄한다. '주인'의 곁으로 프랑스 요리점이나 〈시세이도〉, 심지어는 인기를 얻고 싶은 게이샤까지 찾아오고, 나중에는 〈미쓰코시〉의 직원까지도 찾아온다. 직원이 갖고 온 미쓰코시의 여름옷 몇 벌에는, 어느 옷이든 속주머니 안에 100엔 지폐, 즉 뇌물이 들어 있었다. 화자인 '그'는 이것을 보고 "아주 혐오스러운 기분이 들었"는데, 거기에 대해 '주인'은 "군, 또 모럴에 대해 생각하고 있군"이라는 말을 되풀이한다. 마지막에 '그'는 눈을 뜨면서 모든 것이 꿈이었다는 것을 깨닫는다. 여기서는 "유행이란 무엇인가"라는 질문이 '주인'을 통해 상징적으로 묘사되었다.130)

『유행』에 표현된 것들이 이 작품이 미쓰코시의 상업용 PR지에 게재되었음에도 불구하고, 미쓰코시의 유행에 대한 노골적인 칭찬이 아니었던 것은 분명하다. 게다가 야마사키 논문에서처럼 이 작품이 유행을 의도적으로 만들어내는 대자본주의의 존재방식에 대해 비판을 제시하고 있다는 견해도 너무 단순하다. 미쓰코시와 오가이의 접점에 대해 새로

---

128) 森鷗外, 「流行」, 『三越』 第1券 第5號, 1911.7
129) 山崎國紀, 「『流行』及び『さへづり』の周辺」, 『森鷗外硏究』 3, 和泉書院, 1989.12.
130) 이것과 매우 흡사한 내용이 19세기 프랑스에서 발간되었던 대중지 『라프레스ラプレス』 1837년 11월 25일자에 게재되었던 델피누 게이의 「파리 소식」에서 발견된다(山田登世子, 『メデイア都市パリ』, 靑土社, 1914, 267~271면). 이것을 모리 오가이가 유럽 체제 중에 읽었는지는 알 수 없다.

운 이해가 요구되는 시점이라고 하겠다.

오가이는 단편 『유행』보다 먼저인 1907년에 시詩 「미쓰코시」[131]를, 1911년 3월에는 희곡 『사헤즈리』[132]를 미쓰코시에서 발표했다. 야마사키는 이러한 오가이의 '미쓰코시에 대한 관심'이 오가이로 하여금 유행회 회원이 되게 한 이유였다고 보았다. 그리고 『미쓰코시』에 게재된 유행회·정례회 기록과 「오가이 일기」의 기록, 두 자료를 통해 오가이가 유행회에서 활동한 기간인 1910년 11월부터 1913년 1월까지를 추적했다. 그는 오가이의 유행회 참가 경험이 "오가이의 지적 관심을 자극했고 시대 첨단의 풍속문화를 접하기에 적합한 장이 되어주었다"는 견해를 내놓았다. 그리고 당시 미쓰코시 자체가 유행의 선도자라는 것을 세간에 인식시키기 위해 "일본의 신유행은 미쓰코시에서 나온다"와 같은 표현을 활발하게 사용하고 있었기 때문에 『유행』에 등장하는 '주인'은 "바로 미쓰코시 그 자체다"라는 추론을 이끌어낼 수 있다. 오가이에게도 유행이라는 현상은 단순히 풍자의 대상이었던 것만은 아니며, 특별히 흥미를 가진 테마였던 것은 의문의 여지가 없다. 그러나 동시에 야마사키도 지적하고 있듯이, 오가이는 유행회의 정례회에서 쓰보이 쇼고로坪井正五郎가 고안한 유희(쓰보이는 아동용품연구에도 참여했다)를 다른 회원이 비판했을 때 '방관자'로서 이것을 관조하며 거리를 두고 있었다. 오가이는 쓰보이와 그를 둘러싼 사람들을 굳이 비판하지는 않았지만 자신과는 전혀 다른 인종으로 간주하고 있었다. 「오가이 일기」에는 당시의 유행회 중심인물로 어느 정도 활약하고 있던 쓰보이의 언동이 완전히라고 말해도 좋을 정도로 묵살되어 있다. 게다가 야마사키는 지적하지 않았지만, 이와야가 "고요는 유행 그 자체다"라고 말할 정도로 오자키 고요가 유행에 민감했던 것을 고려한다면, 오가이의 작중인물인 '주인'은 고요와 고요의 의지

---

131) 『時好』第5券 第2號, 1907.2(『趣味』1907년 1월호에 고시벤토腰弁當라는 필명으로 처음 발표하였다).
132) 『三越』第1券 第1號, 1911.3.

를 계승한 그 일파였다는 가설도 성립되고, 이 작품이 고요 일파에 대한 비판이라는 시각도 가능해진다.

한편에서는 쓰보이와 고요 일파, 즉 유행풍속을 긍정적으로 생각하고 있는 사람들에게 동조하지 않고 비판적인 시각에서 관조하는 자들이 있었다. 또 다른 한편에는 러일전쟁 후의 일본의 자본주의 경제 발전을 싫어하는 것이 아니라 있는 그대로의 현실로 인식하려는 입장에서 유행을 관망하려는 흐름이 있었다. 이러한 상반된 두 가지 입장이 오가이 안에 동시에 존재하고 있었다. 이것은 『유행』속의 '그'가 '주인'에게 "좀 혐오스러운 기분이 들었다"고 하자, '주인'이 "군, 모럴을 생각하고 있군"이라고 말하고 있는 부분에서 표현되어 있다. "바로 이때 오가이의 위상이 이중구조라는 것을 보여준다"고 야마사키는 서술한 바 있다. 게다가 오가이가 소설 속에서, 미쓰코시 점원이 100엔 지폐 뇌물을 속주머니에 넣어둔 것에 대해 '주인'이 "미쓰코시라고 해도 이 이상으로 유행시키지 않아도 좋다고 말하지는 않을 테니까, 한 장 정도 넣는 것은 괜찮지만, 제발 실수로 두 장이나 세 장은 넣지 말아 달라고 전해주십시오"라고 말한 것을 두고, 야마사키는 "유행조작에 대한 일종의 양식 있는 배려를 꿈이야기라는 여과기를 통해 미쓰코시에 촉구하고 있는 것으로 보인다"는 논지를 개진했다. 결국, "고보리小堀씨(야마사키 논문에 소개된 『유행』관련 선행연구자 중 한 사람)는 세상을 '풍자風諫'했다고 말했는데, 생각해보면 오가이의 내부에 있는 '미쓰코시'에 대한 '풍자'였다고도 말할 수 있다"[133)]는 결론을 이끌어냈다. 바로 이런 모순되는 두 가지 입장이 오가이 자신 안에 있었던 것은 분명해 보인다.

야마사키는 오가이가 미쓰코시와 '유행'에 대해서 이러한 이중성을 가지고 있었다는 것만을 지적하는 데 그쳤다. 그러나 실제로 유행회 이외의 활동을 살펴보면, 이러한 미묘한 입장은 오가이뿐 아니라 당시 미

---

133) 위의 책, 78면.

쓰코시 자체가 내포하고 있던 특색이었다. 앞서 서술한 것처럼 백화점의 '학속협동'이라는 이념자체가 처음부터 자기모순을 포함하고 있었던 것이다. 모순은 유행회의 활동이 학제적인 것이 되어가면서 드러나기 시작했다. 즉 '학속협동' 안에는 항상 '속俗'으로서의 유행에 대해 솔직한 흥미를 표시하는 입장과 그것을 백화점의 영업에 직접 반영하려는 입장, 백화점의 이익과는 직접적인 관계가 없어도 '학學'으로서 유행이라는 현상을 학술적이고 객관적으로 사고하려는 입장, 혹은 오가이처럼 방관하면서도 유행 긍정에 다소 비판적인 입장 등이 있었다. 이것들이 모두 유행회라는 하나의 모임 안에 혼재되어 있었다. 이 중에서도 유행회가 결과적으로 채택한 해결책은 유행 = 취미라는 관계도식을 설정하고 '유행'연구에서 '취미'연구로 주제를 "살짝 옮겨놓는" 것이었다. 이런 교체에 의해 유행회의 활동은 고상한 것이 되었고, 내포한 모순은 은폐되었던 것이다.

2)『취미』와 유행회

유행회가 결성된 것은 1905년, 잡지『취미趣味』가 창간되기 1년여 전이었다. 유행회에서 전개한 취미의 계몽활동은 제1장에서 다루었던 잡지『취미』가 전개한 '취미운동'과 비교함으로써, 미쓰코시의 취미가 이루어낸 역할을 보다 분명하게 드러낼 수 있을 것이다.

특히 초기『취미』의 존재방식과 유행회의 존재방식은 아주 유사한 부분이 많다. 첫 번째 유사점은 그 취지에 있다. 쓰보우치 쇼요가 주창한 취미보급운동은『취미』창간호의 논고에 명확하게 드러났듯이, 메이지의 문명개화가 물질적인 것으로만 치달았던 것에 대한 반성에서 비롯한 것으로, 정신적인 가치를 중시하면서 '정신의 유신'을 이끌어내고자 한 것이었다. 그의 사상은 다이쇼 후기에 현저해진 다이쇼 모더니즘

하의 문화주의와 교양주의라는 사고방식을 계승한 것이었다. 잡지 『취미』는 지식인들이 일반 사람들에게 좋은 취미를 지니는 것의 중요성을 철저히 가르쳐준 미디어였다. 현재의 시점에서 『취미』의 가치를 묻는다면, 문학 작품을 발표하는 장으로서의 의의보다는 오히려 이러한 쇼요의 사상이 문학 작품에 국한되지 않고 수필이나 그림, 유명인사의 취미를 소개하는 등 잡지 전체에 반영되었다는 점에서 존재의의를 발견해낼 수 있다.

한편, 미쓰코시의 유행회를 중심으로 한 취미 연구도 그 취지는 당초의 유행상품연구에서 벗어나 일상생활에서 취미 자체를 향상시키는 것을 목적으로 하는 경향이 강해졌고, 회원들의 지도로 계몽적인 활동을 하게 되었다. 이렇게 지식인들에 의한 '위로부터의' 일방적인 취미교육 방식은 유행회와 잡지 『취미』가 공통적으로 취하고 있는 것이었다. 고상하면서도 '위로부터의 운동'이라는 성격을 가진 양쪽의 공통점은, 다이쇼 후기에 등장한 '아래로부터의' 대중적 모더니즘과 구별되는 부분이기도 했다.

두 번째 유사점으로는 다양한 방면의 지식인들의 의견을 모았다는 점이다. 『취미』의 발행 취지에는 "다방면에 걸쳐 여러 명사들의 보조를 바란다"는 것이 명기되어 있다. 연극 부문은 쓰보우치 쇼요, 아에바 고손饗庭篁村, 미키 다케지三木竹二, 이하라 세이세이엔伊原青々園, 유희・소설・옛이야기御伽噺는 고다 로한幸田露伴, 이와야 사자나미巖谷小波, 그림은 나가하라 시스長原止水, 구보타 베이사지久保田米齊, 미술평론은 기노 도시오紀淑雄, 문예평론은 가네코 우마지金子馬治, 시마무라 호게쓰島村抱月 등, 각 방면 권위자의 힘을 빌어 만든 잡지였다. 이런 스타일은 각계의 권위 있는 사람들을 회원으로 모았던 유행회와 같은 방식이었다. 유행회에 다양한 분야의 지식인이 모여든 것은, 히비 오스케의 '학속협동'의 이념 때문이기도 했고, 동시에 백화점의 연구조직이라는 성격상 세상에 있는 모든 종류의 취미를 문자 그대로 '망라'해서 백화점이 만드는 유행을 설립할 필요가 있었기 때문이다. 백화점에서 테이스트라는 말은 아주 넓은 의미로 번역되어 다양한 차원에 적용되었고, 그 결과 말이 내포하고 있는 의미는 더욱 확대되어갔다. 결과적으로 유행회의 다양한 활동은 '취미'라는 의미 그 자체를 모색하는 것이었다. 메이지 말기의 취미 문제와 직면할 때 "모든 것을 망라"하여 전체적으로 파악하고자 하는 경향으로 기운 것은 잡지 『취미』도 마찬가지였다. 『취미』를 두고 "너무나 영역을 확장시켰다" "거의 무한의 확대"라고 비판하는 것은, 각도를 달리해서 보자면 취미라는 말에 대해 다양한 해석이 있었고, 총체적인 개념으로서의 '취미'란 어디에 있는가를 알아내고자 했던 그 시기의 상황 자체가 그대로 반영된 것이라 생각해볼 수 있다. 다양한 층위가 혼재되어 많은 해석이 거기서 나올 수 있다는 것은 '취미'라는 말을 유통시켰던 당시 일본의 문화를 보여주는 중요한 현상이라고 여겨진다.

　세 번째 유사점으로 반드시 생각해봐야 할 것은 『취미』를 떠받치고 있던 인물 중에 유행회 회원이 꽤 많이 포함되어 있었다는 점이다. 쓰보이 쇼요・아에바 코손・이하라 세이세이엔・이와야 사자나미・구보타 베이사지, 그리고 편집주임이었던 도기 뎃테키東儀鐵笛 등은 모두 유행회에 깊이 관여했던 인물들이다. 양쪽 모두 각계의 권위에 대한 취향을 바탕으로 멤버들을 선택한 것이기 때문에 이런 중복이 이상하지는 않다. 다만 멤버의 일치가 유행회와 『취미』의 분위기를 비슷하게 하고, 같은 주장을 내세우게 했다는 것은 의심의 여지가 없다. 초창기 『취미』의 편집을 맡았던 미즈타니 후도水谷不倒는 에도문학연구를 전문으로 하였기 때문에, 지면을 보면 수필 등의 에도취미와 해외문학 소개 등의 서양취미로 세력이 양분되어 있는 듯한 인상을 준다. 유행회에서 에도취미와 신취미라는 특별위원회가 설립되어 세력을 양분화했던 것과 유사하다. 이것들에는 일본의 토착문화와 외래문화 수용 과정이 그대로 반영되어 있다.

그러나 미쓰코시와『취미』가 실시한 운동의 차이점을 분명히 드러냄으로써 양쪽에 대한 정확한 평가를 내릴 수 있을 것이다.

　　우선『취미』는 잡지라는 미디어로서의 성격상 그 계몽운동이 언설 안에 머무른 데 반해, 유행회는 백화점이라는 미디어의 일부였기 때문에 언설과 실천적인 행위라는 양면에서 활동이 전개되었다는 점을 들 수 있다. 미쓰코시의 취미 운동은 유행회에 한정되지 않고, 상품·광고, 나아가 PR지·의장부·도안부·가구부 등의 다양한 활동을 통해 종합적으로 실시되었다. 거기서부터 구체적인 이미지로서의 '미쓰코시취미'라고 할 만한 취미를 사람들 앞에 제시했던 것이다. 이는『취미』안에서 주장하는 취미론과 그 이외 다른 게재 내용이 하나가 되지 못했고, 그래서 동일한 목적을 위해 기능하지 않았던 것과 비교해보면 분명한 차이를 알 수 있다.『취미』의 마지막 몇 호는 「여배우호女優號」·「신도쿄호新東京號」 등 모두 특집호였는데, 단명하여 종간되고 만 것은『취미』의 이러한 미디어로서의 한계를 말해주는 것이다.

　　두 번째 생각해봐야 할 것은『취미』가 취미 있는 생활을 몸에 익히라고 하는 요구하는 반면 어떻게 해야 할지 구체적인 지시가 없었다는 점이다. 유행회에서 보여주었던 취미는 "미쓰코시에 간다", "미쓰코시 물건을 갖는다"는 방식으로 취미를 몸에 익히는 것이었다. 유행회의 취미 연구는 보다 학제적이고 고상한 것이었지만, 유행회가 백화점의 자문기관인 이상 그곳의 성과는 모두 백화점의 이익으로 연결되었다. 유행회의 존재 자체가 미쓰코시의 지위status를 보증해주었던 것은 사실이다. 그리고 그것이 백화점의 상품에도 많은 영향을 미쳤다는 것은, 백화점에서 사람들이 실물의 '물건'을 통해서 취미라는 것을 보다 실체적으로 이해할 수 있었다는 것을 의미한다.

　　취미를 교육할 필요가 있는 수용자의 존재를 생각할 때 세 번째 차이점이 분명해진다.『취미』에서 주장되었던 취미는, 잡지를 읽는 것이 가능하고 그 다음 거기에 찬동하는 일부의 사람에 대해서만 그 효력을 발휘할 수 있었다. 그에 반해 미쓰코시의 다양한 활동은 그 같은 취미를 갖는 것에 흥미가 없는 사람들도 무의식적으로 말려들어가게 했다. 사람들은 미쓰코시를 찾음으로써 저절로 미쓰코시의 취미 교육을 받게 되는 것이다. 이런 점에서 미쓰코시취미의 사회적인 영향력은 불특정 다수의 일반 대중을 껴안을 수 있는 힘을 가지고 있었음을 확인할 수 있다.

일본인이라는 하나의 집단이 문화자본을 획득하려면 보다 넓은 계층에 걸쳐 취미 보급을 실현해야만 했다. 이러한 발상에서 시작된 취미운동은, 현실적으로 백화점이라는 소비의 장에서 보다 많은 사람들에게 영향을 미칠 수 있었다. 바로 이것이 당시 미쓰코시가 다양한 활동을 펼치면서 하나의 디자인·미디어로서의 기능을 유지한 결과였던 것이다.

3) '미쓰코시 코노미'와 미쓰코시 이미지

미쓰코시의 취미운동과 『취미』가 실천한 취미운동의 차이를 한마디로 말하면 미디어의 특성상 차이라고 할 수 있다. 이것은 백화점 미쓰코시에서 미쓰코시적인 취미 즉 '미쓰코시 코노미三越好み'라는 것이 출현한 것에서 보다 명확해진다. 1907년 『지코』 15호 모두冒頭에 「미쓰코시 코노미」라는 제목의 글이 게재되었다.134) 이 기사는 지금까지 살펴본 미쓰코시의 취미를 이해하는 데 있어 대단히 중요하다. 이 글은 이렇게 시작한다.

세상에 '미쓰코시 코노미(三越好み, 미쓰코시취향)'라고 불리는 것이 있다. 이것은 무엇을 말하는가. '미쓰코시 코노미'란 미쓰코시식式이라는 것이다. 미쓰코시 특유의 취미를 말하는 것이다. 미쓰코시야말로 비로소 취미를 얻을 수

---

134) 『時好』 第5券 第15號, 1907.12, 1~2면.

있는 곳이다.

여기에서 말하는 '미쓰코시 특유의 취미'란 무엇일까. 거기에 대해 다음과 같이 설명하고 있다.

'미쓰코시 코노미'는 화려한 하데派手문양을 말하는 것도 아니고 기개意氣를 말하는 것도 아니고, 혹은 수수하고 차분한 시부이澁い 취향을 말하는 것도 아니고, 하이칼라 기호를 의미하는 것도 아니다. 그것은 단지 그 취미가 다른 어떤 것을 모방하지 않았음을 말하는 것이다. 우리들은 이것을 글로 설명할 수는 없지만, 독자가 일단 미쓰코시오복점에 발을 들여놓게 되면 반드시 혹은 곧바로 여기에 수긍할 만한 장소라는 것을 의심하지 않게 된다.

하데派手 · 이키意氣 · 시부이澁い · 하이칼라 등 일반적으로 쓰이는 이 용어는, 구키 슈조九鬼周造가 취미 체계를 구성하는 요인으로 다양한 취향과 기호를 구분한 것인데,[135] 위 글에서는 미쓰코시취미가 독자적인 위치를 차지하고 있다는 사실을 강조하기 위해 쓰였다. 화려한 하데문양이 유행되었기 때문에 이것이 그대로 미쓰코시의 취미가 된다고 말하는 것이 아니다. 이 '미쓰코시 코노미'를 사람들에게 전달하기에는 문장으로 표현하기 어려운 부분이 있고, 본인이 미쓰코시를 직접 방문할 수 있다면 즉시 이해할 수 있을 것이라고 한다. 이것은 '미쓰코시 코노미'가 단순한 언설이 아니라 실체이고 오복점 안에서 그 실체를 알 수 있게 될 것이라고 말하는 것이다.

'미쓰코시 코노미'가 어떤 것인가는 오복점에 가지 않으면 알 수 없는, 즉 말로는 표현할 수 없는 것으로, 오복점 밖에서 다른 것과의 차이를 통해 발견할 수 있는 것이다. 예를 들면, 많은 사람이 모인 모임에 나갔을 때 여성의 의상을 관찰하면 다음과 같은 점을 발견할 수 있다.

---

135) 九鬼周造, 『いきの構造』, 1930(岩波書店, 1991).

나란히 같이 있는 귀부인들의 의상에는 어쩐지 서로 비슷해 보이는 점들이 있다. 다시 주의해서 살펴보면, 색상, 문양의 염색, 허리띠의 무늬柄合 등, 그 배합에서 두드러지게 독특한 취미가 존재한다는 것을 뚜렷이 인식할 수 있다. 그 공통적인 기호에서 소위 미쓰코시식이란 것이 비교적 다수 눈에 띄기 때문에, 우리는 '미쓰코시 코노미'가 보급되었다는 사실을 믿을 수밖에 없다.

즉 '미쓰코시 코노미(미쓰코시취향)'는 개개의 상품이나 개별적인 특별 행사와 같은 단순한 것이 아니라 총체로서, 즉 기업 이미지로서 인식해야 할 것이었다. 기사는 오스미 기요시大畏伯의 말을 인용하면서 다음과 같은 설명을 덧붙이고 있다.

> "일본의 풍속을 알고 싶다면 우선 도쿄의 풍속을 보라. 도쿄의 풍속을 보고 싶다면 먼저 미쓰코시오복점을 방문하여 세상 사람의 기호가 어디에 쏠렸는지 주의해서 살펴보라. 이것이 최상의 방책이다." 미쓰코시 진열장에 진열된 각종 의상은 도쿄 풍속의 작은 파노라마이며, 도쿄 풍속의 축소도는 미쓰코시에서 찾아볼 수 있다. 미쓰코시식, 미쓰코시취미는 현재 도쿄 유행계에 넘쳐 흐른다. (…중략…) 미쓰코시가 유행계에 세력을 가지고 있는 이상 이 '미쓰코시 코노미'는 영원히 사라지지 않을 것이다. 따라서 말한다. '미쓰코시 코노미' 야말로 신유행이라는 것을. '미쓰코시 코노미' 중에서 신유행이 아닌 것이 없으며, 신유행 중에서 '미쓰코시 코노미'가 아닌 것이 없다.

'미쓰코시 코노미'가 곧 신유행이라는 결론은, 미쓰코시취미가 어떤 시대에만 한정된 특징적인 취미이거나 혹은 시대를 초월한 영원불멸의 테이스트라는 것이 아니다. 그때그때마다 미쓰코시가 만들어 낸 유행을 가리키고 있다는 것이 분명하다. 미쓰코시취미는 항상 상대적인 취향이다. '이키いき'(에도 시대 후기에 조닌 계급 사이에서 발생한 특유의 미의식. 몸짓이나 행동 등이 세련되고 멋지게 느껴지는 것, 멋지게 노는 법을 아는 것 등과 관련된 미의식-역주)가 지시하는 의미 안에는 유행을 가치기준으로 삼는 측면이 있기 때문에 어떤 시대에도 그 시대의 '이키'가 드러나는 것과 같다. 미

쓰코시가 유행의 발신지이며 계속해서 사회에 영향을 미치는 한, 어쨌든 그 시대의 '미쓰코시 코노미'가 존재하는 것이다.

유행회의 에도취미연구도 신취미연구도 모두 이 미쓰코시취미三越趣味라는 필터를 통과한 것이었다. 미쓰코시가 백화점으로 다시 태어나고, 오복 외에 양복, 신발을 비롯한 서양 상품을 취급해야 할 필요가 생겨나면서 이러한 '화和'와 '양洋'의 연구기관을 설립한 것은 당연한 것이었다. 이러한 연구회의 존재 자체는 미쓰코시에서의 일본과 서양의 관계를 보여준다.

미쓰코시의 일본취미는 문화적으로 풍족하던 에도 시대에서 그 취미의 규범을 찾아냈다. 연구대상이었던 덴메이기天明期를 중심으로 한 에도문화는 바로 '이키'라는 에도 조닌(江戸町人 : 에도 시대에 도시에 사는 상인·장인계급의 사람—역주) 특유의 미의식이 탄생한 시기였다. 당시에 좋은 취미를 가졌고, 유행을 이해했던 사람들 중에는 압도적으로 '에도코(에도토박이)'가 많았고, 그들의 가치관 속의 '이키'라는 에도취미야말로 좋은 취미였다. 그 대표적인 인물이 오자키 고요였던 것이다.

한편 문명개화 이후 국수화의 흐름 속에서 서양문화의 유입이 단절된 것은 아니었다. 메이지 30년대 무렵부터 하이칼라가 세상에 출현했다는 사실이 이것을 입증한다. "서양풍이고 '새로운 것을 좋아하며' 도회적인 느낌이 나는"136) 하이칼라들에게는 에도취미에서 볼 수 있는 '에도>지방'과는 달리 '서양>일본'이라는 도식이 당시 취미의 가치기준이었다. 백화점이 되었고 미쓰코시취미라는 이름 아래 모든 유행의 기원이 되어야만 했던 미쓰코시로서는, 이 하이칼라적인 서양취미와 에도취미 둘 다 필요불가결한 것이었다. 유행회에서 일찍부터 넥타이나 코트 등 양풍의 상품연구가 활발했었던 것도 이러한 필요성에서 나온 것이었다.

---

136) 『江戸東京學事典』, 三省堂, 1987, 433~434면.

미쓰코시의 일본과 서양이라는 두 가지 취미 조류에는 공통된 경향이 있었다. 즉 순수한 일본풍이나 서양풍의 스타일을 유지하는 것이 아니라 일본풍에는 서양의 취향taste이, 서양의 것에는 일본의 취향이 각각 가미되었다. 오복문양은 '다이쇼식 문양'[137]이 대표

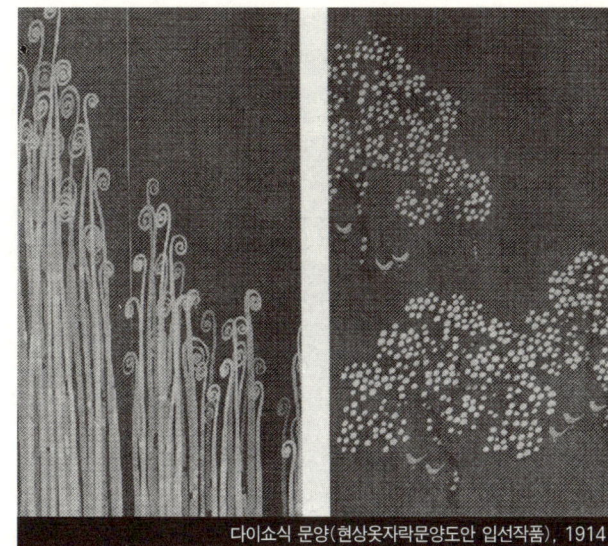

다이쇼식 문양(현상옷자락문양도안 입선작품), 1914

하는 것처럼 시세션풍(분리파풍)의 모던한 도안이 나타나기도 했다. 원래 겐로쿠문양과 고린문양은 서양인이 선호한 화려한 하데문양으로, 에도 이래의 순수한 일본 취미가 아니었다. 그것은 메이지라는 새로운 시대감각 안에서 생겨난 것이다. 이러한 일련의 화려한 문양이 유행회의 '생생한いき' 에도취미와 평행을 이루면서 미쓰코시의 일본취미를 형성했다는 점에 주목해야할 것이다. 또한 유행회에서는 오복문양의 넥타이나 화복和服에 어울리는 베일, 화복에도 사용할 수 있는 파라솔 등 화풍 생활 안에서 사용가능한 서양 상품을 연구과제로 삼는 경우가 많았고, 그 결과 다양한 상품이 고안되었다.

메이지 말기 취미운동의 기본적인 사고는 "한 사람 한 사람에게 좋은 취미가 갖추어질 수 있다면, 그 안에 새로운 것이 유입될 수도 있고, 또 스스로 소화할 수 있으며, 거기에서 새로운 취미가 탄생할 수도 있다"는 것이었다. 미쓰코시취미 속에 소화된 일본과 서양의 취미는 거기서

137) 1914년 미쓰코시에서 만들어 유행한 오복문양의 명칭. 이해 가을 현상옷자락문양도안懸賞裾模樣圖案의 과제였다.

부터 하나의 새로운 취미 형식을 만들어내야만 했다.

이 시기에 미쓰코시취미가 도달했던 지점은 스기우라 히스이나 하야시 고헤이로 대표되는 모던디자인을 표층적인 취향taste의 부분에서 화풍에 적용시킨 '일본적 모더니즘'이라고 할 수 있다. 아르누보나 시세션과 같은 모던디자인은 이 새로운 취미를 실현하기에 적당한 매개였다. 모던디자인 중에는 원래 일본 미술의 영향을 받았던 것이 있어서 일본인이 처음부터 저항없이 서양을 받아들이는 것이 가능했다. 운노 히로시가 말한 것처럼 스기우라 히스이의 그래픽에서 '일본 · 서양 · 근대'가 교착하는 것은, 히스이뿐만 아니라 미쓰코시취미 전체가 배경으로 삼은 큰 특징이기도 했다. 또 하야시의 일본대사관에서는 일본풍 모티브를 도처에서 사용하였는데, 그는 이것을 통해 일본풍 취향을 프랑스의 클래식한 공간에 융합시켰다. 그러나 완성된 공간은 하야시 본래의 의도에서 멀어졌고, 결과적으로 시세션풍이 유행하는 상황에서 프랑스인을 비롯한 많은 사람들로부터 모던한 취미라고 칭송받았다. 시세션 디자인은 일본취미와 공통적인 부분이 많았기 때문에 그러한 인상을 줄 수 있었지만, 일본대사관에서는 오히려 화양 혼합을 성공적으로 이루어냈다. 대사관에서 보여진 새로운 일본 취미는 지금까지 없었던 근본적으로 새로운 일본 디자인을 만든 것이 아니었다. 그것은 표면에서 일본풍의 모티브를 모던디자인과 접합해서 사용한 '일본적 모더니즘'이었다. 하야시가 의식한 것은 아니지만 그의 작업은 미쓰코시적인 취미의 하나가 되어 미쓰코시 디자인 활동과정에 편입되었다.

그리고 하야시를 중심으로 한 실내장식 부문에서는 '화양절충和洋折衷'이라는 새로운 생활 스타일을 제안하였다. 여기서의 화양절충은 단지 양자를 혼합시킨 거라고 치부해버릴 수 없는 것이었다. 또 다이쇼 후기에 두드러진 일반 대중의 생활 합리화를 목표로 한 생활개량운동과도 꼭 같은 것은 아니었다. 그 배경에는 어떤 문화적 상황이 아주 밀접하게 관련되어 있어서 특별히 주목해야 할 현상인데, 이것을 한 백화점의 가구家具 발전사로만 간주하는 것은 불충분하다. 이곳에서 제안된 생활 스타일이 만들어져 가는 과정을 정확하게 파악하려면 미쓰코시취미라는 전체적인 시각 안에서의 위치 설정이 필요하다.

'취미'라는 개념이 실제로는 백화점을 비롯한 소비세계를 통해 확대되면서 사람들에게 침투되었다는 것은 분명하다. 그중에서도 특히 미쓰코시 유행회의 활동은 "취미란 무엇인가"를 소비자에게 가르쳐 주었기 때문에 큰 역할을 한 것이다. '학속협동學俗協同'의 근본과 그 활동이 어느 정도 학제적 색채를 띠고 있었다고 해도, 결과적으로 거기에서 제시된 취미는 소비를 통하고 '미쓰코시에 가는 것'을 통해서 획득할 수 있는 것이었음에는 틀림없다. 유행회에서 표현된 취미의 세계는 미쓰코시 전체의 취미를 구성해냈다. 미쓰코시의 새로운 취미가 표층적인 취향taste의 절충이었다는 것은 유행회 내에서 연구된 취미, 특히 '신취미연구'의 전개를 살펴볼 때 보다 명확해진다. '신취미'라는 명칭이 제시하듯이 여기서는 동서의 취미를 융합시켜 새로운 취미를 만들어내려는 동시대의 문화적 배경이 근저에 깔려 있었다. 신취미과위원회에서 유행시키기 위해 제출한 고딕양식 등은 서양의 취향을 일본풍 안에 받아들이려고 한 전형적 사례였는데, 이 위원회 입장에서 성과라면 화양절충의 독특한 고안품 정도였다. 새로운 화양절충의 취미를 유행시키려는 시도는 모두 실패로 끝났는데, 키치적인 제품을 만들어낸 것이 미쓰코시취미의 아주 중요한 점이었다고 생각된다. 즉 연구회가 거쳐온 방향과 하야시가 설계한 파리의 일본대사관, 혹은 히스이의 그래픽은 동일한 하나의 취미의 다른 측면들에 지나지 않았던 것이다.

'미쓰코시 코노미', 미쓰코시취미는 미쓰코시의 다양한 활동이 만들어낸 총체로서의 미쓰코시 이미지였다. 이 미쓰코시취미는 일반적으로 '디자인'이라고 불리는 그래픽·디스플레이, 그리고 인테리어 등의 영역에서만 말할 수 있는 것이 아니다. 미쓰코시취미가 전체적인 기업 이미지라고 말하는 것은, 유행회를 비롯한 다양한 점내 활동이 연동하면

서 수취인에게 보낸 메시지로 기능했던 것을 보여준다. 그리고 이 시기 미쓰코시에서 전개된 '디자인 활동'은 백화점 자체나 상품 자체의 가치를 높이려는 방법이 아니라, 우선 '미쓰코시취미'라는 이미지=취향taste을 구축하는 것이었다. 여기에 오늘날의 소비사회로 이어질 수 있는 새로움이 있었다고 말할 수 있다. 백화점은 명확한 특징을 지속시키고자 하지 않았고, 백화점의 '취향好み'을 전면에 내세우면서 양풍도 일본풍도 모두 이들 미쓰코시취미 안에 소화시킬 수 있었던 것이다. 이 점에서 '취미'라는 말이 보급된 시기와 백화점의 창립 시기가 왜 동일한지에 대한 하나의 견해를 이끌어낼 수 있다. 소비사회가 도래하면서 '물건'의 범람은 절대적인 미적 가치관으로서의 '취미'의 효력을 쇠퇴시켰다. 이 시기 '취미'는 일부 지식인들에 의해 그 복권이 시도되었지만, 실제로는 그것과 반대로 취미의 절대성이 박탈되면서 급속하게 자본주의 경제 속으로 유입되어 갔다. 시대의 모드를 반영하는 취미는 소비사회에서 커다란 힘을 가지게 되었다. 도시 신중간층에게 취미는 도시에서 살아가기 위한 수단이며, 타자와의 차이화를 위한 기호였다. 그들에게 있어 취미는 보편적인 무엇이 아니라 극도로 유동적인 가치관이며, 매시기마다 매력적으로 보여지는 유행에 다름 아니었다. 취미운동의 목적이 화양和洋의 문화를 자기 자신의 취미로 소화할 수 있게 하는 것이었다면, 미쓰코시와 미쓰코시취미의 관계는 확실히 이 시대 대다수 사람들의 정신을 대변할 수 있는 좋은 예라고 생각된다. 그리고 메이지 말기에 미쓰코시는 사회의 많은 사람들에게 어떤 '미의식을 침투시키려고 했는데, 거기에 분명히 가려낼 수는 없지만 디자인 활동이라고 불릴 만한 어떤 것이 발생했다고 말할 수 있을 것이다.

　‘취미’란 무엇일까, "그녀의 취미는 고상하다", "이런 악취미를……" 등 오늘날 일상에서도 취미라는 말을 자주 쓴다. 그러나 취미가 구체적으로 무엇인지 제대로 말하기란 매우 어렵다. 그럼에도 이 막연한 미의식은 매일같이 우리 생활을 지배한다. 상점에 진열된 상품 가운데 셔츠 한 장, 커피잔 하나를 고르며 구입하려고 할 때, 어떤 취미가 있든지 반드시 그 사람의 취미가 작용한다. ‘물건もの’ 같은 데 관심이 없다고 말하는 금욕주의자조차도 결코 예외가 아니다. 우리들의 일상에서 취미란 사람을 판단하는 중요한 지표이지만, 부르디외가 말하듯이 그것은 결코 한 사람의 주관적인 가치관이 아니며 그 사람의 사회적 위치를 명백하게 해주는 선택기준이라고 할 수 있다. 일본은 프랑스와 같은 계급구조가 없기는 하지만, 계급의식이 모호한 만큼 구별짓기Distinction의 사회도식이 복잡하고 보이지 않게 얽혀있어 흥미롭다.

　‘내’가 ‘물건’을 고른다는 것, 곧 ‘나의 라이프스타일’을 고른다는 것은 어떠한 미의식을 근거로 하는 것일까. ‘나’는 퍽이나 속물이며 ‘멋진 취미’를 동경하는 한 사람의 소비자이다. ‘나’에게 있어 디자인 체험은 도시라는 카탈로그에서 ‘취미’를 카탈로그 쇼핑하는 것, 바로 그것이다.

　광란의 1980년대가 지나고 거품경제가 붕괴된 일본의 지난 십 수년을 돌아보며 많은 이들이 프레드릭 알렌의 『온리 예스터데이_only Yesterday_』를 떠올릴 것이다. 1970년대 후반부터 1980년대를 거쳐 일본이 고도소비사회로 돌입하던 그즈음, 나는 아오야마青山와 시부야澁谷에서 10년간 학창시절을 보냈다. 당시는 요시미 순야吉見俊哉가 『도시의 드라마트루기』에서 '시부야적인 것'이라고 칭한, 하나의 도시문화가 만들어지던 시기였다. 그 가운데서 내가 스스로 보고 느꼈던 것은 무엇이었던가.

나는 그 당시에 온갖 미디어에 사로잡혀서 '나다움'을 몸에 새기기 위해 다양한 기호들과 만나고 있었다. 요시미가 말했듯이, 확실히 '시부야적인 것'에는 구심적인 장이 존재하지 않았다. 시부야澁谷·아오야마青山·다이칸야마代官山·하라주쿠原宿·롯폰기六本木 등 다양한 '테이스트_taste_'를 가진 거리들이 단편적으로 줄지어 서서 도시군都市群을 형성하는 데 그 특징이 있었다. 미묘한 '테이스트'의 벽이 나를 둘러싸며 일상생활을 지배했다. 치밀한 마케팅에 의해 만들어진 거리는 우리의 다양한 취미를 미리 파악하고 선도하는 것처럼 보였다. 그러나 그 배경에 아무리 주도면밀한 문화전략이 있었다고 해도, 만든 사람의 의식과 우리의 의식 사이의 간극을 부정할 수 없는 것이 사실이었다. 거리, '물건', 온갖 디자인을 향하던 우리들의 시선은 분명 그것을 만든 사람들과는 다른 차원에 있었다. 어긋나는 의식과 차이나는 수용이 다시금 새로운 문화의 기호記號를 창출했고, 이것들의 연속이 도시를 늘 움직이게 했다. 만든 사람과 대중이 '테이스트'에 대해 서로 어긋나는 해석을 하고 있는 것이었다. 그런데 이같은 소박한 나의 의문에 대한 해답을 소위 근대디자인의 전문적 연구에서는 찾을 수 없다고 말해도 좋다.

다만 그중에서 지그프리트 기디온의 『기계화 문화사』(Oxford University Press, 1948, 榮久庵祥二 譯, 鹿島出版會, 1977), 또는 에드리안 포티의 『욕망의 오브제』(Thames & Hudson, 1986, 高島平吾 譯, 鹿島出版會, 1992)는 디자인의 사회성과 익명성을 밝히고 디자인과 사회의 관계를 논했던 드문 선행연구라고 할 수 있다. 포티는 이 책에서 옷과 가구·식기 등 다양한 '물건

もの'이 남성용·여성용·어린이용·주인용·사용자용 등으로 분화되어 간 것을 다루고 있다. 그는 19세기 후반부터 디자인이 이처럼 현저하게 다양해진 것에 대해 그때까지의 모더니즘적인 해석들, 즉 필요에 따른 것이라든지 디자이너의 욕망이 드러난 것이라는 설명 등을 부정했다. 카탈로그에 게재된 131종의 주머니칼은 모두가 하나같이 필요에 의해 생겨난 것이 아니며, 새롭게 자르는 방식이 가능해졌기 때문이라는 기능론으로도 설명할 수 없다고 한다. 기디온이 어디까지나 디자인에서 기능주의적인 해석을 구하고자 한 '모더니스트'였던 것에 비하여, 포티는 익명의 디자인과 사회가 품고 있는 이미지의 관계를 직접적으로 다루었다. 그런 의미에서 포티의 연구는 종래의 디자인사史 연구에 새로운 시각을 더해주었다고 할 수 있다.

오늘날 디자인의 세계에서 소비자의 생활태도와 행동에 초점을 맞춘 마케팅 방식은 상식으로 통한다. 그러나 이것은 '팔기' 위한 논리에 지나지 않기 때문에 결국 생산자 본위의 소비자상像에서 더 나아가지 못한다. 이러한 시각에서라면 잘리고 버려질 부분도 있을 것이며, 특히 사람들의 일상적인 행동을 문화사적으로 이해하기가 어렵다. 사람도 '물건'도 아닌 '취미'를 문제 삼고, 이것을 개인의 수준에서부터 하나의 기업, 도시 나아가 사회로 넓혀갈 때, 개인의 내면에 자리한 모순이라든지 이해하기 어려운 막연함들이 경제·문화·디자인과 보다 동적인 관계로 드러나는 것은 아닐까 한다. 그리고 그러한 시각을 가질 때, 소비사회에서 '취미'의 원류가 되는 것을 메이지 말기로부터 찾아낼 수 있을 것이다. 우리들이 살아온 지난 10년에 대해 지금 이 자리에서 그 공과를 묻는 것은 아니지만, 이제부터 그것에 대한 고찰이 다수 제출될 것이다. 그것들을 되돌아보기 위해서 '취미'의 역사를 살핀다면 반드시 어떤 실마리를 찾을 수 있을 것이다.

　　　　　　　　*　　　*　　　*

　　이 책은 1992년 12월에 쓰쿠바대학 예술학연구과에 제출한 박사논문
「디자인활동으로서의 미쓰코시오복점의 역사적 연구」를 일부 재구성하
고 수정한 것입니다. 논문을 작성할 당시부터 지금까지 많은 분들의 도
움을 받았습니다. 특히 쓰쿠바대학 대학원 시절 5년간 지도교수로서 언
제나 저에게 적절한 조언을 주시고 벽에 부딪쳤을 때 다정히 격려해주
신 시마다 아쓰시嶋田厚 선생님, 그리고 제가 논문을 제출하기까지 참고
기다려주신 예술연구과의 후지이 히사에藤井久榮 선생님, 도이 히로시土
肥博至 선생님께 마음 깊이 감사드립니다. 또 매번 제가 찾아갈 때마다
즐겁게 자료를 제공해주신 마쓰자와松澤 씨 외에 미쓰코시 자료실 여러
분, 아카기 리카코赤木里香子 씨 외 쓰쿠바대학 시절의 선배들, 이 책의
편집을 담당해주신 이토 마유미伊藤眞由美 씨 등, 부족한 제가 어쨌든 미
흡하게나마 원고를 완성할 수 있었던 것은 이분들의 도움이 있었기 때
문입니다.

　　그리고 마지막으로 저의 비평가이면서 언제나 저를 이해해주는 남편
이쿠야郁也에게 감사의 말을 전합니다. 그의 지원이 없었다면 이 책을
완성할 수 없었을 것입니다. 진심으로 감사의 말을 전합니다.

　　　　　　　　　　　　　　　　　　　1993년 10월 진노 유키